KB054653

1%
유대인의
생각훈련

개정판

흔들리는 삶을 바로 세우는 5,000년 탈무드의 지혜

1%
유대인의
생각훈련 _{개정판}

심정섭 지음

매일경제신문사

　많은 독자님의 성원에 힘입어 《1% 유대인의 생각훈련》 개정판을 내게 되었습니다. 초판은 9쇄 이상을 내며 많은 사랑을 받았고, 어느덧 탈무드 입문서 분야에서 스테디셀러로 자리를 잡았습니다. 다시 한 번 보내주신 관심과 사랑에 감사드립니다. 여러모로 부족한 제가 탈무드 입문서를 쓰겠다고 결심한 데는 몇 가지 이유가 있었습니다.

　첫 번째는 우리나라에서 유대 사상이나 탈무드에 대한 관심은 많은데 종교적인 이유나 시장의 한계로 인해 제대로 된 입문서가 없다는 안타까움이었습니다. 우리나라 독자들이 원하는 콘텐츠는 탈무드적 관점을 통해서 삶의 인사이트를 주거나 틀을 벗어나는 발상을 하는 데 도움을 받을 수 있는 에세이 수준인데, 시중의 많은 탈무드 관련 책은 너무 피상적이거나 너무 전문적인 양극단의 내용이었습니다. 특히 원전 탈무드에 가깝다고 하는 조셉 텔류슈킨의 책에서 우리나라나 동양 사람들이 관심 없어 할 내용이 상당 비중을 차지하는 것을 보고, 그러면 내가 한번 우리나라나 동양 독자들의 필요에 맞는 탈무드 입문서를 써봐야겠다는 용기를 내게 되었습니다.

두 번째 이유는 우리나라에서 마빈 토케이어 탈무드로 알려진 이솝 우화 스타일의 편역 탈무드의 원기획자가 가세 히데아키加瀬 英明(1936~2022)라는 극우 혐한嫌韓 인사라는 것을 알았기 때문입니다. 그는 일본 외교관 명문가 출신으로 미국 유학도 해서 영어를 잘했던 것 같습니다. 당시 일본에 머물던 랍비 마빈 토케이어와 자주 교류하며 탈무드의 재미있는 이야기를 일본인에게 소개하면 좋겠다는 아이디어를 내면서 지금 많이 알려진 편역 탈무드를 기획했습니다. 그런 그의 저작이 1970년대 해적판 형태로 우리나라에 들어오면서 지금 우리가 아는 이솝 우화 스타일의 탈무드 책이 된 것이었습니다. 가세 히데아키는 《추한 한국인》이라는 책을 마치 한국인 저자가 자기 고백을 한 것처럼 꾸며 쓴 혐한 운동의 주창자입니다. 이후 일본의 침략 행위를 정당화하는 수많은 저술과 극우 정치 운동을 했습니다. 이런 사람이 기획한 탈무드 책이 우리나라 가정 곳곳에 꽂혀 있고, 탈무드 동화로 수없이 인용되는 모습은 도저히 받아들이기 힘들었습니다. 그래서 서둘러 우리나라 독자나 출판계에 필요한 탈무드 예화나 에피소드를 수집해서 이 편역 탈무드를 대체

할 수 있는 책을 내고 싶었습니다.

하지만 전문 랍비가 아닌 제가 이런 작업을 하기는 쉽지 않았습니다. 준비가 제대로 되지 않은 상황에서 공론화하는 것은 시기상조인 것 같아 미루고 있었는데, 벌써 5년이라는 세월이 흘렀습니다. 대신 지금까지 초판에 실리지 않은 다른 탈무드 예화나 교훈은 블로그에 틈틈이 정리를 해두고 있었습니다. 《1% 유대인의 생각훈련》 개정판 출간을 계기로 힘을 내어 내년께에 후속 저서로 소개할 예정입니다.

우선 본 개정판에서는 초판에 실렸던 탈무드 예화와 교훈을 그대로 실었습니다. 초판 내용 그 자체로 의미가 있고, 앞으로도 꾸준히 읽힐 내용이라고 생각했기 때문입니다. 대신 새롭게 탈무드식 토론 원리는 무엇이고 어떻게 일상에 적용하는지, 그리고 원전 탈무드를 하브루타 토론에 어떻게 활용할 수 있는지 소개했습니다. 또 지금까지 제가 온라인에서 진행한 원전 하브루타 해석 강의 링크를 참고 자료로 수록했습니다.

어려운 여건 속에서도 탈무드 관련 내용에 귀 기울여주신 매경출판과 수고하신 편집진께 감사드립니다. 이 책을 시작으로 더 많은 연구가 이어져서, 탈무드에 있어서도 우리가 진정한 독립을 이룰 수 있기를 기원합니다.

2023년 7월

심정섭

아무도 하지 않았던 탈무드 원전 토론

2009년경 한 유대인의 블로그 글이 인터넷상에서 화제가 된 적이 있다. 한국에 있는 유대인계 영어 교사가 학원에서 아이들에게 물어보니 다들 탈무드를 읽었다는 것이다.

"정말 너희들이 탈무드를 읽었다고?"

"네! 물론이죠. 저는 다섯 번 봤어요."

"그래? 그 어려운 책을 어떻게 다섯 번이나 봤니? 너도 읽었어?"

"네! 저도 읽었어요. 우리 반 애들 거의 다 탈무드를 읽었을 걸요."

그 유대인은 깜짝 놀라 "한국에서는 초등학교에서부터 탈무드를 가르치고, 탈무드가 교과서로 채택된 것 같다"는 글을 블로그에 올렸던 것이다. 이 놀라운 소식에 다른 유대인들이 좀 더 알아보고 댓글을 달기 시작했다.

"탈무드가 한국에서 초등학교 교과서로 채택된 것이 아니라 동화 혹은 이야기 형태로 소개되었고, 거의 대부분의 한국인 가정에는 한두 권 이상 이런 책이 있다"는 제보가 이어졌다. 그리고 좀 더 알아보니, 마빈 토케이어Marvin Tokayor라는 랍비가 일본인에게 소개한 탈무드에 대한 내용과 그 안에 있는 여러 가지 탈무드 우화가 한국에 알려져 있으며, 한국인들이 읽는 탈무드는 유대인들이 읽는 실제 탈무드와는 다르다는 진실 규명까지 올라왔다.

유대인들이 읽는 실제 탈무드가 어떤 책인지 한 번이라도 본 사람이라면 왜 이런 이야기가 나오는지 금방 이해할 수 있다. 실제 탈무드는 히브리-영어 번역본 기준으로 73권이나 되고 내용이 어려워서 유대인들마저 평생 한 번 다 읽기도 힘들기 때문이다.

잘못 알려진 탈무드의 진실

우리나라에서 탈무드는 어린이들에게는 《이솝 우화》와 같은 동화책으로, 어른들에게는 지혜의 말을 담은 격언집 정도로 알려져 있다. 출산을 앞둔 엄마들이 태교용으로도 읽는다. 이런 모든 사태의 원인을 제공한 토케이어가 2009년 쉐마 교육학회 초청으로 한국에 온 적이 있다.

이 자리에서 그는 "탈무드는 천년 동안 시대를 대표하는 지성들이 토론한 내용을 기록한 방대한 지혜와 지식의 창고"라고 소개하며 "한국에서도 본격적으로 탈무드를 원전으로 공부하는 사람들이 나왔으면 좋겠다"는 조언을 덧붙였다. 이는 지금까지 본격적으로 원전 탈무드를 꾸준히 공부하는 사람이 우리나라엔 하나도 없었다는 반증이기도 하다.

키부츠(이스라엘식 집단농장)를 배우기 위해 혹은 구약학을 배우기 위해 1970년부터 우리나라 유학생들이 이스라엘에 가기 시작했다. 이후 히브리대학이나 예루살렘대학에서 언어, 역사, 구약학, 정치학 등으로 박사학위를 받은 학자들이 많이 나왔지만, 토케이어가 권한 대로 꾸준히 탈무드를 공부하는 사람은 거의 없는 듯하다.

미국에서 공부하고 온 구약학자들도 마찬가지였다. 탈무드를 배워도 한두 학기 맛보기로 배웠을 뿐이지 이를 평생의 과업으로 생각하고 유대인처럼 공부하는 사람은 거의 없었다. 지난 몇 년간 탈무드 원전 토론 카페 운영자인 김정완 대표와 쇼텐스타인Schottenstein 버전 영어 번역본을 가지고 공부해보니 탈무드를 쉽게 공부하지 못하는 이유를 알 수 있었다.

첫째, 원전 탈무드가 할라카Halakhah라고 하는 유대 율법을 잘 실천하기 위한 토론과 논쟁이다 보니 토라Torah(《모세 5경》)와 유대인들의 풍습, 사상, 전통에 대한 이해 없이는 탈무드 공부가 불가능하다. 그래서 우리나라에서는 탈무드를 공부할 수 있는 강력한 후보가 기독교인들이다. 하지만 예수를 인정하지 않는 이단 사설을 무엇 하러 공부하냐는 생각을 할 수 있다. 히브리어가 유창한 많은 구약 전문가들이 토라나 탈무드 공부를 하지 않는 이유이기도 하고,

랍비 가정 서재에 꽂힌 탈무드와 유대 서적 앞에 선 필자

결국 로마가톨릭과 개신교가 2,000년 동안 탈무드에 관심을 가지지 않은 이유이기도 하다. 그래서 탈무드 공부를 위해서는 우선 종교적 편견이 없어야 한다. 교리적으로 접근한다면 탈무드와 토라 공부에 들어설 수 없다.

둘째, 언어적 제약 때문이다. 우리나라 말로 된 번역본이 없다 보니 히브리어나 영어, 불어로 된 번역본으로 공부해야 한다. 유대인과 유대인 사상, 탈무드 공부에 열정이 있어도 외국어 실력이 없으면 탈무드 원전 공부를 제대로 하기 어렵다.

셋째, 탈무드의 내용이 주제별로 일목요연하지 않고 특정 주제에 대해서는 지루할 정도로 치밀한 토론과 반박으로 구성되다 보니 혼자서 공부하기 힘들다. 혼자 읽다 보면 마치 빽빽한 숲을 혼자 걷다가 길을 헤매는 느낌이다. 그러다 보니 하브루타Havrutah(토론 친구)

가 없으면 탈무드 공부를 할 수 없다.

넷째, 탈무드를 공부하는 목적이 분명해야 하기 때문이다. '머리가 똑똑해지고, 지혜로운 말 몇 마디 정도는 건지겠지'라는 생각으로 탈무드를 공부하기 시작하면 쉽게 실망하고 공부를 포기한다. 뒤에서 이야기하겠지만, 탈무드 공부는 정답을 찾는 것이 아니라 해답을 찾아가는 논리를 키우는 일종의 '두뇌 트레이닝'이다. 논리적 사고를 위한 뇌의 근육은 하루아침에 길러지지 않는다. 지루함을 참고 꾸준히 단련해야 한다. 그렇게 하다보면 조금씩 길이 보이기 시작한다. 그러므로 탈무드 공부를 위해 가장 필요한 것은 바로 인내이다. 하루 이틀 말고 평생을 공부해보겠다는 의지와 마음이 중요하다.

다음의 탈무드 원문을 잠깐 읽어보면 실제 탈무드가 어떤 책인지 바로 느낄 수 있다. 탈무드 키두신 40b의 내용 중 '공부와 행함 중 어느 것이 더 중요하냐'는 논쟁의 내용을 잠깐 소개하고자 한다.

미쉬나Mishnah에서는 성문 토라, 미쉬나의 공부와 윤리적 행위를 강조한다. 여기서 공부와 실천 중에 어느 것이 더 중요한지에 대한 질문이 생긴다. 이 이슈는 랍비 타르폰Tarfon과 장로들이 모였을 때 이미 언급되었다. 로드Lod에 있는 니자Nitzah의 집에서 이 질문이 던져졌다.

랍비 타르폰이 말했다.

"계명을 실천하는 게 더 중요합니다."

랍비 아키바Akiva가 말했다.

"토라 공부가 더 중요합니다. 왜냐하면 토라 공부는 계명의 실천으로 이어질 수 있기 때문입니다."

게마라Gemara는 토라 공부의 중요성을 강조하는 바라이사Baraisa의 내용을 인용한다. 바라이사에서는 이렇게 가르친다. 랍비 요세Yose는 토라 공부가 계명의 실천보다 중요하다는 것이 분명하다고 말한다. 왜냐하면 토라를 받은 것은 할라Challa의 계명(첫 빵 반죽을 떼어 제사장에게 줘야 할 것)을 행함보다 40년을 앞서기 때문이다(이집트에서 탈출한 해에 시나이산에서 토라를 받고, 40년 동안 광야에서 만나를 먹었기 때문에 첫 빵 반죽은 40년 후에 만들 수 있었다). 또한 테루모스Terumos(첫 과실을 바치는 율법)와 십일조의 규율은 토라를 받은 후 54년 후에나 지킬 수 있었다(가나안 정복 전쟁을 14년 동안 했기 때문에, 전쟁이 다 끝나서야 본격적으로 농사를 지을 수 있었기 때문이다). 또한 쉐미타Shemittah(안식년) 계명은 61년 후에나 지킬 수 있었다(앞의 54년에 7년을 더한 숫자가 61이다). 그리고 요벨Yovel(희년)의 계명은 103년 후에나 지킬 수 있었다(54년에 50년을 더한 수인데, 희년은 신년 초에 선포되므로 1년을 빼니 103년이 된다).

김정완 대표와 함께 토라를 배우고 1:1 탈무드 토론을 진행할 때 수많은 사람들이 우리의 토론과 공부를 참관했다. 그중에 대학 교수도 있었고, 지방에서 온 열혈 유대인 팬도 있었고, 논술 교사도 있었다. 하지만 수많은 사람들이 스쳐지나간 후 남은 사람은 결국

엔 우리 둘뿐이었다. 한두 번 토론을 경험해보고 다들 망망대해에서 길을 잃고 떠났다. 매주 한남동에서 랍비를 만나서 토라와 탈무드를 공부하고 오는 길에 김정완 대표와 이런 이야기를 나눈 적이 많았다.

"오늘도 우리 둘뿐이네요. 다들 어디 가셨죠? 탈무드 공부는 정말 제정신인 사람은 하기 힘든 것 같아요. 우리는 유대인도 아니고, 탈무드 공부한다고 누가 상주는 것도 아닌데 왜 이렇게 탈무드를 열심히 공부하는 걸까요?"

어찌 보면 무모한 도전이었지만, 이렇게 직접 탈무드라는 거대한 산에 조금이나마 올라와보니 여러 가지 생각이 들었다. 그리고 유대인에 대해, 그들의 사고에 대해 좀 더 이해할 수 있었다. 그리고 무엇보다 세상을 바라보는 관점이 하나둘 바로 서기 시작했다. 무엇을 위해 살아야 하고 어떻게 살아야 하는지에 대한 탈무드적 관점이 조금씩 보이기 시작했다.

길고 긴 탈무드 토론을 마치고 마지막에 만나게 되는 것은 결국 '사람'이었다. 마치 길고 긴 터널을 지나 눈부시게 빛나는 바깥세상에 나왔을 때 제일 먼저 가족이 맞아주는 것 같은 느낌이다. 지금 내 가정이 얼마나 소중하고, 함께 탈무드 토론을 하는 이들이 얼마나 소중한 존재인지 알 수 있었다.

탈무드 원전 토론이라는 이름의 채굴 작업

이 책은 지난 몇 년간 탈무드 원전 토론이라는 이름의 채굴 작업으로 필자가 캐낸 작은 결과물이다. 탈무드라는 엄청난 광산에서 간신히 얻어낸 작은 몇 가지 보석들을 바구니에 담은 느낌이다. 최근에 토케이어의 책 이외에도 탈무드의 내용을 바탕으로 한 다른 랍비들의 책이 소개되었다. 이런 유대인 랍비들이 영어로 쓴 책에 비해 이 책의 깊이가 다소 부족할 수 있지만, 한국인의 관점에서 바라본 최초의 탈무드 연구서라는 데 의의를 가질 수 있다.

기존에 '탈무드'라는 이름을 단 책은 대부분이 토케이어 편역본이다. 1장에는 탈무드의 마음, 귀, 눈, 머리… 등의 제목이 나온다.

그는 우리나라 오산미군기지의 군종 랍비로도 복무한 적이 있고, 주일미군 군종 랍비, 와세다대 히브리어학과 교수 등으로 일본에 오랫동안 머물렀으며 유대인 가운데서는 아시아 전문가로 통한다. 토케이어가 일본인들에게 탈무드와 유대교에 대해 구술한 내용이 우리나라에 해적판 형태로 소개되기 시작했다.

이렇게 토케이어 편역본은 탈무드의 존재를 우리에게 알리는 데 기여했지만, 앞에서 말한 대로 탈무드가 《이솝 우화》 같은 이야기 책이라는 오해를 우리나라 사람들에게 심어주었다. 물론 그의 책에서도 탈무드는 바다와 같은 것이고, 히브리어나 영어로 된 전체 분량은 300~400페이지 분량으로 70여 권이 된다고 밝혔지만 우리나라 사람들은 그저 재미있는 우화에만 귀를 기울였을 뿐이다.

우리나라에 최근 소개된 탈무드 중에서 원전에 가장 가까운 책은 랍비 조셉 텔루슈킨Joseph Telushkin의 책들이다. 그는 요즘 말로 미국에서 뜨고 있는 랍비인데, 탈무드나 토라의 어려운 내용을 대중적인 언어로 쉽게 설명해준다. 책의 내용도 훌륭해서 탈무드에 관심 있는 사람들을 대상으로 심화반 수업 교재로 쓰고 싶기도 했다. 하지만 아무래도 텔루슈킨 역시 미국인이라 서양적 사고와 관점의 한계가 있다. 그리고 몇몇 주제는 우리나라 사람들에게 그다지 필요하지 않은 내용이었다. 특히 '승자의 율법'에 나오는 반유대주의에 대한 이야기는 왜 이렇게 많은 분량이 필요한지 우리나라 독자들은 의아해할 수 있다.

부족하지만 필자가 한번 탈무드에 관한 한국적 관점의 책을 써봐야겠다는 동기가 된 것이 바로 텔루슈킨의 책에서 느낀 한계 때문이었다.

이 책에서는 필자가 배웠던 탈무드 원전 토론과 랍비에게 배운 토라 공부 중에서 탈무드 원전의 관점에서 우리 사회와 개인의 삶을 성찰해볼 수 있는 내용을 정리해보았다. 그리고 해당 내용은 최대한 토케이어 편역본이나 텔루슈킨 책과 주제가 겹치지 않게 구성했다. 이 책을 쓰면서 참조한 탈무드는 《쇼텐스타인 바빌론 탈무드*The Schottenstein Talmud Bavli*》 총 73권이고, 메소라 출판사에서 나온 토라 원문과 주석을 남긴 《후마쉬*The Chumash*》와 JLI*The Rohr Jewish Learning Institute*의 《토라 스터디*Torah Studies*》 시리즈를 참조하였다.

마지막으로 부족한 책을 내준 매경출판 전호림 대표님과 출판의 길을 열어준 권병규 과장님께 감사드린다. 또한 정통파 유대인들의 삶을 알게 해준 현용수 박사님, 탈무드 원전 토론의 길로 필자를 인도해준 김정완 대표님, 오랫동안 탈무드 토론을 같이해준 김용성 교수님께 큰 감사를 드린다. 마지막으로 기꺼이 이방인인 우리에게 집을 개방하고 토라와 탈무드를 가르쳐준 랍비 오셔 리츠만*Osher Litzman*과 한국의 주한 유대인 커뮤니티인 카바드코리아에도 깊은 감사의 마음을 전한다.

아무쪼록 이 책을 통해 많은 분들이 삶의 지혜를 얻어, 우리 가정과 사회를 좀 더 나은 곳으로 만들기 바라고, 우리나라에서도 본격적인 탈무드 연구가 시작되기를 기대해본다.

차 례

PART

01   탈무드에서 찾는 1% 인생의 답

누가 현명한 사람인가?

모든 사람에게서 배우는 사람이다.

누가 강한 사람인가?

자신을 통제할 수 있는 사람이다.

누가 부자인가?

자신이 가진 것에 만족하는 사람이다.

누가 존귀한 사람인가?

자신의 동료들을 귀하게 여기는 사람이다.

– 피르케이 아보트 4:1 –

PART

01

탈무드에서 찾는
1% 인생의 답

01

잘못을 인정하고 반성하는 것이
진정한 용기이다

자신의 잘못을 인정하지 않는 일본

일본은 과거에 우리나라를 식민지배하고 중국, 동남아 등에서 전쟁을 일으켜 많은 사람들을 죽였다. 무고한 우리 조상들과 수만 명의 독립투사가 희생당했다. 중국 난징에서는 30만 명에 가까운 항복군인과 양민들이 학살당했다. 그리고 일본은 태평양전쟁을 일으켜 우리나라의 청년들을 전쟁터로 내몰고, 젊은 여성들을 성노예로 끌고 다녔다. 하지만 이게 무슨 역사의 장난일까? 이 전범국은 원자폭탄을 맞아 미국에 무조건 항복을 하며 전쟁 가해자에서 원폭 피해국이 되고, 이후 냉전체제에서 자유세계로 편입되며 제대로 된 전범 처리나 과거사에 대한 사죄와 배상을 하지 않았다.

이러한 일본의 태도는 2차 세계대전 이후 혹독한 전범재판과 주변 국가에 대한 뼈저린 사과와 반성을 해야 했던 독일의 모습과 극적인 대조를 보인다. 물론 독일에게는 600만 명에 가까운 유대인과 그 이상의 수로 추정되는 집시들을 죽이고, 유럽 전역을 전쟁터로 만든 죄가 크기 때문에 사과와 반성 없이는 살아남을 수 없었던 상황도 있었다. 하지만 결론적으로 독일은 사죄했고 일본은 여전히 제대로 된 사과를 하지 않았다. 오히려 자신들의 침략의 역사를 미화하고, 총리와 국가 지도자들이 나서서 전쟁 범죄자들이 묻힌 야스쿠니신사에 경쟁적으로 참배하는 모습을 보인다.

탈무드에서는 이러한 행위를 의롭지 못하고 비겁한 행위로 본다. 반면에 진정으로 자신의 잘못을 인정하고 반성하는 것을 대단한 용기로 본다. 좀 더 정확히 말하면 반성이라기보다 회개라는 표현을 사용한다. 회개는 자신의 잘못을 인정하고 반성하며, 다시는 그런 행위를 반복하지 않는 것을 말한다. 그리고 아무리 흉악한 범죄자라도 진정한 회개를 한다면 이 땅에서 처벌은 받지만 하늘로부터 용서를 받을 수 있다고 믿는다. 사람이 살면서 잘못을 저지르지 않으면 좋겠지만 실제 그러기는 쉽지 않다. 그렇기에 잘못을 저지른 후 어떻게 해야 할지에 대해 탈무드는 관심이 많다.

자신의 잘못을 인정한 유다

탈무드에서 랍비들은 야곱의 4남 유다Judah가 여러 가지 실수와 잘못에도 불구하고 어떻게 형제들 가운데 리더십을 가지고 그의 가문에서 다윗 왕가가 나올 수 있었는지에 대해 토론한다. 랍비들은 유다야말로 진정한 회개와 반성을 할 줄 아는 사람이었기 때문이라고 말한다. 미움을 받던 동생 요셉Joseph을 은 30냥을 받고 팔아넘긴 후, 요셉의 형제들은 아버지 야곱에게 요셉이 자신들을 만나러 오는 길에 죽은 것 같다고 거짓말을 한다. 야곱의 아들들은 아버지가 어느 정도 슬퍼하다 진정되리라 생각했는데, 예상과 달리 야곱이 거의 삶의 희망을 잃어버리는 모습을 보며 크게 당황한다.

토라Torah에서는 이 사건 이후 유다가 형제들을 떠나 홀로 다른 지역으로 가서 사는 모습을 보여준다. 랍비들은 아마도 다른 형제들이 요셉을 팔아넘기자고 한 제안을 유다가 했기 때문에 그 모든 책임을 유다에게 돌렸던 것 같다고 추론한다.

아버지와 형제들을 떠난 유다는 가나안Canaan으로 가서 그곳의 여인과 결혼해 엘Er, 오난Onan, 셀라Shelah라는 세 아들을 둔다. 그리고 엘의 아내로 다말Tamar을 맞이한다. 엘이 자식이 없어 일찍 죽자, 자식 없이 죽은 형을 위해 형수와 결혼하는 전통에 따라 유다는 둘째 오난으로 하여금 다말을 아내로 맞아들여 대를 잇게 하지만 오난도 곧 죽고 만다. 졸지에 아들 둘을 잃은 유다는 며느리를 친정으로 돌려보낸 다음 막내아들 셀라가 성인으로 클 때까지 기다리라고 말한다.

하지만 수년이 지나 셀라가 결혼이 가능한 나이가 되었지만 유다는 다말을 다시 부르지 않았다. 그러자 다말은 유다가 양털을 깎으러 오는 길에 매춘부로 분장하고 서 있다가 시아버지와 동침해 아이를 가진다. 그리고 화대로 유다의 지팡이를 요구하고 몸을 숨긴다. 몇 달 후 다말의 임신 소식이 사람들에게 알려지고 이 소식을 들은 유다는 다말을 간음죄로 처단하려고 한다. 그런데 이때 다말은 자신의 지팡이를 유다에게 은밀히 보내 유다의 아이를 가졌다는 사실을 알린다. 유다는 이 모든 일의 처음과 시작을 깨닫고 자신의 잘못을 인정한다. 그리고 다말을 다시 집으로 부르고 다말이 낳은 쌍둥이인 베레스Perez와 세라Zerah를 자신의 아들로 받아들인다.

랍비들은 이 이야기의 어느 대목에서 유다를 용기 있는 사람으로 보았을까? 유다는 자신의 권한을 이용해 지팡이가 자신의 것이 아니라 주장하고 다말을 처단할 수도 있었다. 다말도 시아버지가 그렇게까지 나오는 상황에서 시아버지를 고발하고 죽을 의사는 없었던 것으로 보인다. 그렇기에 그녀도 다윗 왕가에 이름을 올리는 영예를 얻는다.

며느리가 시아버지의 아이를 가졌다는 것을 인정한다면, 당시 지역사회에서 유력한 지도자였던 유다의 명성에 상당한 피해가 갈 상황이었다. 이 부끄러운 일을 저지르고 아버지 야곱을 찾아갈 수 없었을지도 모른다. 하지만 유다는 자신의 명예나 지역사회의 영향력보다 며느리인 다말과 뱃속의 생명을 더 중요하게 생각했다.

그래서 세상의 비난과 조롱을 받는 길을 선택한 것으로 랍비들은 해석한다.

하지만 유다의 이런 용기는 나중에 큰 보상을 받는다. 이후 아버지와 형제들에게 다시 돌아가 정치적 리더십을 가질 수 있었고, 아들인 베레스는 다윗 왕의 조상이 된다. 이후 유다 부족은 이스라엘 열두 부족 가운데 가장 강력한 부족이 된다.

현재 자주 사용하는 유대인Jews이라는 이름도 유다에서 온 것이다. 나중에 이스라엘이 남북으로 갈리고 북이스라엘이 아시리아Assyria에 멸망당한 후 유대인의 왕국은 남유다만 남았다. 이로 인해 유다라는 이름은 이스라엘을 대표하는 이름이 되었다.

회개의 진정한 가치와 의미

회개의 진정한 가치와 의미에 더해 탈무드는 한 사람이 진정한 회개를 했는지 여부는 **똑같은 상황에서 똑같은 잘못을 반복하지 않는지를 보면 알 수 있다**고 말한다. 랍비 예후다Yehudah는 "만약에 어떤 사람이 진정으로 회개했다면, 그가 동일한 유혹에 처했을 때 그 잘못을 반복하는지 안 하는지를 보면 알 수 있다(요마 86b)"고 말한다. 예를 들어 어떤 유부남이 다른 여인과 간음을 했다. 그런데 그가 진정으로 회개했다면 나중에 똑같은 여인과 똑같은 시간, 똑같은 장소에서도 같은 죄를 저지르지 않을 것이다.

미국의 전 대통령 빌 클린턴은 백악관 집무실에서 인턴 모니카 르윈스키와 '부적절한 관계'를 가졌다는 혐의로 탄핵 위기에까지 몰렸다. 만약 그가 관계를 가질 때의 마음 상태나 같은 시간, 같은 장소에서 같은 실수를 반복하지 않았다면 진정한 반성과 회개를 한 것으로 볼 수 있다.

이 원리를 전범국가인 독일과 일본에도 적용할 수 있다. 만약 지금의 독일이 히틀러가 집권하던 1930년대의 어려운 경제 상황에 다시 처해도 극우주의와 인종주의가 득세하지 않는다면 진정한 반성을 한 것으로 볼 수 있다. 하지만 다시 잘못된 과거로 돌아간다면 독일의 반성도 제대로 된 반성이 아니었다고 판단할 수 있다.

하지만 제대로 반성조차 하지 않은 일본의 상황은 더욱 암담하다. 제대로 된 반성을 안 해서 그런지 최근 일본 경제가 계속 좋지 않자 극우 민족주의가 기승을 부릴 뿐 아니라 총리나 각료들까지 나서서 다시 군국주의 시절로 돌아가겠다고 국민들을 선동한다. 그 선동의 절정은 "전쟁을 할 수 있게 평화헌법을 고치기 위해 나치처럼 행동할 수도 있다"고 말한 아소 다로 일본 부총리의 발언이었다. 반성할 용기도 없을 뿐 아니라 제대로 된 반성의 가능성이 없어 보이는 이웃을 둔 우리는 각별히 조심해야 한다.

1 자신의 잘못을 솔직하게 인정하지 못하는 이유는 무엇인가?

2 자신의 잘못을 인정해 오히려 손해를 보았던 경험이 있는가?

3 자신의 잘못을 인정하는 것이 당장은 힘들지만 장기적으로 더 나을
  수 있다고 생각할 수 있는 근거는 무엇인가?

02

약자가 강자와
싸우는 법

약자로 살아온 유대인의 삶

세상을 살다 보면 더욱 강한 상대와 대적해야 할 때가 많다. 상식적으로 볼 때 약자가 강자와 맞붙어 이기기는 쉽지 않다. 그래서 이때 필요한 것이 올바른 전략과 전술이다. 유대인은 서기 70년 로마에 의해 제2성전이 파괴된 이후 2,000년 가까이 나라 없이 전 세계를 떠돌아야 했다. 영토와 주권이 없는 민족의 삶은 참혹했다. 유럽과 북아프리카로 흩어진 유대인은 가정과 민족을 지키면서도 언제또 지금의 나라에서 쫓겨날지 모르는 불안한 삶을 살았다.

유럽에서는 많은 유대인이 게토Ghetto라는 구역에 고립되어 가난

한 삶을 살아야 했다. 그 지역문화에 동화되지 않고 자신의 종교와
전통을 고수하며 살았기 때문에 핍박이 심했다. 어느 정도 유대인
에게 호의적 태도를 보이는 경우에도 정부 정책이 언제 어떻게 바
뀔지 알 수 없었기에 마음을 놓을 수 없었다.

예를 들어 1492년 스페인에서는 알함브라 칙령Alhambra Decree이 내
려져 스페인에 살던 유대인이 대대적으로 추방당했다. 다른 지역
에 비해 유대인에게 관대했던 정부 정책으로 금융과 사회 전 분야
에서 요직을 차지하던 수십만 명의 유대인은 하루아침에 살던 고
향과 집에서 쫓겨났다. 유대인에 대한 핍박의 정점은 나치에 의한
대학살이었다. 나치 독일은 유럽 전역에 흩어졌던 유대인을 잡아
들여 집단수용소에 가두고 독가스로 학살한다.

약자의 올바른 처신법

이렇게 나라 없이 떠돌아다니는 가운데 거주국의 정부나 국민과
의 관계에서 어떻게 처신해야 하는지에 대해 랍비들은 야곱이 그
의 형인 에서Esau에게 대응했던 방법에서 배울 수 있다고 말했다.

야곱이 밧단 아람Paddan Aram에서의 방랑을 마치고 가나안으로 돌
아올 때 에서의 군사력은 강력했다. 에서는 300여 명의 정예군을
이끌고 자신의 장자권을 빼앗은 동생 야곱을 만나러 왔다. 이때 야
곱에게는 어린 자식들과 아내 그리고 몇몇 몸종밖에 없는 상황이

었다. 정면으로 맞붙어 싸운다면 패배는 불 보듯 뻔했다. 이때 야곱은 먼저 간절히 신의 도움으로 이 위험을 벗어나기를 기도한다. 그리고 선물을 준비한다. 성난 형을 달래기 위해 자신의 가축 중 가장 좋은 것들을 고른 다음 형에게 바친다. 마지막으로 자신의 자식과 아내들을 두 그룹으로 나누고 혹시 있을지 모를 전쟁에 대비한다.

랍비들은 약자가 강자에 대응해 살아남을 수 있는 올바른 준비가 기도와 선물, 전쟁 준비라고 가르친다. 언제 쫓겨날지 모르는 상황에서 유대인이 자신보다 강한 정착지의 정부나 국민에게 대응한 방법도 이 세 가지이다.

랍비들은 먼저 자신들이 거주하는 주재국이 경제적으로 어렵지 않게 기도하라고 가르친다. "곳간에서 인심 난다"고 주재국이 경제적으로 어려우면 이민자들에게 호의적인 정책이 나올 수 없기 때문이다. 실제로 1930년대 독일에서 나치가 생기고 유대인 학살이 생긴 근본적인 이유가 1차 세계대전 이후 막대한 전쟁 배상금으로 인한 경제의 어려움과 전 세계를 강타한 경제대공황이었다. 자국의 경제가 어렵고 자국민의 삶이 어려운 상황에서는 누구도 이민자들에게 관대할 수 없다.

둘째로 주재국이 이민자들로부터 무언가 이익을 얻었다는 확신을 심어주고 실제 그들에게 무언가를 줘야 한다. 그래야 이민자들에 대한 불이익이나 핍박이 줄어든다. 우리나라도 100만 명에 가까운 외국인 노동자가 이른바 3D 업종에서 일하며 우리 경제에 기여하기에 많은 불법 체류자를 묵인한다. 사회적으로 큰 문제가 되지 않으면 불법 체류자 수를 적정하게 유지하며 현 상태를 유지하려 한다. 무리하게 이민자들을 추방하려 하지 않는다. 불법 체류자를 추방한다면 일손을 구할 수 없는 많은 중소기업이 문을 닫아야 하기 때문이다.

언제든지 도망갈 준비를 해라

마지막으로 최악의 경우에는 싸울 준비를 해야 한다. 하지만 약자의 입장에서 주재국의 정부나 국민들과 싸우기가 쉽지는 않다. 정면승부를 걸기는 힘들고 전략상 후퇴를 해야 한다. 《손자병법》식으로 말한다면 36계 주위상走爲上을 쓸 수밖에 없다. 즉, 피해를 최소화하며 도망가는 것이다. 앞에서 말한 야곱의 사례에서 야곱이 아내와 아이들을 두 그룹으로 나눈 이유도 야곱 자신이 싸우는 동안 아내와 아이들은 도망가서 생명을 부지하도록 하기 위함이었다.

이런 탈무드적 원리와 실제 역사의 교훈을 잘 알았기에 유대인은 언제든 도망갈 준비를 했다. 될 수 있으면 부피가 나가지 않고 언제든지 쉽게 정리할 수 있는 재산을 선호했다. 유대인이 금융업이나 보석, 귀금속 업종에 많이 종사했던 이유이기도 하다. 또 보이지 않는 재산인 지혜와 지식을 자식들에게 가르쳐 모든 것을 잃은 가운데서도 다시 시작할 수 있는 방법을 가르쳤다.

랍비 마빈 토케이어Marvin Tokayer가 말하길, 유대인 아이들은 부모로부터 "이 세상에서 가장 소중한 것은 무엇이고, 남들이 너에게서 빼앗을 수 없는 것이 무엇이냐?"고 물을 때 "돈"이라고 대답하면 "아니란다. 그것은 지식이다"라고 배운다고 한다. 유럽에서 모든 것을 잃고 빈손으로 미국에 이민 온 지 반세기가 되지 않아 미국의 학계, 언론계, 영화계, 경제계에서 큰 영향력을 미치는 유대인을 보면 이러한 교육이 지금까지도 온전히 이어짐을 알 수 있다.

좀 더 범위를 좁혀 개인적 차원에서도 이 세 가지 전략은 시사하는 바가 크다. 강자와 협상을 하거나 인간관계를 맺을 때 같은 방법을 적용할 수 있다. 먼저 간절한 마음으로 그가 나에게 해를 끼치지 않게 기도하고, 나와의 거래나 관계가 상대에게 확실한 이득이 있음을 각인시키고, 그가 나를 핍박하거나 피해를 줄 경우에는 싸우거나 도망갈 수 있도록 적절히 대비해야 한다.

1 나보다 강한 경쟁 상대나 적은 누구인가?

2 그 사람이 강한 이유는 무엇인가?

3 그 사람과 정면승부하기 힘들다면 어떤 대책을 세워야 하는가?

4 간절한 마음으로 기도하라는 의미는 무엇인가?

5 내가 그에게 도움이 된다는 것을 어떻게 확인시킬 수 있는가?

6 최악의 경우 도망갈 수 있는 방법은 무엇인가?

03

사람을 미워하지 말고
그 상황을 개선하라

세상을 살다 보면 언제나 원수를 만난다. 《신약성서》에는 "원수도 사랑하라"는 가르침이 있지만, 랍비들은 원수를 사랑할 필요까지는 없지만 공정히 대하라는 중립적 의견을 낸다.

하지만 평범한 사람들에게 원수를 사랑하라는 건 말할 것도 없고, 공정히 대하는 것도 쉽지 않아 보인다. 다들 원수를 제거의 대상으로 여기고, 그 사람만 없으면 이 세상이 더 나아질 것이라고 생각한다.

탈무드에 자주 등장하는 유명한 랍비 메이르Meir도 주변의 원수 같은 사람 때문에 골머리를 앓았다(베라홋 10a).

메이르의 집 부근에 불량한 사람들이 살았다. 이들 때문에 고통스러워하던 그는 한번은 "이들을 죽게 해달라"고 기도했다. 그러자 그의 아내 베루리아Beruria가 이렇게 말했다.

"당신은 어떤 근거로 그런 기도를 하나요?"

"시편(104:35)에 다윗 '왕이 이 땅의 죄인들이 사라지게 하소서'라고 기도하지 않소?"

"그것은 당신이 잘못 이해한 것입니다. 여기서 죄인이라는 단어는 호팀Chotim(죄인들)이 아니라 하타임Chataim(죄를 짓게 하는 것)으로 읽어야 합니다(히브리 원어에는 모음이 없기 때문에 모음을 어떻게 읽느냐에 따라 의미가 달라질 수 있다_필자 주). 즉, 죄인이 아니라 죄를 짓게 하는 악한 본성을 의미합니다. 그 밑의 구절을 읽어보세요. '악인들이 더 이상 존재하지 못하게 하소서'라고 합니다. 지금 내 눈앞에서 악한 행위를 하는 사람이 사라진다고 앞으로 이 세상에서 영원히 악한 사람들이 존재하지 않을까요? 눈앞의 몇몇 죄인을 없앤다고 앞으로 나타날 악인들을 막을 수는 없습니다. 그러므로 앞의 단어는 '하타임'으로 읽어야 합니다. 오히려 당신은 이런 악한 이웃들이 자신들의 죄를 회개하고 악한 본성에서 돌이킬 수 있도록 기도해야 합니다. **죄를 짓고자 하는 본성이 사라져야 악인이 소멸될 수 있기 때문입니다.**"

메이르는 아내의 말을 경청하고 악한 이웃들에게도 자비를 베풀어달라고 기도했다. 그러자 악한 이웃들이 자신들의 죄를 뉘우치고 회개했다.

이 이야기는 개인의 삶과 인간관계에 많은 시사점을 준다. 우리는 흔히 눈앞의 원수가 사라지면 모든 일이 잘될 것이라고 생각한다. 원수 같은 상사나 경쟁자만 없어지면 회사생활도 편해지고 사업도 잘될 것 같다. 하지만 원수 같은 상사가 떠났는데 그보다 더 악한 사람이 오기도 하고, 눈엣가시 같던 경쟁자가 망했는데, 만만한 경쟁자와는 비교도 안 되는 악덕업자가 나타나 시장이 완전히 없어지기도 한다.

그렇기에 어떤 면에서는 눈앞에 보이는 원수를 없애는 데 힘을 쓰기보다 그 사람이 원수 같은 행위를 하는 원인을 분석하고 그 원인을 제거하는 데 시간과 에너지를 투자할 필요가 있다. 그 악의 뿌리를 제거하지 않으면 마치 좀비처럼 하나를 죽이면 또 하나가 덤비고, 하나를 죽이면 또 하나가 생겨나기 때문이다.

이는 "죄는 미워하되 사람은 미워하지 말라"는 말과도 비슷하다. 랍비들은 기본적으로 사람 자체는 선하지도 악하지도 않다는 입장을 가진다. 그 사람이 어떤 환경에서 어떤 영향을 받고, 최종적으로 어떤 행위를 했는가에 따라 평가받아야 한다. 죄의 판단 기준은 그 사람의 배경이나 죄를 저지르려 한 동기나 생각이 아니다. 행동으로 구체화된 것만 죄로 인정한다. 살인하겠다는 생각을 가진 것으로 살인죄를 지었다고 보지 않는다. 살인이라는 구체적 행동을 하고, 그 행동이 증인에게 목격되어야 재판정에서 유죄판결을 받는다. 이런 관점에서 접근한다면 죄와 사람을 분리해 생각하는 게 가능하다. 죄만 미워하고 심판하면 되는 것이지 그 사람을 미워할 필요는 없다.

그런데 과연 이게 쉬울까? 우리는 흔히 죄와 죄인의 행동을 동일시해 죄인을 미워하고 원망한다. 하지만 역사상 큰 업적을 이룬 사람들 가운데는 이렇게 사람과 죄를 구분하는 데 능했던 사람들이 많다.

우선 랍비 메이르가 인용한 시편의 저자이기도 한 다윗 왕은 이러한 실천을 잘한 인물이었다. 이스라엘왕국의 초대 왕 사울의 사위이기도 했던 다윗 왕은 여러 전공을 세우고 백성들에게 큰 사랑을 받았다. 그러자 자신의 왕권과 추후 왕위 계승에 위협을 느낀 사울은 다윗을 죽이려 한다.

이렇게 몇십 년을 쫓기던 다윗에게도 사울 왕을 죽일 수 있는 기회가 두 번 있었다. 한 번은 그가 숨었던 동굴 속에 사울 왕이 들어와 노숙하던 때였고, 다른 한 번은 역시 자신을 쫓다가 하룻밤 야영하는 사울의 텐트에 잠입했던 때였다. 하지만 다윗은 눈앞의 원수를 죽이지 않았다. 사울 왕을 죽인다고 자신을 왕으로 인정하지 않는 많은 세력들을 굴복시킬 수 없다고 판단했기 때문이다. 또한 기름 부음을 받아 왕이 된 사울을 죽여 '선왕을 살해한 자'라는 오명을 얻고 싶지 않았기 때문이다. 그리고 때를 기다려 마침내 사울과 그의 아들들이 블레셋족과의 전쟁에서 죽은 후 다른 부족들의 추대를 받아 자연스럽게 이스라엘의 2대 왕으로 등극할 수 있었다.

동양에서의 비슷한 예로는 야마소카 소하치의 소설 《대망》에서 자세히 묘사된 도쿠가와 이에야스의 삶을 들 수 있다. 흔히들 그의 리더십을 '때를 기다리는 리더십'이라고 한다. 눈앞의 강력한 적인 도요토미 히데요시에게 대적하지 않고, 억울하게 영지가 바뀌는 수모를 감수하며 당시는 변방이었던 에도(지금의 도쿄)로 쫓겨난다. 하지만 그 변방에서 힘을 기르고 마침내 때가 왔을 때 정권을 잡아 일본의 평화 시대를 만들었다.

역사적으로도 개인적으로도 눈앞의 원수를 인내하기는 쉬운 일이 아니다. 하지만 좀 더 거시적 관점에서 내 눈앞의 원수를 없애거나 원수와 싸우는 데 힘을 쏟기보다 근본적인 문제 해결을 추구하고 때를 기다리는 게 지혜로운 행동이다.

1 나를 힘들게 하는 원수나 적은 누구인가?

2 그 원수나 적이 나를 힘들게 하는 이유는 무엇인가?

3 그 원수나 적이 나쁘거나 악하게 된 이유는 무엇인가?

4 그 원인을 어떻게 제거할 수 있는가?

5 사람을 미워하지 말고 죄를 미워하라는 의미는 무엇인가?

6 도저히 원수나 적이 용서가 안 될 때 내가 취할 수 있는 방법은 무엇인가?

04

아무리 힘들어도
유머를 잃지 말아라

러시아가 공산국가이던 때의 이야기다. 한 교사가 학생들에게 말했다.

"여러분, 오늘은 내가 신이 없다는 것을 증명해보이겠습니다. 여기 제 손에 연필이 있지요. 두 눈으로 분명히 볼 수 있죠. 그러므로 연필은 존재합니다. 그리고 여기에 책상이 있지요. 그러므로 책상이 존재합니다. 그런데 신은 어디에 있나요? 신을 본 사람은 손들어 보아요."

아무도 손을 드는 아이들이 없는 것을 보고 교사가 말했다.

"보세요. 신은 없습니다. 눈으로 볼 수 없는 것은 존재하는 게 아니에요."

그러자 한 유대인 아이가 말했다.

"선생님, 그러면 선생님 뇌는 어디에 있나요?"

"이 머릿속에 있지."

"그런데 우리가 볼 수 없잖아요. 그러니 선생님은 뇌가 없는 분이네요."

이는 유대인 유머의 전형적인 예이다. 유대인 유머의 특징은 지적 반전이다. 상대방의 논리적 허점이나 모순을 지적하며 상대방의 논리로 상대를 당황하게 만든다. 말이나 행동의 흉내로 웃기는 슬랩스틱 코미디가 아니라 지적 반전을 통해 재미와 함께 생각의 여운을 남긴다. 간혹 유대인 유머는 그들이 금기로 여기는 대상을 소재로 삼기도 한다.

하루는 한 랍비가 아무에게도 말하지 않고 돼지고기를 먹으려 했다. 그래서 식당에 가 돼지고기 요리를 시켰다. 그때 그의 회당에 출석하는 부부가 랍비가 있는 식당에 들어왔다. 부부는 랍비에게 반갑게 인사를 하고 랍비가 있는 식탁으로 다가와 앉았다. 그때 마침 웨이터가 주문한 요리를 들고 왔다. 랍비가 시킨 요리는 돼지 입에 사과를 물린 바비큐였다. 웨이터가 다가와 접시를 내려놓고 요리를 덮은 뚜껑을 열었다. 그러자 랍비가 말했다.

"오! 세상에 이런 식당이 다 있나? 나는 구운 사과를 시켰는데, 사과를 돼지 입에 물려서 가지고 나올 줄이야!"

물론 꾸며낸 유머이지만, 유대인은 돼지고기를 먹지 않는다는 금기를 유머로 승화시킨 재미있는 예화이다. '사과를 문 돼지'를 '돼지 입에 담긴 사과'로 발상을 전환시키면서 위기를 빠져나가는 유대인식 기지를 보여주는 유머이기도 하다. 그리고 이 금기의 대상은 신도 예외가 아니다. 다음 이야기를 보자.

한 남자가 신과 대화하기 위해 산꼭대기에 올라갔다. 그리고 물었다.

"당신께 1만 년은 어떤 시간입니까?

그러자 하늘에서 음성이 들려왔다.

"1분과 같으니라."

그러자 남자가 물었다.

"그러면 당신께 100만 달러는 어떤 돈입니까?"

또다시 하늘에서 음성이 들렸다.

"1페니Penny 같으니라."

그러자 남자가 말했다.

"그러면 제게 1페니만 주시겠습니까?"

그러자 마지막으로 음성이 들려왔다.

"알았다. 1분만 기다려라."

신에게는 하루가 천년 같고 천년이 하루 같다는 개념을 재미있게 풀어낸 이야기이다.

매주 한남동에서 토라나 탈무드 공부를 할 때 랍비가 보는 교사용 지도서 첫 도입부에는 반드시 이런 유대인 유머가 하나씩 있었다. 수업 때 읽어줄 때도 있고 넘어갈 때도 있지만 한바탕 웃고 시작하는 수업은 더욱 집중이 잘된다. 생리학적으로 사람은 웃을 때 스트레스가 사라진다. 통증을 경감시키는 호르몬인 엔도르핀이 나오고 암세포를 죽이는 T–세포가 나온다. T–세포는 염증을 없애고 내부 장기를 마사지한다고 한다.

정신적으로나 육체적으로나 웃음이 좋은 줄 알지만 힘들고 어려운 상황 속에서도 웃음과 유머를 지키는 것은 쉬운 일이 아니다. 특히 우리와 같은 진지한 동양 문화권에서는 "야 지금이 웃을 때냐"라는 말을 많이 듣는다. 하지만 유대인은 수많은 핍박과 유랑생활 가운데서도 유머를 잃지 않기 위해 노력했다. 언제 쫓겨날지 모르고 학살당할지 모르지만 공부하는 가운데도 이렇게 유머를 섞는 여유가 있었다.

유머와 해학의 전통은 비단 유대인만의 것도 아니다. 우리도 나름 해학과 풍자의 민족이었다. 일제 강점기를 배경으로 한 김유정의《동백꽃》이나《봄봄》을 보면, 힘들고 어려운 일제 강점기에도 생생히 살아 있는 우리 조상들이 해학을 살펴볼 수 있다. 특히 김유정은 본인도 건강하지 않은 상황에서 오히려 다른 어느 작가보다 해학미가 넘치는 글을 썼다는 게 인상적이다. 다음은《동백꽃》에서 자기를 좋아하는 마음을 몰라주는 주인공 '나'에게 점순이가 심술을 부리다가 마침내 갈등이 해소되는 마지막 대목이다.

"이놈아! 너 왜 남의 닭을 때려죽이니?"

"그럼 어때?"하고, 일어나다가 "뭐, 이 자식아! 누 집 닭인데?"하고 복장을 떼미는 바람에 다시 벌렁 자빠졌다. (중략) 나는 비슬비슬 일어나며 소맷자락으로 눈을 가리고는 얼김에 엉 하고 울음을 놓았다. 그러다 점순이가 앞으로 다가와서 "그럼 너, 이담부턴 안 그럴 테냐?"하고 물을 때에야 비로소 살 길을 찾은 듯싶었다. 나는 눈물을 우선 씻고 뭘 안 그러는지 명색도 모르건만 "그래!"하고 무턱대고 대답했다.

"요담부터 또 그래 봐라, 내 자꾸 못살게 굴 테니."

"그래그래, 인젠 안 그럴 테야."

"닭 죽은 건 염려 마라. 내 안 이를 테니."

그리고 뭣에 떠다 밀렸는지 나의 어깨를 짚은 채 그대로 퍽 쓰러진다. 그 바람에 나의 몸뚱이도 겹쳐서 쓰러지며 한창 피어 퍼드러진 노란 동백꽃 속으로 폭 파묻혀버렸다. 알싸한 그리고 향긋한 그 냄새에 나는 땅이 꺼지는 듯이 온 정신이 고만 아찔했다.

점순이의 억지스러움 그리고 순박하게 당하는 주인공 '나'. 둘의 우스꽝스러운 다툼과 이 둘을 감싸주는 동백꽃 향기가 조화를 이루는 아름다운 작품이다.

나라를 빼앗긴 암울한 상황과 가난 속에서도 웃을 일이 필요하다. 바뀔 수 없는 현실을 한탄만 하기보다 비참한 현실을 풍자와 해학으로 웃어넘기고 새로운 희망을 발견하고자 하는 마음이 김유정의 마음이 아니었나 생각한다.

그런데 우리 역사를 보면 서민들의 삶 속에서는 해학과 풍자가 살아 있었지만, 지배계층과 지식층은 너무 심각하고 웃음에 인색했던 것 같다. 그리고 이는 예나 지금이나 마찬가지이다. 선비와 양반이라 하면 항상 반듯하게 자세를 지키고 헛기침만 하는 모습이 그려진다. 공연히 우스갯소리를 했다가는 무게가 떨어진다고 생각한다. 그리고 가끔 이 시대의 정치인이나 사회지도층은 웃기지도 않은 이야기를 유머인 양 엉뚱하게 했다가 성희롱이나 특정 집단 비하 발언을 했다며 홍역을 치르기도 한다.

우리 문화에서도 한바탕 웃고 난 이후에 생각할 거리도 남고, 약자를 비하하거나 비아냥대지 않고 즐거움을 주는 높은 수준의 유머가 필요하다.

1 아무리 힘들어도 웃어야 하는 이유는 무엇인가?

2 평소에 유머 감각을 기르기 위해서는 어떠한 훈련이 필요한가?

3 웃음이 주는 효과는 무엇인가?

4 다른 사람을 기분 좋게 해주고, 어색한 분위기도 누그러뜨릴 수 있는 좋은 유머는 어디서 찾을 수 있는가?

05

겉모습보다
근본적인 의도를 파악하라

    탈무드식 토론의 특징을 잘 볼 수 있는 부분이 "눈에는 눈, 이에는 이"라는 토라의 내용을 해석하고 적용하는 바바 캄마Bava Kamma의 내용이다. 토라뿐 아니라 기원전 18세기경에 만들어진 바빌론의 함무라비 법전에도 나오는 이 원칙(탈리오의 원칙이라고 불리는 보응의 원칙)은 당시 배상법의 기본이 되는 내용이었다.

    토라에는 "그러나 다른 해가 있으면 갚되 생명은 생명으로, 눈은 눈으로, 이는 이로, 손은 손으로, 발은 발로, 덴 것은 덴 것으로, 상하게 한 것은 상함으로, 때린 것은 때림으로 갚을지니라(출애굽기 21장 23~25절)"고 한다. 함무라비 법전에는 "눈에는 눈, 이에는 이. 어떤 사람이 다른 사람의 눈을 멀게 했다면 그 자신의 눈알을 뺄 것이다. 그가 다른 사람의 이를 부러뜨렸다면 그의 이도 부러뜨릴 것이다. 그가 다른 사람의 뼈를 부러뜨렸다면 그의 뼈도 부러뜨릴 것이다"라고 한다. 그러면 과연 "눈에는 눈, 이에는 이"라는 말의 의도는 무엇이고, 어떻게 적용해야 할까?

첫 번째 해석은 문자 그대로 받아들이는 것이다. 문자 그대로 내 눈을 다치게 했으면 그대로 상대의 눈을 다치게 해야 한다. 함무라비 법전의 내용이 이러한 표면적 적용의 구체적인 예를 보여준다. 눈을 멀게 했으면 눈을 빼고, 이나 뼈를 부러뜨렸으면 이와 뼈를 똑같이 부러뜨린다.

두 번째 해석은 좀 더 발전적인 것으로 이 구절을 당한 피해보다 지나치게 보복하는 것을 금지하는 것으로 보는 것이다. 사람들은 흔히 눈만 다쳤는데 눈 이외에 다른 부분도 다치게 한다든지, 이나 뼈만 부러졌는데 상대방의 생명을 취하는 등의 과잉 보복을 한다. 그러므로 이 구절은 "눈이 상했으면 상대의 눈만 상하게 하고, 이가 상했으면 가해자의 이만 상하게 하라"는 의미로 볼 수 있다.

하지만 탈무드에서 랍비들은 좀 더 깊이 있는 토론을 한다. 과연 눈을 상하게 한 사람에게 자신이 받은 것과 똑같은 강도로 상대의 눈을 상하게 하는 게 가능하냐고 묻는다. 가령, 한 사람이 지나가는 사람에게 돌을 던져 한쪽 눈을 상하게 했다. 눈에 피멍이 들고 나흘 동안 앞을 볼 수 없었지만 다행히 실명되지는 않았다. 그런데 눈을 다쳐 나흘 동안 일을 하지 못해 나흘 치의 품삯을 손해 보았고, 치료비로 하루 품삯이 들었다. 그러면 피해자는 어떻게 해야 이 가해자에게 똑같은 상해를 입힐 수 있을까? 몇 미터 거리에서 어느 정도의 크기의 돌을 던져야 실명되지 않을 정도의 피해를 주고, 나흘 동안 일을 못하고, 하루 품삯이 치료비로 나오는 상해를 가할 수 있을까?

탈무드에서는 이런 식의 동일 보복은 불가능하다고 말한다. 같은 고통, 같은 상처, 같은 치료비를 나오게 하는 것이 불가능하기 때문이다. 그러므로 이 토라의 내용은 동일 보복을 하라는 문자적 의미가 아니라 전후 맥락으로 보아 이 상해의 고통과 정신적 피해를 금전으로 보상해야 한다고 말한다. 탈무드 바바 캄마의 미쉬나_{Mishnah}에서는 이 부분을 이렇게 기술한다(바바 캄마 83b).

"이 장은 사람에 의한 신체적 상해에 대한 법률을 다룬다. 미쉬나는 가해자가 지불해야 하는 다섯 종류의 보상에 대해 다룬다. 자신의 동료에게 상해를 입힌 자는 다섯 가지 사항에 대해 보상을 해야 한다. 실질적인 상처, 고통, 치료비, 치료 기간의 노동 손실분에 대한 임금 보상 그리고 굴욕감에 대한 보상이다. 미쉬나는 이 다섯 가지 영역에 대해 자세히 설명한다. 우리가 어떻게 상처를 측정할 수 있는가? 만약 가해자가 피해자의 눈을 멀게 하거나 팔을 잘리게 하거나 다리를 부러뜨리면, 우리는 희생자를 시장에서 팔리는 노예라고 생각한다. 그리고 상처를 입기 전의 가치와 상처를 입은 후 현재 가치의 차액을 정산한다. 그러면 고통에 대한 보상금은 어떻게 산정할까? 만약에 가해자가 쇠막대기로 피해자에게 화상을 입히거나 못으로 찔렀다면(심지어는 고통이 잘 느껴지지 않는 손톱 위에 상해를 입힌 경우에도), 우리는 이런 사람이 얼마를 받으면 그런 고통을 당할 용의가 있는지를 근거로 하여 금액을 산정할 수 있다….”

이런 식으로 상처와 고통에 대한 금전적인 배상 기준과 금액을 최대한으로 정한다. 또한 제대로 된 피해보상을 해주기 위해서는 단순히 똑같은 상처나 고통을 주는 것만으로 부족하다. 그 사람의 치료비와 치료받는 기간 동안의 노동력 손실분에 대해서도 보전해야 한다. 뿐만 아니라 그 사람의 정신적 피해까지 보상해야 한다. 상처를 당하고, 다른 사람의 구경거리가 된 수치감, 맞거나 다쳤을 때의 굴욕감에 대한 정신적 보상도 해주어야 한다.

탈무드에서는 이렇게 겉으로 드러난 표현보다는 이 법을 만든 입법자의 의도가 무엇인지에 더 많은 주의를 기울인다. 궁극적으로 이 법을 준 신의 의도는 정의Justice가 이 땅에 구현되게 하는 것이다. 표면적으로 보았을 때는 “눈에는 눈, 이에는 이”처럼 동일 보복을 하라는 뜻인가로 오해할 수 있지만, 좀 더 깊이 생각하고 입법자의 의도에 맞게 법률을 실천하려면 어떻게 해야 할지를 생각해야 한다.

신이 우리에게 두뇌를 주고, 동물들도 가진 감정을 넘어서 이성적 사고를 할 수 있는 능력을 준 이유는 바로 이런 생각을 하며 자신의 논리를 기르도록 하기 위함이다. 그리고 변하는 환경 속에서 변치 않는 진리를 제대로 실천하기 위해서는 바로 이러한 '논리'가 필요하다.

1 뿌리가 되는 원인이나 동기를 살피기 전에 겉에 드러난 면만 가지고
   판단해 곤란했던 경험이 있는가?

2 겉으로 드러나는 현상이 아닌 근본적 원인을 파악하기 위해 어떤 능
   력이 필요한가?

3 체계적 사고를 위해서는 어떤 생각훈련이 필요한가?

06

사람은 결국
자기가 보고 싶은 것만 본다

이성보다 항상 앞서는 심리

한 남자가 감기에 걸렸다. 침대에 누워 앓으며 아내에게 오렌지주스를 갖다 달라고 했다. 그러자 아내는 "감기에 무슨 오렌지주스야, 약을 줄 테니 따뜻한 물에 먹고 푹 자"라고 했다. 이에 남편은 '아내가 자기를 사랑하지 않는다' 생각하고 등을 돌려 말을 하지 않았다.

모르는 사람들이 보면 남편의 행동은 이해되지 않을 뿐 아니라 유치하기까지 하다. '오렌지주스=사랑'은 언뜻 보면 이해가 되지 않는 등식이다. 하지만 남편의 성장 배경을 들어본다면 좀 다른 이야기가 될 수 있다. 남편이 어렸을 때 감기에 걸리면 그의 어머니가 오렌지주스를 주면서 이것을 먹으면 빨리 나을 수 있다고 말해주고 아들을 꼭 안아주었다. 미열의 감기 기운과 오렌지주스, 어머니의 사랑이 하나의 이미지로 뇌에 저장된다. 이후 감기에 걸리면 오렌지주스를 마시고 사랑스러운 보살핌을 받으면 낫는다라는 믿음이 생긴 것이다. 그리고 그게 자신이 받아야 할 사랑과 보살핌이라고 생각한다. 하지만 이런 배경을 모르는 아내에게 감기와 오렌지주스는 이해되지 않는 조합이다.

현대 심리학자들은 사람들의 이런 비이성적인 인식과 행동양식에 주목했다. 사람은 객관적 실체를 이성적으로 인식하고 판단하기보다는 자신의 이전의 경험이나 감정적 상처를 통해 형성된 자신만의 안경을 끼고 세상을 바라보는 경우가 많다.

유대인은 수천 년의 유랑생활을 하며 사람들의 본성, 특히 악한 본성에 대해 철저히 관찰했다. 악한 사람들이 언제 자신들을 쫓아내고 생명을 위협할지 모르기 때문에 그들의 인식과 행동의 양상을 주의 깊게 관찰하고 대응할 필요가 있었기 때문이다.

랍비들은 그들의 조상이 이집트를 탈출하는 과정에서 어떻게 이집트 왕 바로Pharaoh가 이전의 결정을 뒤집고 유대인을 뒤쫓는지, 그리고 결국 자신의 최정예 부대를 홍해에서 다 죽게 만드는지를 관찰하며 인간의 비이성적인 본성에 대해 토론한다. 바로는 자신이 노예로 부리던 남자만 60만 명(전체 인구로는 최소 240만 명에서 많게는 수백만 명으로 추정)에 달하는 유대인을 자유민으로 풀어주기로 결단한다. 나일강이 피로 변하는 재앙에서 이집트의 모든 큰아들과 가축의 첫 새끼가 죽는 열 가지 재앙을 경험한 후였다. 더 이상 유대인을 잡아두었다가는 자신을 비롯한 모든 이집트 사람들이 죽겠다는 위기의식이 생겼기 때문이다.

히브리 달력으로 니산Nisan월 15일 유대인은 바로의 명령으로 이집트를 떠날 수 있게 된다. 거의 수백만 명이 이동하는 인류 역사상 첫 민족 대이동이었다. 그리고 세계 역사 최초로 한 민족의 시작 시점이 기록되는 순간이었다. 그리고 사흘 후, 즉 니산월 17일 광야로 향하던 유대인이 다시 이집트 쪽으로 방향을 틀어 비 하히롯Pi Hahiroth이라는 지역에 진을 친다.

이제 사흘쯤 지나 죽음에 대한 공포도 서서히 사라질 무렵, 병사들을 통해 보고를 받은 바로와 이집트 관리들은 왜 자신들이 이 엄청난 수의 노예들을 그냥 풀어주었는지 후회하기 시작한다. 그리고 최정예 기마병을 선두로 전 병력을 동원해 홍해 앞의 유대인을 추격한다. 하지만 이집트 군대가 유대인을 덮치려 하는 순간 큰 구름기둥이 나타나 그들의 시야를 막았다. 그들은 유대인에게 접근할 수 없었다. 그리고 모세Moses가 지팡이를 들자 홍해가 갈라져 유대인은 걸어서 홍해를 건넜다. 이 광경을 지켜본 바로는 홍해로 뛰어들 것을 군대에 명령한다. 하지만 유대인이 모두 홍해를 건너간 후 벽처럼 양쪽에 서 있던 물이 쏟아졌다. 결국 홍해로 들어간 이집트 군대는 한 명도 살아남지 못하고 바다에 수장된다.

이집트 왕 바로의 이해되지 않는 행동

랍비들은 바로가 왜 이 상황에서 이런 비이성적인 행동을 하는지 주목한다. 그는 이미 아홉 가지 재앙을 겪었고 무언가 영적인 힘이 이런 재앙을 내린다는 것을 느꼈다. 그리고 결정적으로 자기 큰아들이 이유 없이 죽는 것을 보며 이건 신의 심판이 분명함을 깨달았다. 그리고 마침내 광야로 가서 제사를 지내게 해달라는 모세와 유대인의 요구를 들어주기로 결심했다. 하지만 척후병의 보고를 받자 유대인이 더 나아가지 못하고 광야에서 헤맨다고 판단해 마음을 바꿔 추격을 결심한다. 여기까지는 이성적 판단이고 충분히 그럴 수 있다.

그런데 유대인에게 접근했을 때 구름기둥이 나타나 군대가 나아갈 수 없고, 홍해가 갈라지는 상황을 보고도 진격 명령을 내리는 것을 어떻게 해석해야 할까? 이정도 되면 이건 초자연적인 일이니 무언가 불길함을 느껴 군사를 물리고 돌아가야 정상이 아닐까? 그런데도 바로는 군사들이 홍해로 들어가길 명한다. 바다 가운데 길이 나고, 물벽이 오른쪽과 왼쪽에 서 있는 초자연적인 일이 눈앞에 벌어지는 모습을 보았다. 그리고 이 물이 다 쏟아지면 병사들이 죽을 수밖에 없음을 알고도 진격을 명령한다. 도대체 이런 무모함은 어디서 나오는 것일까?

랍비 야코브 카메네츠키Yaakov Kamenetsky는 "사람은 (특히 악인은) 자신의 이익이 눈에 보이고, 자신의 욕망이 올라오면 주변의 모든 것을 자신의 결정에 맞게 합리화시킨다"고 말한다. 후마쉬Chumash에서는 "사람들은 결국 자신이 보고 싶은 것만 보고, 믿고 싶은 것만 믿는다"고 말한다. 사람들이 사기를 당하거나 사이비 종교에 빠지는 심리와도 비슷하다. 자신의 이익과 부합하거나 자신의 결정적 상처나 부족함을 채워주는 무언가를 만나면 주위의 충고가 귀에 들어오지 않는다.

"뭔가 좀 이상해", "좀 더 알아봐"라는 상식적이고 합리적인 판단은 자신이 이미 마음먹은 결정을 방해하려는 불순한 의도를 가진 말로 들린다. '아 그건 이래서 그래' 그리고 '저건 저래서 그래'라며 비상식적인 모든 상황을 합리화하면서 계속 수렁에 빠져든다. 그리고 많은 경우 더 이상 돌이킬 수 없는 상황에 처하거나 자신의 목숨이 위협을 받는 순간에서야 제정신으로 돌아온다. 이러한 심리적 성향에 대한 통찰은 우리가 다른 사람들과 관계를 맺거나 협상을 할 때 유용한 시사점을 준다.

많은 경우 우리는 객관적이고 이성적인 정보를 제공하고, 상대를 합리적으로 설득해야 한다고 생각한다. 하지만 상대가 가진 사고의 틀과, 그가 원하는 궁극적인 필요나 욕망을 채워주지 못하는 논리와 이성에 기초한 설득은 대부분 실패한다. 내 자신이 주장하는 게 얼마나 중요하고 옳은지를 증명하기보다는 상대가 무엇을 보고 믿는지를 간파하는 것이 원활한 관계와 성공적인 협상을 할 수 있는 지름길이다.

와튼 MBA에서 협상론을 강의하는 스튜어트 다이아몬드Stuart Diamond 는《어떻게 원하는 것을 얻는가》에서 성공적인 협상을 위한 열두 가지 전략을 제시하는데 그중 첫 번째가 "목표에 집중하라(내가 원하는 게 무엇인지 분명히 알고, 그 목표에 집중하라)"이고, 두 번째가 "상대의 머릿속 그림을 그려라", 세 번째가 "(상대의) 감정에 신경을 써라"이다. 즉, 상대의 생각의 틀을 먼저 이해하고, 내가 원하고 상대가 원하는 게 무엇인지 파악해 먼저 마음을 얻은 다음에 이성적으로 설득하라는 말이다.

결국 바로가 원했던 것은 몇백 년 동안 써온 공짜 노동력이었다. 이 노동력을 다시 찾고자 하는 그의 바람 앞에서 객관적인 모든 상황은 의미가 없었다. 벼락이 치고 어두움이 덮치고 홍해가 갈라져도 모든 상황을 합리화했다. '우연일 거야', '노예들이 건넜으니 우리도 건널 수 있을 거야'라고. 그리고 결국 전 병력의 몰살이라는 결과를 받아들고서야 제정신을 차릴 수 있었다.

이렇게 수천 년 동안 주변 민족들과 통치세력의 태도를 관찰하던 유대인이 독일인들의 태도 변화를 읽지 못하고 600만 명이나 학살당한 것은 아이러니컬한 역사의 대목이다. 가장 이성적으로 생각하고 성실하게 일하는 독일인들이 경제적 어려움 속에서 이렇게까지 비이성적으로 판단하고 행동하겠냐고 생각했던 안일함이 있었다. 인종청소의 광풍이 부는 가운데 독일 및 유럽의 유대인이 도망갈 피난처도 그리 많지 않았다. 미국도 유럽에서 홀로코스트The Holocaust가 진행되는 줄 알면서도 이민 쿼터를 정해 일정 수 이상의 유대인이 자국 내로 들어오지 못하게 하는 정책을 썼다. 아무리 관찰을 열심히 하고, 대책을 세워도 큰 흐름을 바꿀 수 없는 어떤 거대한 힘이 있었다고밖에 설명할 방법이 없을 것 같다.

1 서로 자신의 주장이 합리적이라면서 자기가 말하고 싶은 것만 말하고, 자신의 주장만은 관철시키려는 상대와 이야기하거나 논쟁한 경험이 있는가?

2 자기가 보고 싶은 것만 보려는 인간의 욕망을 잘 활용하는 현대의 광고나 상업적 마케팅의 예로는 무엇이 있는가?

3 자기가 보고 싶은 것만 보고, 듣고 싶은 것만 들으려는 사람들의 한계를 활용해 적절한 협상이나 대화를 하려면 어떤 훈련이 필요한가?

4 상대의 필요나 욕구를 파악하기 위해서는 어떤 관찰력을 가져야 하는가?

07

다른 사람을
관대하게 판단하라

사람은 판단하는 존재이다. 그리고 대부분의 경우 자신에게는 관대하고 남에게는 엄격한 잣대를 들이댄다. 나의 흠은 작게 보이고 상대의 흠은 크게 보인다. 랍비 예후다 바르실라Yehuda bar Shila는 이 세상에서 축복을 받고, 앞으로 올 세상에서 보상받을 수 있는 삶의 여섯 가지 원리를 말했다. 특히 다른 사람에 대해서는 관대한 판단을 하라고 주문한다. 그가 말하는 여섯 가지 원리는 다음과 같다.

첫째, 손님을 환대하라.
둘째, 병든 자를 문안하라.
셋째, 기도에 집중하라.

넷째, 공부하기 위해 일찍 일어나라.

다섯째, 아이들이 토라를 공부할 수 있도록 도와라.

여섯째, 다른 사람을 관대하게 판단하라.

그리고 탈무드는 남의 흠이나 오해받을 수 있는 행동조차도 관대하게 판단하라고 가르치며 다음의 이야기(샤봇 126b)를 인용한다.

갈릴리 지역에 사는 한 사람이 집을 떠나 3년 동안 다른 지역에 가서 일했다. 3년이 마무리되는 시점의 욤 키푸르Yom Kippur(대속죄일) 전날 일꾼은 주인에게 3년의 급여를 정산해달라고 했다.

"주인어른, 급여를 주십시오. 이제 집에 돌아가 제 처자식을 돌보겠습니다."

그러자 주인이 말했다.

"돈이 없네."

"그러면 수확한 작물로라도 급여를 정산해주십시오."

"작물도 없네."

"그러면, 제게 땅문서라도 주십시오."

"자네에게 줄 땅도 없네."

"그러면 가축으로도 정산해주십시오."

"가축도 없네."

사실 주인에겐 돈도 작물도 땅도 가축도 있는 상황이었지만, 이런 주인의 태도에 나름의 이유가 있다고 생각한 일꾼은 마지막으로 말했다.

"그러면 가지고 계신 베개나 쿠션이라도 주십시오."

"그것마저 없네."

주인은 답했다.

결국 아무것도 받지 못한 채 일꾼은 자기 짐을 챙겨 집으로 돌아왔다.

욤 키푸르가 끝난 후 주인은 일꾼의 품삯을 마련해 일꾼의 고향 갈릴리로 찾아왔다. 돈뿐만 아니라 당나귀 세 마리에 선물과 음식을 가득 싣고 왔다. 준비해온 음식으로 잔치를 베풀고, 주인은 일꾼에게 품삯을 지불했다. 그리고 일꾼에게 물었다.

"내가 이렇게 돈이 있음에도 자네에게 줄 돈이 없다고 했을 때 자네는 어떤 의심이 들었나?"

"글쎄요. 의심이라기보다 아마 주인이 장사에서 손해를 봐서 자금 사정이 안 좋으시구나. 그렇지 않으면 내게 급여를 정산해주셨을 텐데라고 생각했습니다."

"그러면 내가 이렇게 가축이 있는데도 가축이 없다고 했을 때는 무슨 생각이 들었나?"

"아마도 이 가축들을 다른 사람들에게 빌려준 상태여서 줄 수가 없었나 보다 생각했습니다."

"그러면 땅이 없다고 했을 때는 무슨 생각이 들었나?"

"이 땅도 다른 사람에게 저당잡혀서 처분이 힘든가 보다 생각했습니다."

"그러면 줄 소산물로 없다고 할 때는 무슨 생각이 들었나?"

"아마 아직 이 소산물에 대한 십일조를 하지 않아서 마음대로 처분하실 수 없겠다 생각했습니다."

"그러면 마지막으로 내가 베개와 쿠션도 없다고 했을 때는 무슨 생각이 들었나?"

"아마도 베개와 쿠션도 헌물로 드리기 위해 구별해두어서 못 주시나 보다 생각했습니다."

"맹세코 자네가 말한 대로였네. 나는 베개와 쿠션을 포함한 나의 모든 재산을 성전에 바치기로 서약을 했다네. 내 아들 후르카노스 Hurkanos가 토라 공부는 안 하고 방탕하게 살아서 그놈에게 이 재산을 물려주기 싫었다네. 그런데 이후에 내 친구들을 만나니, 친구들이 그런 엄격한 서약을 하는 것은 문제가 있다고 말하며, 공회에 가서 서원을 풀게 해주어서 내가 재산을 처분할 수 있었다네. 이렇게 오해할 상황이 많았는데 끝까지 나를 믿어주고 호의를 가지고 나를 판단했으니 전능하신 분도 자네를 선의로 판단하시길 기원하네."

우리는 흔히 남의 개인적인 잘못이나 허물을 덮어주는 데 인색하다. "나름 이유가 있겠지, 함부로 이야기하지 말고 일이 어떻게 되는지 좀 지켜보자고…"라는 관대함을 찾아보기 힘들다. 오히려 확인되지 않은 사실을 소문내거나 다른 사람의 명예를 훼손하는 일도 아주 많다. 특히 선정적 보도로 돈을 버는 일부 언론들은 유명인의 허물을 들추고 심지어 확인되지 않은 사실을 보도해 큰 피해를 주기도 한다. 이런 사람들이 돈을 버는 이면에는 남에 대해 이야기 하기를 좋아하고 남의 불행이나 실수를 즐기려는 잔인한 인간 본 성이 숨어 있다.

탈무드를 많이 공부한 유대인은 가능한 다른 사람에 대한 나쁜 이야기를 전하지 않기 위해 노력한다. 히브리어로 이를 '라손 하라Lashon Hara'라고 표현한다. 직역하면 '나쁜 혀'라는 뜻이다. 다른 사람에 대한 험담이 나 비난을 삼가려는 노력이다. 토라와 탈무드는 지속적으로 남을 판단한 기준으로 내 자신도 판단받을 수 있음을 경고한다. 물론 사 회적 불의나 부정부패에 대해 침묵하라는 의미는 아니다. 사회적· 국가적 차원으로 잘못된 일에 대해서는 적극적으로 문제를 제기하 고 비판할 내용이 있으면 비판해야 한다. 하지만 개인적 차원에서 다른 사람에 대한 판단은 좀 더 신중해야 한다. 가능한 좋은 뜻으로 해석하고 확인되지 않은 잘못은 다른 사람에게 전하지 않는 것이 좋다.

이 원리는 단지 이웃 간의 관계에만 적용되지 않는다. 가정에서 도 먼저 실천해야 할 삶의 원리이기도 하다. 집에서 아내나 남편 혹 은 아이들이 이해되지 않는 말이나 행동을 했을 때, 자기 기준으로 즉시 판단하고 비난하기 전에 무슨 사정이나 이유가 있는지 먼저 알아보는 여유가 필요하다. 그리고 때로는 작은 허물이나 실수는 덮어주고 모르는 척해주는 지혜가 필요하다.

탈무드식 생각훈련

1 다른 사람의 잘못이나 실수를 잘 용서하지 못하는 이유는 무엇인가?

2 다른 사람의 잘못이나 실수를 지적하면 그 사람이 그 실수나 잘못을 개선할 가능성이 있는가?

3 다른 사람의 잘못이나 실수를 지적하는 것이 그 사람의 명예를 훼손하고 험담하는 일로 발전될 위험은 얼마나 있는가?

4 다른 사람의 잘못을 지적하는 것과 잘못된 제도나 사회적 모순을 지적하고 고치려는 시도는 어떻게 다른가?

08

동물을 사랑할 줄 알아야
공감하는 리더가 된다

토라 주석에서 찾아볼 수 있는 재미있는 대목이 있다. 랍비들은 유대 역사를 이끈 주요 지도자들의 직업이 목동이었던 것에 주목한다. 유대인의 조상이라고 일컬어지는 아브라함Abraham, 이삭Issac, 야곱Jacob이 모두 목동이었다. 모세는 원래 이집트의 왕자로 궁궐에서 자랐지만 이집트인을 죽이고 미디안 광야로 도망가서 거의 40여 년을 목동으로 살았다.

유대인 역사상 최고의 왕으로 꼽히는 다윗 왕은 어린 시절부터 양을 쳤다. 탈무드 시대 최고의 랍비로 탈무드 미쉬나의 초안을 만든 사람으로 여겨지는 아키바 벤 요셉Akiva ben Joseph도 원래 목동이었다. 인류 최초의 의인으로 평가받는 아벨(아담과 하와의 아들로 형 카인의 시기를 받아 죽임을 당한다)도 목동이었다. 이에 랍비들은 짐승을 사랑하는 사람이야말로 진정한 리더가 될 수 있다고 말한다. 동물을 돌보며 공감능력을 훈련받았기 때문이다. 공감능력은 리더가 가져야 할 가장 큰 덕목이다.

뇌과학의 연구 결과 사람의 뇌는 3층 구조라는 게 밝혀졌다. 가장 하층 구조는 뇌간을 중심으로 한 영역으로 흔히 파충류의 뇌라고 하며 몸의 자율신경과 운동 기능을 관장한다. 그 다음 층은 변연계로 감정적·정서적인 부분을 담당하며 흔히 포유류의 뇌라고 한다. 최근에 많은 연구에서 과학자들은 무의식과 정서적인 충격이 이곳에 저장된다는 사실을 알았다. 사람이 개나 고양이, 소나 말과 친구같이 지내고 교감할 수 있는 이유는 감정적 교류를 할 수 있는 변연계가 있기 때문이다. 그리고 마지막 층이 대뇌 신피질인데 바로 이성적 능력을 관장하는 부분이다. 계산하고 기억하고 학습하는 기능을 담당한다. 사람을 사람답게 만들어주는 영역이다.

이런 뇌과학적 지식은 사람을 전체적으로 이해하는 데 좋은 통찰력을 준다. 사람은 바로 이 뇌의 세 가지 영역이 관장하는 몸-마음-머리가 균형이 잡혀야 올바른 사람이 될 수 있다. **건강한 몸, 따뜻한 마음, 냉철한 이성을 가진 사람이 가장 이상적인 사람이다.**

보통 자연 속에 살거나 농사를 짓거나 동물들과 함께하면 몸과 마음이 건강해진다. 그런데 산업사회로 접어들면서 많은 사람들이 자연과 동물과 떠난 삶을 살면서 이 균형이 무너졌다. 무엇보다 몸과 마음이 가장 많이 황폐해졌다. 머리는 수많은 지식과 정보로 더욱 발달하는데 사람들은 점점 냉정해지고 감정이 메마른다.

조직에서도 따뜻한 마음이 없고 냉철한 이성만 있는 리더 밑에는 좋은 사람이 모이지 않는다. 흔히 덕이 있는 장수가 똑똑한 장수를 앞선다는 말이 나오는 이유이기도 하다.《손자병법》에서는 장수를 세 부류로 나누었다. 용장勇將, 지장智將 그리고 덕장德將이다. 용장은 나를 따르라 하고 몸이 먼저 나가는 뇌간형 리더이다. 지장은 어떻게 할까를 고민하고 전략을 짜는 대뇌 신피질형 리더이다. 그리고 덕장은 "너희들은 어떻게 생각하느냐" 묻고 소통하기를 원한다. 변연계적 리더이다.

앞에서 말한 유대의 위인들은 모두 용기와 지략 그리고 덕성을 갖춘 사람들이었다. 그런데 그중에 무엇이 가장 우선이냐고 묻는다면 바로 덕으로 상징되는 공감능력이다. 이런 통찰은 동서양이 그리 다르지 않은 듯하다. 사마광은《자치통감》에서 지백智伯이라는 뛰어난 인재가 왜 실패했는지를 고찰하며 재주와 덕의 상관관계를 통찰력 있게 제시한다.

"재주는 덕이 바탕이 되어야 하고, 덕은 재주를 통솔해야 한다. 예부터 재주와 덕을 겸비한 사람을 성인이라 하고, 재주도 덕도 없는 사람을 어리석은 자라 한다. 덕이 재주보다 앞서는 사람을 군자라 하고 재주가 덕을 앞서는 자를 소인이라 한다."

그 유명한 "덕승재위지군자德勝才謂之君子"라는 한자성어가 나오는 대목이다. 이는 현대 경영학에서도 강조되는 부분이다. 많은 조직이론 전문가들은 비전과 사람(인간관계)이 조직문화를 만드는 핵심

키워드라고 한다. 만약 비전이 일치하고 사람(리더나 구성원)도 좋으면 그 조직은 유명한 경영 컨설턴트인 짐 콜린스Jim Collins가 말하는 종교집단Cult-like Culture과 같은 모습을 보인다. 리더는 거의 교주와 같은 영향력을 가지고 조직은 마치 한몸처럼 움직인다. 비전은 좋은데 사람이 맞지 않으면 사람들은 그 조직을 떠나 다른 곳에서 다른 사람들과 그 비전을 이루려 한다. 사람은 좋은데 비전이 안 맞으면 어떤 경우에는 사람들이 자신의 비전을 바꾼다고 한다. 마지막으로 비전도 안 맞고 사람도 안 좋으면 더 이상 조직을 유지할 수 없다.

최근 교육이나 인사이론에서 가장 많이 강조하는 것이 바로 공감능력이다. 다른 사람의 감정을 읽고 함께 웃고 함께 울어줄 수 있는 능력이 리더십의 핵심이다. 이미 개인의 능력은 비슷해졌고 정보에 접근할 수 있는 기회는 상당히 평등해졌다.

이제 내가 얼마나 열심히 하느냐보다 얼마나 많은 사람이 나의 삶에 관심을 가지고 내 이야기를 들어주는가가 더 중요한 시대가 되었다. 탈무드의 랍비들이 권하는 대로 진정한 리더가 되고 싶으면 동물을 키워보며 공감능력을 길러보는 것도 좋은 방법이다.

1 동양에서도 리더에게 동물을 사랑하고 보살피는 경험을 가지는 게 좋다고 말하는 경전이나 가르침이 있는가?

2 개나 고양이를 길러본 경험이 있는가? 있다면 어떤 생각이 들었는가?

3 "동물을 사랑하는 사람이 사람도 사랑할 수 있다"는 말에 대해서 어떻게 생각하는가?

4 "동물을 사랑하고 돌보는 정성으로 가난한 사람을 더 돌봐야 한다" 거나 "애완동물을 키울 돈으로 굶주리는 아프리카 어린이들을 먹일 수 있는 성금을 내야 한다"는 주장에 대해 어떻게 생각하는가?

09

정의와 정의가 부딪치면
더 큰 정의를 추구하라

세상을 살다 보면 옳고 그름에 대한 분명한 판단을 내리기 어려운 경우가 많다. 그리고 때로는 법을 근거로 강자가 약자를 억압하는 부조리가 나타나기도 한다. 탈무드(바바 메치아 39b)에 나오는 라브 히스다Rav Chisda가 맡은 사건도 그런 사건 중 하나였다.

마리Mari라는 부유한 유대인이 있었다. 그의 아버지가 죽은 후, 어느 날 베이 호자이Bei Chozai에서 누군가 찾아왔다. 자신이 마리의 이복동생이니 아버지의 재산을 나누어달라고 했다. 그러자 마리는 "무슨 소리를 하는 거냐. 나는 너 같은 동생을 둔 적이 없다"고 그 사람을 집에서 내쫓았다. 사실 마리는 전에 아버지와 베이 호자이에 가서 장사를 한 적이 있고, 당시 아버지가 그곳에서 재혼을 하고 아들을 낳았다는 사실을 알고 있었다. 하지만 재산을 나눠주기 싫어 거짓말을 한 것이다. 억울한 이복동생은 그 지역의 재판관인 라브 히스다를 찾아갔다.

"마리의 말이 맞네. 창세기에서 보면 요셉과 22년간 떨어져 지낸 후에 형들이 요셉을 알아보지 못하지 않았나? 요셉은 형들을 알아봤지만 형들은 요셉을 알아보지 못했지. 요셉과 헤어질 때 요셉은 수염이 없었지만 나중에 수염이 자랐기 때문이네. 마찬가지로 마리가 어린 시절 자네를 보았더라도 많은 세월이 지난 후 어떻게 자네가 그 이복동생인 줄 알아볼 수 있겠는가? 하지만 방법은 있네. 마리가 자네의 형임을 증언할 수 있는 증인들을 데려오게. 자네 아버지가 베이 호자이에 살 때 자네를 낳고 길러준 사실을 증언해줄 사람들이 있지 않은가?"

"네, 그런 증언을 해줄 증인은 있습니다. 하지만 그분들은 마리를 두려워합니다. 마리는 영향력 있는 사람이고, 마리에게 불리한 증언을 했다가 어떤 해코지를 당할지 알기 때문에 증언을 해주지 않으려 할 것입니다."

상황을 파악한 라브 히스다는 마리를 불렀다.

"그럼 자네가 가서 이 사람이 자네의 이복동생이 아니라는 것을 증언할 수 있는 증인을 데려오게."

그러자 마리가 반발했다.

"뭐라고요? 이게 제대로 된 법입니까? 말도 안 됩니다. 탈무드에 나온 대로 만약에 어떤 사람이 빌려준 돈을 받기 원한다면, 돈을 빌려 준 사람이 내가 저 사람에게 돈을 빌려주었다는 증명을 해야 하는 것 아닌지요(바바 캄마 46b). 왜 내가 증명되지 않은 주장이 허위라는 것을 입증하기 위해 증인을 데려와야 합니까?"

라브 히스다는 마리의 주장에 대해 다음과 같이 설명했다.

"이게 내가 자네와 자네 주변의 권력을 가진 사람들에게 내리는 판단일세. 만약에 소송을 건 사람이 신청한 증인이 피고를 두려워해 증언을 주저한다면, 피고가 자신의 결백함을 증명하기 위해 증인을 세워야 하네. 만약에 증인이 아예 없는 상황이라면 그 증인을 데려올 책임은 원고에게 있네, 하지만 이 경우처럼 증인이 있음에도 올 수 없는 사정이 있다면 그 증인을 데려올 책임은 피고에게도 있다고 할 수 있지."

마리가 말했다.

"그래요? 설령 내가 그 사람의 증인들을 법정으로 데려온다 해도 나를 두려워하는 그들이 진실한 증인을 하겠습니까? 아마 그가 내 동생이 아니라고 거짓 증언을 하거나, 내 동생인지 아닌지 모른다고 모호한 증언을 할 텐데요. 어차피 그럴 바에야 뭐하러 먼 길을 가서 그 증인들을 데려와야 합니까?"

라브 히스다가 말했다.

"설령 그렇게 된다 할지라도 그들이 증언을 하러 온다면 최소한 두 가지 죄는 짓지 않네. 우선 두려움 때문에 진실을 말하지 못했다는 가책에서 벗어날 수 있네. 그리고 만약에 와서 동생인지 아닌지

를 모른다 해도 동생이 아니라고 말하는 더 큰 거짓 증언을 하는 죄
에서는 벗어나지."

마리는 라브 히스다의 논리에 설득되어 결국 증인을 불렀고, 증
인들은 용감하게 그가 마리의 동생이라고 증언을 해주었다.

우리 사회에는 여전히 마리와 같이 교묘하게 법의 이름으로 정의
를 무너뜨리는 사람들이 있다. 형식적인 법이 사회적 흐름이나 사
건의 핵심을 정확히 반영하지 못하는 틈을 타서 법의 이름으로 자
신의 잘못된 행위를 정당화하려고 한다. 이러한 부조리를 막기 위
해 탈무드에서는 A의 정의와 B의 정의가 부딪힐 때는 더 큰 정의를 추구
하라고 가르친다. 그리고 더 큰 정의를 추구하기 위해 갖춰야 하는 능력
은 라브 히스다가 보여준 것과 같은 논리력이다. 주어진 법 테두리 안
에서 상대의 궤변을 무너뜨릴 수 있는 논리력이 있어야 한다.

2003년 12월 11일에 개정된 "성폭력 범죄의 처벌 및 피해자 보호
에 관한 특별법"에서는 성폭력 피해자의 비디오 진술을 법정 증거
로 인정하는 규정이 마련되었다. 이전에는 경찰이나 검찰 조사에
서 피해자가 당시 상황을 진술하거나, 가해자와 다시 대질하는 과
정에서 피해자에게 2차, 3차의 피해가 가해지는 어처구니없는 일
이 많았다. 진즉에 이런 법률이 만들어졌어야 했는데 만든 시점이
너무나도 늦어진 안타까움이 있다.

탈무드에서는 약자의 권리를 보호하고 더 큰 정의를 지키기 위해서는
강자의 권리를 제약하고, 때로는 절차상의 문제에서도 예외를 둘 수 있

다고 말한다. 물론 실제 현실에서 이를 적용하고 실천하기는 쉽지 않다. 하지만 최대한 더 큰 정의를 이루기 위해 때로는 작은 형식적 정의를 넘어설 수 있는 지혜가 필요함을 알려주는 대목이다.

1 "법이 그러니 어쩔 수 없다"고 약자의 권리를 지켜주지 못하는 경우를 본 적이 있는가?

2 법이나 제도가 시대의 흐름을 따라가지 못하는 것을 악용해 법의 이름으로 나쁜 짓을 하는 사람들을 본 적이 있는가?

3 법의 취약점을 악용하는 사람들에게 대응하기 위해서는 어떤 노력이 필요한가?

4 분명히 범죄를 저질렀음에도 불구하고, 초호화 변호인단을 꾸려 법망을 빠져나가려는 사람들을 막기 위해서는 어떤 제도적 보완이 필요한가?

10

실행이
결과를 만든다

탈무드에서는 대개 결과보다는 의도와 동기, 성과보다는 과정을, 실천보다는 이론과 공부를 더 강조한다. 제대로 공부하고, 선한 의도를 가지고, 올바른 과정으로 실천할 때 진정으로 유익하고 오래 갈 수 있는 좋은 결과가 나올 수 있다고 본다. 그런데 이런 가르침을 주면 "완전히 깨달을 때까지는 실천하지 않을래요", "결과는 안 좋지만 선한 의도만 가지면 되지 않나요?"라는 오해가 생긴다. 즉, 게으른 자와 무능한 자, 말만 하고 실천하지 않는 자들의 변명이 나온다.

랍비들은 이러한 반응을 경계하기 위해, 샤브옷Shavuot이라는 명절의 의미를 설명하면서 성과를 내는 공부와 실천이 중요함을 가르

친다. 샤브옷은 첫 추수를 기념하는 절기이다. 샤브옷은 '주들Weeks'
이라는 의미인데, 이집트를 탈출한 날을 기념하는 페샤흐Pesach(유월
절) 이후 7주를 센 다음 날, 즉 50일 째 되는 날이다. 우리말로는 보
통 칠칠절七七節로 번역된다. 다른 이름은 비쿠림Birkkurim(초실절)이나
카치르Katzir(맥추절)이다. 페샤흐가 보통 양력으로 3월 말이나 4월 초
가 되니 7주 후인 샤브옷은 보통 5월 중하순에서 6월 초다. 이때는
보리나 초여름 과실의 첫 수확이 가능하다.

비쿠림은 어떤 의미를 가지는 명절일까? 페샤흐는 노예 상태에
서 벗어나 자유민이 된 것을 기념하는 명절이다. 그리고 이제 자유
민이 되어 내가 땀 흘려 지은 농산물을 내가 다 가질 수 있었다. 그
러면 이제 자유민이 되었으니 나만 잘 먹고 잘살면 될까? 나에게 자
유를 준 신께 감사하고, 또 자신의 소산물을 다른 사람과 나누는 삶
을 살아야 한다. 어떻게 보면 이렇게 성과를 내고 열매를 맺는 삶을 살기
위해 자유가 주어진 것이다. 비쿠림은 바로 이런 의미의 명절이다. 내
가 땀 흘려 얻은 소산물로 감사와 나눔을 실천하는 절기인 셈이다.

랍비들이 생각하는 인생의 가장 큰 열매는 토라를 공부하고 실천
하는 것이다. 탈무드의 랍비들은 자신들이 조상이 이집트를 탈출
한 지 세 번째 달에 시나이산에서 토라를 받은 것으로 본다. 즉, 첫
번째 비쿠림에 토라를 받은 것이다. 랍비 예후다 아르예Yehudah Aryeh
는 "토라는 생명의 나무이다. 마치 매년 나무가 새로운 열매를 맺듯
이 토라도 매년 새로운 열매를 맺는다. 이게 바로 샤브옷이 열매의
새로운 해라고 여겨지는 이유이다"라고 말한다. 즉, 매년 토라 공부

를 통해 새로운 열매를 맺고, 실천을 해야 한다고 강조하는 것이다. 20세기를 대표하는 랍비인 메나헴 쉬니어슨Menachem Schneerson은 다음과 같은 예화를 들어 설명한다.

"한 왕에게 능력이 탁월한 외아들이 있었다. 하루는 왕이 아들을 먼 곳으로 보내서 아버지의 부와 능력에 의지하지 않고 자신의 능력을 활용해 무언가를 이루어서 오게 했다. 그런데 여기서 질문이 생긴다. 이미 왕은 아들이 충분한 능력이 있음을 알고 있다. 그런데 왜 아들에게 이런 고생을 시키는 것일까? 여기서 우리는 **구현되지 않은 가능성보다는 구현된 결과물이 더 중요하다는 원리**를 알 수 있다."

같은 맥락으로 랍비들은 계획뿐 아니라 구현과 실천이 중요하다는 것을 유대인이 두 개의 신년을 가지는 이유를 통해서 가르친다. 유대력에서 신년절인 로쉬 하샤나Rosh haShanah는 양력으로 9월 초나 중순이다. 9월에 신년을 맞이하는 것이다. 그런데 출애굽기에서는 이스라엘을 탈출한 니산월을 첫 번째 달로 삼으라는 구절이 있다. 절기상으로도 3월이 한 해의 시작일 수 있고, 이스라엘을 탈출해 한 민족을 형성한 시점도 3월인데, 왜 토라는 9월에 또 다른 신년을 기념하라는 것일까?

랍비 엘리에셀Eliezer은 세상은 일곱 번째 달인 티슈레이Tishrei월에 만들어졌다고 말했다. 이에 비해 랍비 조슈아Joshua는 세상은 첫 번째 달인 니산월에 만들어졌다고 말했다(로쉬 하샤나 10b-11a). 이 서로 다른 두 주장은 어떻게 설명될 수 있을까? 탈무드는 다음과 같이 설명한다.

"신께서는 첫 번째 달인 니산월에 세상을 만들기로 계획하셨다. 그리고 실질적으로 창조를 시작하신 것은 여섯 번째 달인 엘룰Elul월 말이다. 그리고 창조를 시작하신 여섯 번째 날에 인간을 만드셨는데, 이날이 일곱 번째 달인 티슈레이월 1일이다. 그래서 바로 이 티슈레이월 1일을 신년절인 로쉬 하샤나로 지켜야 한다."

이를 우리나라 역사적 맥락에 맞게 설명하면 페샤흐는 마치 우리의 3·1절과 같다. 우리 민족이 자주민임을 선포한 날이다. 그리고 토라를 받은 샤브옷은 제헌절이라고 볼 수 있다. 자주독립국가 운영의 설계도를 만든 날이다. 하지만 실질적으로 우리가 독립을 쟁취했고 대한민국 정부를 수립한 날은 광복절이다. 다른 비유를 들자면 4월 초에 아파트 구입을 계획하고, 6월에 계약서를 쓰고, 9월에 입주한 셈이다. 그러면 실질적으로 우리가 새집을 얻은 시점은 언제로 봐야 할까? 심정적으로는 4월이고 실질적으로는 9월이다.

역사적으로 보면 3·1절과 광복절 중 어느 날이 더 중요할까? 실제로 독립국이 되고 정부를 수립한 날은 광복절이지만, 3·1 운동의 독립정신이 없었다면 8·15 광복은 없었을 것이다. 계획이 있어야 실천이 가능하다. 동기부여가 되어야 움직일 수 있다. 하지만 많은 사람들은 좋은 강연을 통해 자극만 받고, 계획만 세우고 실천하지 못한다. 쉬니어슨이 "가능성만으로 부족하다. 결과를 내야 한다"고 말하는 이유는 바로 이러한 현실을 지적하는 것이다.

탈무드에서는 새로운 삶을 살기로 결단을 했으면 7주 동안 열심히 해서 작더라도 가시적인 성과를 들고 오라고 한다. 그리고 매년 그 성과를 새롭게 갱신해야 한다. 마치 나무가 매년 새로운 열매를 맺는 것처럼 말이다. 계획만 세우고 마음만 있다고 일이 이루어지지 않는다. 무언가 행동을 하고 실천을 해야 한다.

성서력/유대력/태양력 비교표

구 분	성서력	유대력	태양력
1월	니산(Nisan)	7월	3~4월
2월	이야르(Iyar)	8월	4~5월
3월	시반(Sivan)	9월	5~6월
4월	타무즈(Tammuz)	10월	6~7월
5월	아브(Av)	11월	7~8월
6월	엘룰(Elul)	12월	8~9월
7월	티슈레이(Tishrei)	1월	9~10월
8월	헤쉬반(Cheshvan)	2월	10~11월
9월	키슬레브(Kislev)	3월	11~12월
10월	테벳(Tevet)	4월	12~1월
11월	세밧(Shevat)	5월	1~2월
12월	아다르(Adar)	6월	2~3월

주요 유대 절기

주요 절기	의미	2017년(5778년)	2018년(5779년)
페샤흐 Pesach, Passover, 유월절	니산월 14일. 양의 피를 문설주에 발라 죽음을 면한 것을 기념함	4월 11일	3월 31일
페샤흐 Unleavened Bread, 무교절	니산월 15~21일. 이집트를 탈출해 1주일 동안 누룩을 넣지 않은 빵을 먹고 생활한 것을 기념함	4월 12일~ 4월 18일	4월 1일~ 4월 7일
샤브옷 Shavout, 칠칠절	시반월 6일. 페샤흐 이후 7주(50일) 이후에 그해 첫 소산물을 바침	5월 31일~ 6월 1일	5월 20일~ 5월 21일
로쉬 하샤나 Rosh HaShanah, 신년절	티슈레이월 1일. 신년 기념으로 양뿔 나팔을 불며 시작해 나팔절이라고도 함	9월 21일~ 9월 22일	9월 10일~ 9월 11일
욤 키푸르 Yom Kippur, 대속죄일	티슈레이월 10일. 민족 전체가 회개하며, 대제사장은 1년에 한 번 지성소에 들어가 백성들의 죄를 회개함	9월 30일	9월 19일
숙곳 Sukkot, 초막절	티슈레이월 15~20일. 1주일 동안 초막을 지어놓고 생활하며 조상들의 고난을 기억함	10월 5일~ 10월 11일	9월 24일~ 9월 30일
하누카 Hanukkah, 수전절	키슬레브월 25일~테벳월 2일(8일간). 안티오쿠스 4세에 의해 더럽혀진 예루살렘 성전을 기원전 164년 마카베오 혁명으로 되찾아 봉헌했을 때 성전 촛대의 기름이 떨어지지 않은 기적이 있던 사건을 기념함	12월 13일~ 12월 20일	12월 3일~ 12월 10일
푸림 Purim, 부림절	아달월 14일. 바빌론 포로 시절 하만Haman의 음모로 민족이 몰살당할 뻔한 위기를 에스더Esther 왕비와 모르드개Mordecai의 기지로 벗어난 사건을 기념함	3월 12일	3월 1일

1 실천하기 전에 먼저 제대로 공부하고 준비해야 한다는 주장과, 공부하고 준비만 하기 보다는 바로 실천을 해야 한다는 주장에 적용될 수 있는 각각의 구체적 사례에는 어떤 것이 있는가?

2 개인의 삶에서 알고는 있는데 잘 실천이 되지 않는 일에는 어떤 것이 있는가?

3 강력한 실천력을 갖추기 위해서는 어떤 준비가 필요한가?

내가 나를 위하지 않으면

누가 나를 위하겠는가?

그렇지만 나만을 위해 산다면

삶의 의미가 무엇이겠는가?

그리고 지금 배우고 실천하지 않으면

언제 하겠는가?

– 피르케이 아보트 1:14 –

PART

02

나를 바꾸는
탈무드식 생각

01

성장을 위해
시련을 받아들여라

변화를 이끄는 방법

변화와 혁신과 관련한 강연에서 자주 인용되는 이야기가 있다. 바로 개구리를 고통 없이 죽이는 방법이다. 개구리를 뜨거운 물에 바로 넣으면 깜짝 놀라서 밖으로 뛰쳐나온다. 그래서 미지근한 물에 개구리를 넣은 후 온도를 조금씩 올린다. 개구리는 무언가 이상해지는 느낌을 가지지만 별 대응을 하지 않다가 결국은 뜨거운 물에 익어서 죽고 만다. 마찬가지로 한 번 작은 성공을 이뤄서 편안해진 사람은 더 큰 성장을 위한 시련과 고난을 받아들이려 하지 않는다. 또한 큰 위기와 실패를 겪지 않는 사람은 자신의 패턴을 고집하고 환경의 변화에 대응하지 않는 경향이 있다.

하지만 큰 그림을 보는 경영자나 조직 지도자들은 변화의 필요성을 절감한다. 변화하는 환경 속에서 이렇게 안이하게 대응하다가는 결국 다 죽을 수밖에 없음을 느끼기 때문이다. 하지만 눈앞의 일에만 급급한 구성원들은 변화의 필요성을 쉽게 받아들이지 못한다. 이런 상황에서 구성원들이 변화의 필요성을 절감하게 할 수 있는 방법이 있다. 강적과 부딪혀보게 하는 것이다. **강적과 싸워보면 아프고 죽을 것 같지만 어설픈 편안함에서 벗어나야 함을 절실하게 깨닫는다.**

2002년 한일월드컵 대회를 앞두고, 당시 우리나라 축구 국가대표팀을 이끌었던 거스 히딩크Guus Hiddink 감독의 별명 중 하나가 '오대영'이었다. 2001년 친선경기에서 프랑스와 체코에 5:0으로 지는 수모를 당했기 때문이다. 하지만 이런 수모를 겪고 세계 축구의 벽이 얼마나 높은지를 깨달은 우리나라 축구는 우물 안 개구리에서 벗어나 한 단계 성장할 수 있는 기회를 가질 수 있었다.

고난과 시련은 성장의 필수요소다

탈무드에서는 "한 명의 악인이 마흔여덟 명 선지자들이 하지 못한 일을 했다"는 표현으로 시련과 고난이 성장과 발전의 필수요소임을 강조한다(메길라 14a).

기원전 926년 솔로몬이 죽고 이스라엘은 북이스라엘과 남유다로 분열되었다. 이후 기원전 722년 북이스라엘이 아시리아에 의해 멸망당했다. 그리고 기원전 587년에는 남유다가 바빌론에 의해 멸망한다. 북이스라엘의 멸망을 보고도 남유다가 믿은 것은 성전이었다. 남유다 사람들은 북이스라엘이 성전을 버리고 우상숭배를 하다가 망했다고 생각했다. 자신들이 성전을 지키고 예배를 드리는 한 신이 자신들을 망하게 할 리는 없다는 그릇된 믿음을 가졌던 것이다. 수많은 선지자들이 나타나 남유다도 북이스라엘과 똑같은 우상숭배를 하고 있음을 지적하고 형식적인 성전 신앙에 의지하지 말고 토라로 돌아가라고 부르짖었지만 소용없었다.

기원전 587년, 남유다의 눈앞에 믿을 수 없는 일이 벌어졌다. 예루살렘성이 무너지고 그들의 성전이 약탈당했다. 유대 왕 시드기야Zedekiah는 자신의 눈앞에서 자식들이 처형당하는 모습을 지켜봐야 했다. 그리고 그가 볼 수 있는 마지막 모습이 자식의 죽음이 되게 하겠다는 바빌론 왕 느부갓네살Nebuchadnezzar의 말대로 산 채로 두 눈이 뽑히고 만다. 그 후 유대인은 바빌론으로 끌려가 70년의 포로 생활을 한다. 기원전 1400년경 이집트의 노예생활에서 벗어나 자유민이 된 지 900여 년 만에 다시 자유를 상실하는 비극을 맞이한 것이다.

나라를 세운 이후 처음으로 엄청난 민족적 비극을 겪은 유대인은 자신들의 실수를 뼈저리게 반성한다. 이로 인해 우상숭배를 버리고 이스라엘 땅에 있을 때보다 더욱 제대로 된 신앙생활을 위해 노력한다. 그런데 이게 웬일인가? 바빌론을 이은 페르시아에서의 생활에 적응이 되고, 어느 정도 살 만해지니 다시 정신적으로 나태해졌다. 화장실에 들어갈 때와 나올 때 마음이 다르다더니 어려움을 극복하고 다시 편안한 상태가 되니 또 옛날 습관이 나온 것이다.

이때 유대인을 각성시키고 민족적 단결을 가능하게 한 사건이 페르시아의 대표적인 귀족 하만Haman의 음모였다. 총리급 대신이었던 하만은 포로로 끌려온 유대인이 자리를 잡고 자신들의 전통을 지키며 살아가는 게 꼴 보기 싫었다. 그래서 페르시아 내에서 왕의 명령을 따르지 않는 자들을 없애는 일을 자신의 재산을 털어서라도 하겠다고 왕에게 말하며 유대인을 몰살할 계획을 세운다. 그리고 전국 몇 월 몇 시에 전 제국의 유대인을 공격해 죽이고, 그들의 재산을 약탈하라는 명령을 왕의 조서로 내리려 한다. 잘못하면 바빌론의 모든 유대인이 학살을 당할 위기였다.

그러나 유대인 에스더Esther 왕비와 그의 양아버지 모르드개Mordecai 가 이 음모를 듣고 기지를 발휘해 오히려 하만과 반유대 세력들을 제거하고 민족을 살린다. 이 사건을 기록한 문서가 바로 성서의 에스더서이고, 모르드개는 민족을 위기에서 구한 이날을 기념해 푸림Purim(부림절)이라는 축제를 만들었다.

랍비 아바 바르 카하나Abba bar Kahana는 이런 역사적 사건과 부림절
에 왜 에스더서를 읽어야 하는지를 설명한다며 이렇게 덧붙인다.

"하만이 왕의 도장을 받아 유대인을 학살하려는 조서를 만든 것
이 이스라엘을 위해 예언을 한 마흔여덟 명의 선지자와 일곱 명의
여자 선지자들의 업적보다 위대하다. 왜냐하면 선지자들은 수많은
예언을 했음에도 유대인을 올바른 길로 이끌지 못했는데, 유대 민
족의 원수 하만은 그의 음모를 통해 유대인을 올바른 길로 인도했
기 때문이다(메길라 14a)."

일어날지 모를 일에 예방하고 대비하는 게 가장 좋지만, 사람들
은 결국 사고가 터지고 목숨에 위협을 느껴야 변화와 혁신을 받아
들인다. 민족의 원수가 오히려 영웅들이 하지 못했던 일을 해낸다는 유
대인의 깨달음을 개인적 차원에서 적용할 수 있는 좋은 예시가 암
의 진단과 치료 과정이다.

흔히 암을 악마와 같다고 말한다. 암세포는 다른 세포의 영양분
을 빨아들여 성장한다. 세포분열을 지속해 자꾸 자기만을 키워 몸
전체의 기능을 마비시키는 말 그대로 암 덩어리가 된다. 암의 가장
큰 원인은 잘못된 식생활과 스트레스이다. 많은 건강 전문가들은
스트레스를 줄일 것, 운동할 것, 잘못된 식습관을 고치라고 조언한
다. 하지만 대부분의 사람들은 이러한 이야기를 듣고도 잘 실천하
지 못한다. 결국은 암 진단을 받고 이러다가 죽을 수 있겠다는 사실

을 깨달아야 삶의 변화가 일어난다. 그런데 오히려 초기 암 진단을 받아 간단한 수술로 암을 치료하는 경우는 생활의 변화가 불완전할 수 있다. 다시 몸이 괜찮아지면 쉽게 이전의 생활로 돌아간다.

이는 마치 이스라엘 백성들이 바빌론에 포로로 끌려갔을 때 상황과 비슷하다. 포로로 끌려가 큰 고난을 겪었을 때는 정신 차렸다가 어느 정도 살 만해지니 다시 나태해지고 편안한 생활에 안주하려 한 것과 비슷하다. 하지만 암이 좀 더 진행되어 수술을 받고, 마취에서 깨어나는 고통을 느끼고, 항암 치료를 받으며 더 심한 고생을 하면 삶이 완전히 바뀐다. 이는 하만의 민족 말살 음모에서 거의 죽음 직전까지 갔다가 살아난 유대인의 상황과 비슷하다. 바빌론 포로생활과 하만의 사건을 경험한 이후 유대 역사에서 우상숭배는 완전히 자취를 감춘다.

한편, 북이스라엘과 같이 아예 돌이킬 기회도 없이 망해버리는 경우도 있다. 마치 암이 너무 빨리 퍼져 손써볼 틈도 없는 경우와 비슷하다. 애플의 창업자 스티브 잡스Steve Jobs가 걸려 사망했고, 많은 텔레비전 드라마에서도 극적 전개 장치로 많이 활용되는 췌장암 같은 경우 진단이 어렵고 발견되면 이미 치료가 힘든 경우가 많다.

하지만 대부분의 경우 암은 자신의 삶을 돌아보게 하고, 더 나은 단계로 나를 성숙시키는 아픈 채찍일 수 있다. 암 선고를 받고 병으로 받는 고통이 없었다면 그냥 그렇게 지금까지 살아온 잘못된 삶의 방식대로 살다가 갑자기 죽을 수도 있다. 암에 걸렸기에 몸에 이상이 있음을 확실히 알고 내 몸을 살릴 수 있는 근본적인 방법을 찾는 경우가 많다. 그렇기에 어떤 면에서 고통과 통증은 나를 괴롭히는 악마적 존재일 수 있지만 내 몸을 살리기 위한 좋은 신호일 수도 있다.

우리는 살면서 원수 같은 사람이 주는 정신적 고통이나 병으로 인한 육체적 고통을 만난다. 하지만 많은 경우 이런 시련과 고통을 삶을 돌아보는 기회로 삼기보다 눈앞의 고통을 없애는 데만 급급하기 바쁘다. 하지만 원수가 허락되는 순간이나 고통이 허락되는 순간이 때로는 더 큰 성장을 위한 시련과 연단의 시간일 수 있다. 명검을 만들기 위해서는 수많은 담금질을 해야 한다. 그 단련이 너무 세서 칼이 부러질 정도가 되어서는 안 되지만 견딜 만한 고통이나 원수의 도전은 나 자신을 성장하게 하는 좋은 채찍질이 될 수 있다. 그리고 나 자신이 아직 죽지 않고 살아 있다면, 그 고통과 도전은 충분히 견딜 만한 것이다.

1 우리 가정과 조직에 변화가 필요하다는 것을 구성원들에게 어떻게 알릴 수 있을까?

2 현실에 안주하지 않고, 끊임없이 도전하고 혁신하는 삶을 살기 위해 어떤 준비와 실천이 필요한가?

3 수동적으로 있다가 어려움을 당하기보다는 적극적이고 긍정적인 방법으로 시련과 역경을 즐기면서 나 자신을 발전시킬 수 있는 방법에는 어떤 것이 있을까?

02

목숨을 걸고 지킬 만한
가치를 찾아라

윤봉길 의사의 숭고한 삶

매헌 윤봉길 의사는 1908년 충청남도 예산에서 태어났다. 1918년 덕산보통학교에 입학했으나, 그 다음 해에 일어난 3·1 운동에 자극을 받아 식민지 노예교육을 거부하면서 학교를 자퇴했다. 이후 오치서숙이라는 서당에 들어가 한학을 공부하고, 1922년 15세의 나이에 결혼했다. 학업에도 뛰어나 19세 되던 1928년 여러 편의 시집을 낼 정도의 실력을 쌓았으며 서양학문에도 능통했다.

윤 의사는 농촌계몽운동에 힘써 농촌부흥운동, 야학활동, 독서회운동 등을 시작하고 월진회와 수암체육회도 조직했다. 1927년에는 농민들을 가르치기 위한 《농민독본》 3권을 저술했다. 이후 서울에서 온 〈시조사〉 기자이자 무장독립투쟁 요원이었던 이흑룡과의 만남을 통해 그는 국제 정세와 무장독립투쟁의 필요성에 공감하고 23세 되던 1930년에 "장부출가생불환丈夫出家生不還"이라는 글귀를 남기고 집을 떠나 중국으로 건너갔다. "장부가 뜻을 품고 집을 나서면 살아 돌아오지 않는다"는 뜻이다. 이후 우여곡절 끝에 김구 선생을 만나 1932년 홍커우공원 의거를 기획했다.

당시 일본은 4월 29일 중국 상하이에서 일왕의 생일 축하연회와 상하이 점령 전승기념 행사를 치를 예정이었다. 윤 의사는 삼엄한 경비를 뚫고 행사장에 들어가 담대히 물통폭탄을 던져 당시 상하이 파견군 총사령관이었던 시라카와 요시노리와 상하이 일본 거류민단장 가와바타 테이지를 죽이고 단상에 있던 일본군 장성과 관리들에게 중상을 입혔다.

당시 중국 국민당 총통이었던 장제스는 그의 거사 소식을 듣고 "중국의 100만 대군도 하지 못한 일을 조선의 한 청년이 해냈다"며 감탄했고, 이후 중국 국민당이 대한민국임시정부를 전폭적으로 지원하는 계기가 되었다. 그리고 1930년대 들어 침체된 국내외 독립운동의 불씨를 다시 살리는 전환점을 만들었다. 이후 윤 의사는 일본 헌병에게 잡혀 군사재판으로 넘겨져 모진 고문을 당하고, 같은 해 12월 19일 총살형으로 순국했다.

나라를 사랑하던 20대 초반의 청년이 자신의 목숨과 가족을 뒤로하고 지키고 싶었던 가치는 무엇이었을까? 바로 조선의 독립이

윤봉길 의사

었다. 윤 의사와 함께 의거를 준비한 김구 선생은 "독립이 없는 백성으로 일흔 평생에 설움과 부끄러움과 애탐을 받은 나에게는 세상에 가장 좋은 것이 완전하게 자주독립한 나라의 백성으로 살아보다가 죽는 일이다"라고 했다. 그리고 "우리나라가 독립국만 되면 나는 그 나라에 가장 미천한 자가 되어도 좋다. 왜 그런고 하면, 독립한 제 나라의 빈천이 남의 밑에 사는 부귀보다 기쁘고 영광스럽고 희망이 많기 때문이다"라고 말했다. 윤 의사, 김구 선생 같은 수많은 독립투사들의 유일한 목표는 일제의 억압에서 벗어나 완전하게 자주독립한 우리 민족의 국가를 건설하는 일이었다.

그러면 우리보다 더 오랜 시간 동안 로마의 식민통치를 받고, 이후에 성전이 파괴되고 전 세계를 떠돌아야 했던 유대인의 가장 큰 소원은 무엇이었을까?《신약성서》에서도 하늘로 올라가는 예수님에게 제자들이 한 마지막 질문은 "이제 이스라엘이 로마로부터 독립하느냐"였다. 어찌 보면 억압받는 민족의 가장 큰 소원은 바로 주권을 회복하고 독립국가를 이루는 것이다. 하지만 탈무드에서는 민족의 정치적 독립보다 더 큰 우선순위가 있다고 말한다. 무엇일까?

민족의 독립보다 더 소중한 것

서기 70년 예루살렘 멸망 당시 랍비 요하난 벤 자카이Johanan Ben Zakkai는 로마 총사령관을 찾아가 "다른 모든 것은 파괴해도 좋으니 토라를 공부할 수 있는 작은 학교 하나만 남겨달라"고 한다. 이 작은 소원은 허락을 받았고, 이후 예루살렘의 성전과 모든 것이 파괴되었지만 토라 학교만은 보존될 수 있었다.

이후 로마의 지배를 받던 시대, 또 한 명의 위대한 랍비 중 한 사람인 아키바Akiva는 토라를 공부하지 말라는 황제의 명령을 공개적으로 거부하고 죽음의 길을 택한다. 황제의 칙령 공포 사실을 알고도 아키바는 토라 공부를 계속했을 뿐 아니라 공개적으로 토라를 공부하는 집회를 열기까지 한다. 아키바의 친구인 파푸스Papus가 물었다. "자네는 로마 황제가 토라 공부를 금한 것을 알지 못하는가?"

이에 아키바는 다음의 이야기를 파푸스에게 들려준다.

한 강가에 물고기들이 사람들이 쳐놓은 그물을 피하려고 도망다
녔다. 한 여우가 강둑에서 이 모습을 보고 말했다.
"이보게, 그리 힘들게 도망다니지 말고 땅 위로 올라오게."
그러자 물고기가 말했다.
"여우가 땅 위의 짐승 중 가장 똑똑하다고 들었는데 알고 보니 어
리석은 짐승이구나. 내가 물속에서도 이러한 어려움을 당하는데,
물 밖에 나가면 내가 어떻게 살 수 있겠는가?"

이야기를 들려준 후 아키바는 파푸스에게 말했다.
"이보게, 토라 공부는 우리에게 생명과 같은 것일세. 물고기가 물
을 떠나 살 수 없듯이 유대인은 토라 공부 없이 살 수가 없네."
결국 아키바는 로마 당국에 체포당해 살가죽이 벗겨지는 고문을
당하고 죽어갔다. 마지막 죽어가는 순간에도 그는 쉐마 기도문("쉐마
이스라엘!"로 시작하는 신명기 6장의 내용을 기초로 한 기도문_필자 주)을 암송
했다.
유대인 현자들은 토라 공부를 유대인의 가장 큰 생존 이유로 보
았다. 그리고 토라 공부는 평생 이어져야 한다고 믿었다. 토라는 단
순히 민족의 역사와 많은 제사의식을 정리한 종교규범 문서를 넘
어서는 의미를 가진다. 랍비들은 토라를 우주를 만든 청사진이나
설계도로 본다. 그런데 이 설계도는 숫자와 기호가 아니라 이야기

와 대화로 구성된다. 마치 초등학교 수학을 숫자가 아닌 이야기로 배우는 것과 비슷하다.

"지금 밖에 영희네 가족이 타고 온 자전거 세 대와 철수네 가족이 타고 온 오토바이 한 대가 있어요. 학교 운동장에 세워진 교통수단은 총 몇 개일까요?"

이와 비슷하게 토라에는 우주와 세계를 운행하는 원리가 '뿌린 대로 거두고', '내가 싫어하는 것을 다른 사람에게 시키지 말고', '모든 일에는 때와 기한이 있고', '손해를 입혔으면 배상을 해야 하는' 것과 같은 원칙과 이를 보여주는 구체적 이야기로 표현되어 있다.

유대인은 창조주가 사람을 만든 목적을 아직 완성되지 않은 우주를 사람과 함께 완성하기 위함이라고 여긴다. 이를 히브리어로 표현하면 '티쿤 올람Tikkun Olam'으로, 이 세상을 고쳐 더 나은 세계를 만들자는 뜻이며 이를 실현하기 위한 매뉴얼이 바로 토라다. 이는 마치 평범한 시민이 국회의원이 되어 입법 및 의원 활동을 위해 먼저 헌법을 열심히 공부해야 하는 이유와 같다. 국가가 어떤 정신에 의해 건국되었고 통치 이념이 무엇인지 알아야 그에 맞는 법률을 만들고 행정부를 감시할 수 있다. 유대인은 시나이산에서 우주 창조와 운행 원리를 담은 헌법을 받은 민족으로서의 정체성을 가진다.

탈무드에 보면 유대인 이외에도 다른 민족에게 토라가 주어졌지만 다른 민족들은 여러 이유를 들어 토라를 받기 거부한다. 그러나 유대인은 토라의 모든 내용을 실천하겠다는 약속을 하고 토라를 받아들인다. 그렇기에 우주의 헌법인 토라를 열심히 공부하고 그 원리대로 살면서 어그러진 세계의 질서를 하나하나 회복하는 것이 유대인의 가장 큰 사명이자 생존의 이유인 것이다.

지난 수천 년의 유대인 역사는 벤 자카이의 판단이 틀리지 않았음을 보여주었다. 랍비는 궁궐이나 성전보다는 토라 학교를 택했다. 토라 공부를 지킬 수 있다면 세계 어느 곳에 가든지 가정을 지키고 민족을 지킬 수 있다고 믿었기 때문이었다. 또한 토라 공부를 하는 것이 모든 유대인의 가장 큰 사명임을 확신했기 때문이었다.

랍비들이 예상한 대로 토라를 공부하며 자신의 존재 이유를 알고, 전 세계에서 같은 토라 구절을 안식일마다 읽고, 탈무드를 공부한 유대인은 언제 어디에 모여서도 자신들의 정체성을 지킬 수 있었다. 그리고 2,000년 동안 나라 없이 지나다가 몇십 년 만에 강소국을 만들어내는 저력을 발휘했다.

목숨을 걸고서라도 지켜야 할 가치

토라 공부와 더불어 유대인이 목숨을 걸고서라도 지키고자 한 것은 안식일이었다. 랍비 하임Haim은 "유대인이 안식일을 지킨 것이 아니라, 안식일 식탁이 유대인을 수천 년 동안 지켜주었다"고 말한다. 안식일을 가족들과 함께 온전히 보내면서 아버지들은 토라와 탈무드를 자식들에게 전할 수 있었다. 우리가 왜 사는지, 어떻게 살아야 하는지, 우리 민족의 역사는 어떠했고 지금 우리가 왜 이런 유랑생

미국 스커볼문화센터에 전시된 유대인의
피난 가방. 안식일을 지킬 수 있는 도구들
과 성구들이 가지런히 들어갈 수 있게 가방
을 만들었다

활을 하는지를 설명해주고 가르칠 수 있었던 것이다.

2011년 미국 로스앤젤레스의 스커볼문화센터를 가보니, 1930년
대 유럽에서 미국으로 이주해온 유대인의 역사 자료와 유물들이
잘 전시되어 있었다. 그중에 가장 인상 깊었던 유물이 유럽에 살던
유대인이 쓰던 일종의 피난용 가방이었다. 나치의 박해를 피해 급
히 짐을 싸서 고향과 집을 떠나야 하는 상황에서 다른 것은 다 놓고
가더라도 챙겨야 할 것이 있었다. 바로 안식일에 입을 옷과 촛대,
안식일 빵을 덮을 천과 포도주 잔이었다. 촛대와 빵과 잔은 안식일
의 상징이다. 그중에 촛대와 빵은 가정의 상징이기도 하다. 유대인
은 그 어느 곳으로 가든지 그곳에서 가족들과 안식일을 지킬 수 있

는 준비를 했다. 이는 마치 우리 조상들이 일제의 박해를 피해 만주로 이동하고, 6·25 전쟁 당시 피난을 가면서도 조상의 제사를 지낼 수 있는 제기와 신줏단지를 가지고 가는 모습과도 비슷하다. 조상의 제사를 지내는 것이 나의 삶에서 가장 중요한 일이고, 내가 자식들에게 물려주어야 할 가장 큰 사명이었기 때문이다.

모두가 바쁘게 살아가는 현대 산업사회 속에서 왜 살아가야 하는지 모르겠다면 스스로에게 질문을 던져보자.

"내가 목숨을 걸고서라도 지켜야 할 가치는 무엇인가?"

"전쟁이 나서 당장 한두 가지 짐만 싸야 한다면 나는 무엇을 가져갈 것인가?"

명예, 가족, 신념, 친구, 돈을 지키기 위해 목숨을 내놓는 사람이 있다. 심지어는 사소한 일에 자신의 자존감을 지키기 위해 순간의 화를 참지 못하고 목숨을 내놓는 사람도 있다. 하지만 이런 가치들이 정말 자신의 생명과도 바꿀 만한 가장 중요한 것일까?

전쟁이 나서 피난을 갈 때 챙길 수 있는 물건들이 있다. 당장의 먹을거리, 땅문서, 보석과 돈 등이다. 하지만 이것들이 정말 내 아이들과 다음 세대에까지 물려줄 만한 가치가 있는 것일까?

목숨을 걸고서라도 지켜야 할 가치가 무엇인지 알고, 전쟁 상황에서도 진짜 챙겨야 할 것이 무엇인지 확실히 아는 사람은 왜 살아가는지에 대한 이유를 분명히 아는 사람이다. 그리고 자식들에게도 무언가를 남겨줄 것이 있는 사람이다.

1 전쟁이 난다면 반드시 챙겨야 할 가장 중요한 물건은 무엇인가?

2 나에게 있어, 목숨을 걸고서라도 지킬 만한 가치는 무엇인가?

3 내가 죽더라도 후손이 계승하고 계속 지켜나가야 할 소중한 것은 무엇인가?

4 가장 소중한 것을 지키기 위해 나는 하루하루를 어떻게 살아야 하는가?

03

신념과 가치관이 다른 사람과의 토론을 피하라

일본과 우리나라에 탈무드를 소개한 랍비 토케이어가 2009년 우리나라를 방문했을 때의 일화이다. 그는 준비된 행사를 마친 후, 행사를 주최한 몇몇 우리나라 목사들과 이야기할 기회를 가졌다.

목사들은 바울이 다른 유대인에게 예수에 대해 논증한 부분에 대해 토케이어가 어떻게 생각하는지에 대해 질문했다. 그러나 토론을 좋아하는 토케이어는 묵묵부답이었다. 이는 필자가 한남동에서 랍비와 토라 공부를 할 때도 마찬가지였다. 유대교와 기독교 신앙 차이에 대한 질문이 있을 경우 기본적으로 정통파 유대인이라면 이에 대꾸하지 않고 침묵한다. 이 이유를 랍비 리츠만Litzman과 토라 공부를 하며 알 수 있었다.

"신념과 믿음의 영역에 대한 토론에서는 침묵하라."

왜 그럴까? 결론이 나지 않기 때문이다. 신념과 믿음은 사람이 지금까지 살아오면서 배우고 경험하고 느낀 모든 것의 결과물이다. 그 사람이 세상을 보는 틀이자 창이다. 엄청난 충격이나 삶의 전환점이 있지 않는 한 바뀌지 않는다.

어려서 공산주의자에 의해 부모가 인민재판을 받고 처형당한 것을 본 아이가 있다. 이 아이는 공산주의가 무조건 악이라고 생각한다. 빨갱이는 척결의 대상이지 대화의 상대가 아니다. 마찬가지로 어려서 공권력에 의해 부모가 억울하게 죽은 경험을 한 아이가 있다. 이 아이는 정부와 공권력을 자신을 핍박하는 존재라 생각하고 무정부주의적인 신념을 가지고 평생을 살아갈 수 있다.

잘못된 토론의 출발

그런데 많은 경우 우리는 이 신념과 믿음을 대상으로 토론하는 경우가 있다. 우리나라의 수많은 시사토론 프로그램이 진정한 토론이 아닌 이유가 여기에 있다. 아무리 '끝장토론'을 해도 답이 없다. 설령 자신의 주장이 틀렸어도 상대의 주장을 받아들일 용의가 없어 보인다. 토론이 아니라 설득과 자기주장이다. 생산적 토론이라면 합리적으로 토론하고, 자신의 주장이 잘못되었으면 상대의 주장을 받아들여야 한다. 그렇게까지는 못하더라도 자신의 견해를 조금 양보하고 타협하면 되는데 그럴 의지가 보이지 않는다. 그렇기에 논리가 부족하면 감정에 호소하려 하고 인신공격을 서슴지 않는다.

"당신 친일파 후손이잖아!"

"당신 학생 때 주사파였잖아!"

"그러니까 당신은 돌대가리야!"

특히 우리나라에서는 많은 정치·사회적 이슈가 이념적 차이에 기반을 둔다. 이런 주제는 아무리 토론을 해도 답이 나올 수 없다. 무상보육에 대한 찬반 논쟁은 제대로 된 토론이 될 수 없다. 자신들이 생각하는 국가의 기능과 역할에 대한 믿음과 신념이 다르기 때문이다.

진보적인 사람은 국가가 보육이나 급식까지 책임져야 한다고 생각한다. 보수적인 사람은 그것은 개인의 몫이며 국가의 개입이나 역할은 축소되어야 한다고 생각한다. 출발점부터 생각이 다른데 어떻게 타협하고 절충안을 도출해낼 수 있을까? 무상보육에 대한 분명히 정의가 내려지고, 이 정책의 필요성에 공감이 이루어진 후에 무상보육 재원을 어떻게 마련할까는 토론이 가능하다. 이미 사회적 합의가 있는 주제에 대해 구체적 시행을 위한 아이디어를 모으는 것은 토론으로 가능하기 때문이다.

이런 정치적 이념 문제와 더불어 종교적 신념에 관한 부분도 토론이 안 되는 부분이다. 많은 사이비 종교나 이단 논란이 있는 종교의 추종자들은 개인적인 토론을 제안한다. 거리를 지나가는 사람을 붙잡고 "도를 아십니까?"라고 물어보는 사람도 있고, 어느 경전의 내용을 들고 자신의 교주가 설명한 게 맞는지 틀리는지 토론하자고 한다. 이런 토론 역시 백날 해봐도 답이 나오지 않는다. 양쪽 모두 자신이 논리적으로 부족해도 상대 견해를 받아들일 마음이 없기 때문이다.

올바른 토론을 위해 가져야 할 첫 번째 준비는 과연 이 주제가 토론의 가치가 있는 주제인지 분별하는 지혜이다. 시간과 에너지를 들여 토론할 가치가 없는 주제라면 차라리 침묵하는 게 낫다.

쓸데없는 논쟁을 피하는 법

탈무드에서는 이 교훈을 단Dan의 아들 후쉼Chushim에게서 배울 수 있다고 말한다. 야곱이 죽은 후 야곱의 열두 아들은 이집트의 총리였던 요셉을 선두로 아버지의 시신을 매고 가나안으로 출발했다. 가나안에 도착해 선조들의 무덤인 막벨라 굴에 도착하자, 큰아버지인 에서가 장례 행렬을 막아섰다. 막벨라 굴에는 여섯 자리가 있었는데, 이미 아브라함과 사라Sara, 이삭과 레베카Rebecca 그리고 야곱의 아내 레아Leah가 묻혀 있었다. 당연히 한 자리는 야곱의 몫이었는데 에서가 억지를 부렸다. 그 한 자리는 큰아들인 자기 몫이라고 주장했다. 그러자 야곱의 형제들은 납달리Naphtali를 이집트로 보낸 다음 야곱이 에서에게 이미 충분한 돈을 지불했으며 다시는 무덤의 권리를 주장하지 않겠다고 약속한 내용의 서류를 가져오게 했다.

납달리가 이집트에 간 사이 후쉼은 왜 장례 행렬이 더 나아가지 못하는지 의아해 했다. 후쉼은 청각장애인이어서 에서의 이야기를 들을 수 없었던 것이다. 대강의 사정을 친척들에게 간신히 알아들은 후쉼이 에서 앞에 나아갔다. 에서가 뭐라고 하자 후쉼은 개의치 않고 에서를 넘어뜨렸다. 그리고 장례 행렬을 이끌고 막벨라 굴로 들어갔다. 랍비들은 후쉼의 행동을 칭찬하며 이렇게 이야기한다.

"후쉼이 청각장애가 있었기 때문에 쓸데없는 이야기를 무시할 수 있었다. 하지만 들을 수 있던 야곱의 다른 아들들은 에서의 궤변에 걸려 쓸데없이 시간을 낭비했다."

생산적 토론과 대화를 위해 점검해야 할 첫 번째 사항이 바로 이것이다. 신념과 가치관, 종교적 믿음에 관한 토론은 아무리 이야기해도 결론이 나기 힘들다. 차라리 그런 주제의 토론이나 대화에서는 침묵하는 게 더 현명할 수 있다.

1 쓸데없는 논쟁과 토론으로 시간과 에너지를 낭비한 경험이 있는가?

2 사람들은 왜 결론이 나지 않는 논쟁에 많은 시간과 에너지를 쏟는가?

3 결론이 날 수 있는 논쟁과 그렇지 않은 논쟁은 어떻게 구분할 수 있는가?

4 상대방이 기분 나빠하지 않게 소모적인 논쟁을 피할 수 있는 방법은 무엇인가?

04

작은 실천이
거룩한 삶의 첫걸음이다

랍비 텔루슈킨Telushukin의《죽기 전에 한번은 유대인을 만나라》에
나오는 이야기 일부를 소개한다.

한 랍비가 택시에 탔는데 택시기사가 운전을 하며 말했다.
"사실 저도 유대인인데 이미 오랫동안 유대 전통을 떠나 살았습
니다. 저 같은 사람은 이제 거룩한 삶을 살기는 힘들겠죠? 저도 랍
비님처럼 살아야 되는데요…."
그러자 랍비가 말했다.
"기사님은 하루에도 수많은 사람을 태워줍니다. 저도 기사님이
없었다면 이렇게 원하는 장소에 편하게 갈 수 없었겠지요. 이렇게

자신이 하는 일을 통해 다른 사람에게 도움을 주고, 이 세상을 좀 더 나은 곳으로 만드는 게 바로 그분의 뜻을 행하는 게 아니겠습니까? 좀 더 나아가 손님을 반갑게 맞이하고 친절하게 모신다면 더 큰 계명을 지키는 것이 되는 것이고요."

이 이야기는 '생활 속의 작은 실천'을 강조하는 정통파 유대인의 가르침을 보여주는 많은 에피소드 중 하나다. 이야기 속의 택시기사처럼 많은 사람들은 자신이 하는 일이 속되고 하찮은 것이고, 종교적 구원을 받거나 인류에 기여할 수 있는 위대한 일이나 성스러운 일은 따로 있다고 생각한다. 그리고 이렇게 성聖과 속屬을 구분하는 이분법적인 삶의 태도는 결국 자신의 삶을 더욱 속되게 만든다. 그리고 자신의 삶을 무가치한 것으로 쉽게 단정하고 일상에서의 부도덕한 행위를 정당화한다. 하지만 많은 랍비들은 바로 나 자신의 직업과 하루하루 행하는 일상이 바로 거룩한 삶의 시작이라고 가르친다.

자칫 율법에 대한 추상적 논쟁으로 흐를 수 있는 탈무드 토론을 일상생활의 구체적인 실천으로 이어질 수 있게 하는 데 가장 크게 기여한 랍비가 바로 바알 셈 토브Baal Shem Tov(1700~1760)이다. 그는 하루하루 삶 속에서 작은 계명을 실천하는 것이 바로 창조주를 예배하는 것이고, 계명을 지키는 것은 의무가 아니라 특권이고 즐거움이라고 가르쳤다. 그의 가르침을 따르는 랍비들은 탈무드를 열심히 공부해서 진리를 깨달았다고 출가를 하거나, 진리를 전파하기 위해서 전도를 떠나거나, 세계를 구하기 위한 어떤 큰일을 하라고 가르치지 않는다.

진리를 깨달은 사람이 제일 먼저 해야 할 일은 집에서 아이들을 돌보고, 아이들에게 진리를 가르치고, 가정을 잘 지키는 일이다. 그리고 아이들과 함께 좀 더 많은 자선을 하고 이웃들에게 선행을 베푸는 것이다. 그리고 내 자신의 일과 직업을 통해 이 세상이 좀 더 나은 곳이 되기 위해 노력하는 것이다.

그런 의미에서 랍비 쉬니어슨은 "우리 모두는 우리 가정과 처소를 작은 성전으로 만들어야 한다"고 말한다. 그리고 또 이렇게 말한다.

"가정과 우리가 사는 곳에서 토라를 공부하고, 기도하고, 자선을 실천해야 한다. 아이들에게는 아이들만의 공간과 책상을 만들어주고, 정해진 곳에서 토라 공부나 기도를 하게 하라. 그리고 각자의 기도서와 후마쉬와 자선함(체다카 박스)을 가지게 하라. 그 위에 아이의 이름을 적어주어라. 이런 식으로 아이들은 자신의 삶 가운데 작은 성전을 만들어갈 수 있다."

이런 가정에서 부모는 바로 제사장의 역할을 한다. 부모 제사장의 가장 큰 임무는 예배를 인도하고 희생제물을 바치는 게 아니라 안식일을 지키고 하루하루 아이들을 잘 돌보고 가르치는 것이다.

"어머니가 가정을 돌보고, 청소를 하고, 빨래를 하는 것이 가정의 제사장직을 수행하는 것이다. 밤에 문단속을 하고, 창문을 잘 닫아 아이들이 감기에 걸리지 않게 하는 작은 돌봄은 성전에서 제사장이 자신의 임무를 수행하는 것과 같다."

생활 속의 작은 실천은 마치 할부로 비싼 물건을 사는 것과 같다. 예를 들면 수중에 돈이 없는데 수천만 원짜리 자동차가 갖고 싶은 상황이다. 현금으로 자동차를 사야 한다면 많은 사람들이 포기할 것이다. 하지만 월 30만 원씩 약속한 기간을 납부하기로 하면 당장 자동차를 가질 수 있다. 거룩한 삶이라는 높고 큰 가치를 특별한 사람만 얻을 수 있다 생각하면 평범한 사람들은 쉽게 포기한다. 그리고 아예 시도도 하지 않는다. 하지만 하루에 하나씩 할 수 있는 것부터 시작해서 자신도 그 거룩한 삶에 이를 수 있다고 생각하면 삶이 조금씩 바뀔 수 있다.

바알 셈 토브가 유대 전통에 끼친 가장 큰 영향은 바로 이런 작은 실천의 강조였다. 세속의 직업을 가지고 정신없이 바쁘게 사는 평범한 유대인은 랍비들처럼 토라와 탈무드 공부에 대부분의 시간을 투자할 수 없었다. 그러자 점점 토라와 탈무드 공부는 랍비들과 같은 종교인만 하는 것이고, 나는 그냥 세속적인 삶을 살 수밖에 없다는 거리감이 생겼다. 하지만 **바알 셈 토브는 생활 속의 작은 실천을 통한 영성의 훈련과 계명을 지키는 즐거움을 강조했다.** 그리고 이러한 영적인 전통이 뿌리를 내리면서 더 많은 유대인이 점점 토라와 탈무드에 가까이 다가섰다.

유대 경건주의 운동이 시작된 지 200~300여 년이 지난 지금, 정통파 유대인 사회에서는 덕이 높고 똑똑한 랍비들만 탈무드를 공부하는 것이라 생각하지 않는다. 랍비만큼은 아니더라도 평생의 시간을 두고 자신의 능력에 맞게 최대한 공부해야 하는 것이 탈무드라고 생각한다.

히브리어에서 아보다Avodah라는 말은 '예배'라는 뜻 외에도 '일', '직업'이라는 의미도 가진다. 즉, 일상이 예배이고, 예배를 보는 것은 일상을 충실히 사는 것이다. 안식일 하루만 거룩하게 사는 게 아니다. 거룩한 안식일을 지키기 위해 남은 6일도 거룩하게 살아야 한다. 그리고 그렇게 할 수 있는 방법은 일해서 돈을 벌고, 먹고 마시는 작은 행위 하나하나에서 스스로 작은 실천을 하는 것이다.

1 평범한 사람들이 종교적으로나 인격적으로 훌륭한 사람들과 자신은
  다른 부류라고 생각하는 이유는 무엇인가?

2 우리 조상들도 제사의 형식만 따지기보다 내용을 중시하고, 지나치
  게 많은 음식을 준비하기보다 정성을 강조하는 등의 진실한 실천을
  많이 강조했다. 하지만 왜 현실적으로 감당할 수 없는 허례허식이
  많아지고, 의례가 생긴 본래의 취지가 퇴색되는 것일까?

3 일상 속에서 거룩하게 살고, 영적으로 산다는 의미는 무엇인가?

4 이 세상을 좀 더 나은 곳으로 만들기 위해 오늘 내가 할 수 있는 작은
  실천은 무엇인가?

05

하루의 생각이
그날 밤 꿈이 된다

"꿈속에서 다음 세 가지를 보는 사람은 평화를 볼 것이다. 바로 강, 주전자, 새Bird이다(베라홋 56b)."

굉장히 이성적이고 냉철한 논리만 가득할 것 같은 탈무드에는 신비적 요소도 상당히 많다. 이렇게 이성, 신비의 영역을 모두 갖춘 게 인간의 본질이며 유대 사상이 가진 인간관이다. 탈무드는 이성적이고 논리적인 분석을 중시하지만 인간이 충동적이고 감정적인 존재임을 역시 인정한다. 그리고 이 세계에는 이성으로 설명될 수 없는 많은 신비적 요소가 있음을 인정한다. 탈무드에서는 잠을 1/60의 죽음이라 보고, 꿈은 1/60의 예언으로 본다. 육신이 죽어 있고, 이성과 의지가 쉬는 상황에서 영혼이 영원이나 우주와 접속하는 순간에 사람은 꿈을 꾼다.

앞에서 말한 베라훗 56b 구절에 대한 해석은 다음과 같다.

"강은 협력이다. 서로 다른 물줄기가 만나기 때문이다. 주전자는 좀 더 나은 협력이다. 물과 불이 만나기 때문이다. 새는 친밀함과 사랑이 있는 부부를 상징한다. 그러므로 이 세 가지를 보는 사람은 평화로운 현실을 접할 가능성이 높다."

탈무드에서는 꿈 자체보다 해석을 중시한다. 그러기에 "꿈은 입을 따른다"고 말한다. 꿈은 이뤄질 것 같은 가능성을 내포하기 때문에 긍정적으로 꿈을 해석하려는 노력은 매우 중요하다. 그렇기에 좋은 꿈은 그대로 이루어지도록, 나쁜 꿈은 그렇게 일어나지 않도록 기원케 한다. 다음은 탈무드의 현자들이 나쁜 꿈을 꾼 사람들에게 낭송하도록 권하는 기도문(베라훗 55b)이다.

"우주의 주인이시여, 나는 당신 것입니다. 그리고 나의 꿈도 당신 것입니다. 꿈을 꾸었습니다. 그러나 무슨 의미인지 모르겠습니다. 내가 나에 대해 꾼 꿈이거나 내 친구들이 내 꿈을 꾸거나 혹은 내가 다른 사람의 꿈을 꾸었던 간에 만약 그 꿈이 긍정적이거든 그 꿈을 강하게 하시고 의로운 사람 요셉의 꿈처럼 강하게 붙드소서. 그러나 그 꿈이 불길한 징조로서 치유가 필요하다면 모세의 손을 통해 쓴 물을 치유하신 것처럼 그 꿈을 치유하소서. 미리암Miriam의 나병을 치유하셨던 것처럼 치유하소서. 히스기야Hezekiah의 병을 치유하셨던 것처럼 치유하소서. 그리고 엘리사Elisha를 통해 여리고Jericho의 물을 치유하셨던 것처럼 치유하소서. 당신께서 사악한 발람Balaam의

저주를 축복으로 바꾼 것처럼 치유하소서. 당신께서 나와 관련된 모든 꿈들을 바꿔서 선하게 하시길 빕니다."

자신이 근심하고 걱정하는 내용을 꿈으로 꾸는 경우도 있다. 시험에 대한 걱정이 많은 학생이 시험 시간에 지각하는 꿈을 꾼다거나, 출산에 대한 두려움이 많은 산모가 난산하는 꿈을 꾸는 경우 등이다. 다음의 유명한 탈무드 이야기(베라홋 56a)는 이런 점을 이용해서 랍비가 로마 황제의 마음을 읽은 사례이기도 하다.

황제가 하나니아Hananya의 아들인 랍비 여호수아Joshua에게 물었다.
"당신이 굉장히 똑똑하다고 들었소. 그러면 말해보시오. 오늘 밤 꿈에 내가 무엇을 보겠소?"
그러자 랍비가 대답했다.
"페르시아 사람들이 황제께 강제 노역을 시키고, 황제께서 더러운 짐승을 들에서 먹이는 것을 볼 것입니다."
황제는 이 이야기를 하루 종일 생각하고, 그날 밤 결국 그 내용의 꿈을 꾸었다.

이 이야기는 꿈이라는 신비한 영역도 결국 우리가 보고 느끼고 생각하는 것과 연관이 있다는 점을 보여준다. 자꾸 꿈에 안 좋은 것이 보이면 지금의 삶에 근심, 걱정과 불안이 많은 것이다.

영양을 개선하고 적절한 운동을 하고 샤워를 하자. 그리고 편안한 마음으로 누워 심장박동과 비슷한 박자의 클래식이나 조용한

음악을 들어보자. 음악을 배경으로만 여기지 말고 집중해 음악 속의 리듬을 느껴보자. 그러면서 근심 걱정을 내려놓고 마음을 편하게 만들어보자. 이렇게 하고 잠자리에 든다면 나쁜 꿈이 훨씬 줄어들 것이다.

1 인간의 이성이나 합리적 사고로 설명될 수 없는 일을 경험한 적이 있는가?

2 지금까지 살면서 좋은 꿈을 꾸고 일이 잘되거나, 나쁜 꿈을 꾸고 일이 안 되었던 경험이 있는가?

3 본인이 근심하고 염려했던 것이 꿈에 나타난 적이 있는가?

4 자꾸 나쁜 꿈을 꾸거나 잠이 잘 오지 않을 때는 어떻게 해야 하는가?

06

딱 한 번만 더 하면
성공한다

자기계발과 성공학의 창시자로 불리는 나폴레온 힐Napoleon Hill의
《놓치고 싶은 않은 나의 꿈, 나의 인생》에 나오는 이야기를 소개한다.

미국의 한 사업가가 금이 있다는 정보를 입수하고 전 재산을 털
어 한 광산에 투자를 했다. 하지만 몇 년의 노력에도 불구하고 금
은 발견되지 않았다. 자본도 다 떨어진 상황에서 사업가는 채굴 설
비를 고물상에 헐값으로 넘겼다. 새로 광산을 인수한 사람은 왜 금
맥이 발견되지 않았을까라는 궁금증에 남은 장비로 공사가 중단된

곳에서 아래로 몇 미터를 더 파고들어갔다. 그러자 금이 발견되었다. 그리고 고물상은 이 광맥에서 몇백만 달러어치의 금을 파냈다.

광산을 팔았던 사업가는 소식을 듣고 자신이 몇 미터를 더 파지 않고 포기한 것에 대해 뼈저린 반성을 했다. 그는 이후 업종을 바꿔 생명보험 세일즈를 했다. 영업이 난관에 부딪히고, 좌절의 순간이 찾아올 때마다 그는 이전 광산 개발 실패의 교훈을 떠올렸다.

'그래. 도저히 안 된다고 생각할 때 한두 번만 더 해보자.'

마침내 그도 새로 시작한 사업에서 큰 성공을 거둘 수 있었다.

물이 끓을 때까지 기다려라

인생을 살다 보면 이 길이 분명한 것 같고 노력을 했는데도 쉽게 성과가 나지 않는 경우가 있다. 방법이 잘못되었다기보다는 아직 열매를 맺을 만큼 역량이 성숙하지 않았거나, 때가 되지 않았기 때문일 수 있다. 마치 물이 끓을 때 미지근해지기만 하고 끓지 않는 것처럼 보이다가 섭씨 99~100도 정도가 되었을 때 끓기 시작하는 것과 같은 이치이다. 탈무드에서도 이와 비슷한 토론이 나온다.

랍비 헤이 헤이Hei Hei가 랍비 힐렐Hillel에게 물었다.

"말라기 3장 18절에 보면 '네가 돌아가 의인과 악인의 차이를 보고, 신을 섬기는 자와 신을 섬기지 않는 자의 차이를 볼 것이다'라는 구절이 있습니다. 어떻게 보면 의인이 신을 섬기는 자이고, 악인은 신을 섬기지 않는 자인데 왜 굳이 같은 내용을 두 번이나 반복해서 썼을까요?"

힐렐이 답했다.

"신을 섬기는 자의 숫자 값(히브리어는 단어로 숫자를 표시하기 때문에 모든 단어가 숫자 값을 가질 수 있다. 예를 들어 히브리어 첫 단어인 알레프는 1이고, 두 번째 단어인 베트는 2이다_필자 주)은 101이고, 신을 섬기지 않는 자의 숫자 값은 100이다. 이는 (토라) 공부를 하며 100번만 배운 내용을 낭송하는 자는 신을 섬기지 않는 자이고, 101번을 낭송한 사람은 신을 섬기는 사람이 될 수 있다는 뜻이다."

무언가 억지스러운 것 같아 헤이 헤이가 다시 물었다.

"딱 한 번 더 낭송하지 않았다고 신을 섬기지 않는 사람으로 불린다는 말입니까?"

힐렐이 말했다.

"시장에 나가서 이 교훈을 당나귀를 모는 주인에게 배워서 오거라. 당나귀 몰이꾼은 10파르사Parsah(당나귀가 하루에 갈 수 있는 거리를 뜻하는 단위_필자 주)의 거리를 갈 때는 1주즈Zuz(은을 세는 단위)의 요금을 받지만, 11파르사의 거리를 갈 때는 2주즈의 요금을 받는다."

우리나라 상황으로 치면 10시간까지는 기본료인데 11시간이면 두 배를 내야 한다는 것이다. 비록 한 시간의 차이이지만 이전의 10시간을 넘어서는 질적인 변화를 만드는 한 시간이 될 수 있다는 의미다.

학습이나 사업에서 바로 이 '한 시간'이 중요한 의미를 차지할 때가 있다. 운전면허 필기시험의 합격 점수가 70점이라면 69점이나 1점은 똑같이 불합격이다. 하지만 71점과 100점은 똑같이 합격이다. 인생을 살다 보면 이렇게 작은 하나가 질적인 차이를 만들어내기도 한다. 수능 등급도 마찬가지다. 한 점 차이로 등급이 나누어지고, 이후 지원할 수 있는 대학에 엄청난 차이가 생길 수도 있다.

필자는 오랫동안 영어를 가르쳐오면서 영어 학습에서도 이러한 질적인 차이를 가르는 경계선이 있음을 알 수 있었다. 영어를 아무리 공부해도 안 된다는 경우를 보면 대부분 이 경계선을 넘지 못하는 경우가 많다. 영어 울렁증을 극복할 수 있는 경계선까지 집중적으로 에너지를 쏟아야 하는데 대부분 이 질적 경계선에 이르지 못하고 포기하거나 그 지점에 도달할 수 있게 에너지를 효율적으로 집중하지 못한다.

예를 들어 영어의 말문을 트기 위해 100시간 말하기 훈련이 필요하다고 하자. 대부분은 이 100시간을 채우지 못한다. 하루 1시간씩 3~4일, 길면 열흘을 해보고 포기한다. 그러면 총 시간은 얼마인가? 3~4시간 혹은 10시간이다. 100시간이 넘어야 한 단계를 넘어설수 있는데 그 고비를 넘지 못한다. 비행기가 땅을 박차고 하늘로 올라가면 활주로에서와 같은 많은 에너지를 출력하지 않고도 비행할수 있다. 기류가 있기 때문이다. 마찬가지로 한 번 단계를 넘으면 영어 공부가 재미있어지고, 영어를 말하고 쓸 기회가 많아지기 때문에 실력이 는다. 하지만 그 단계를 넘지 못하면 계속 영어를 못하고, 영어를 못하니 영어를 말할 기회를 갖지 못하는 악순환이 반복된다. 이런 식으로 부익부 빈익빈 현상이 생기니 잘하는 사람은 더 잘하고 못하는 사람은 더 못한다.

"영어 공부는 어떻게 해야 해요?"

이런 질문을 받으면 필자는 주로 이렇게 답한다.

"제게 100시간을 내주시겠습니까? 그러면 원하는 수준의 영어 실력을 만들어 드리겠습니다."

약간 사기성(?)이 짙은 말이지만 그 안에 진실이 숨어 있다. 하나의 언어를 구사하기 위한 최초의 관문인 100시간을 공부할 수 없다면 그 다음 단계는 없기 때문이다. 100시간의 회화연습도 좋고, 100시간의 낭독훈련도 좋고, 100시간의 어휘공부, 100시간의 문법 공부도 좋다. 자신에게 필요한 영어 공부를 하기 위한 최초 돌파점인 100시간을 넘어서야 한다.

학습을 넘어 인생의 많은 일에서도 100시간의 법칙이 적용된다. 분명히 방향성은 맞는데 성과가 나지 않는다면 아직 훈련이 부족한 것이다. 포기하지 말고 계속 노력할 필요가 있다. 그리고 도저히 안 되겠다는 생각에 포기하고 싶을 때가 오면 이게 마지막이라 생각하고 한두 번만 더 시도해보자. 그러면 바로 그 순간이 결정적 순간이 되어 질적인 변화를 만들 수 있다.

1 조금만 더 하면 되는데, 약간의 노력이 부족해 실패하거나 원하는 바를 이루지 못했던 경험이 있는가?

2 조금만 더 하면 되는데 그 조금을 못하고 포기한 이유는 무엇인가?

3 정말 안 되는 일과 노력이 부족해서 안 되는 일을 어떻게 구분할 수 있을까?

07

창조적 파괴의 비결은 겸손이다

국가, 기업, 개인의 흥망사에서 찾아볼 수 있는 공통의 패턴이 있다. 교만해지는 순간 망하기 시작한다는 것이다. 오히려 시련과 고난으로 겸손해지는 순간이 바닥을 찍고 상승하는 시기이다. 2등이 1등을 따라잡을 수 있는 기회도 바로 이때다. 계속된 승리와 업적에 1등이 교만해지면 이전의 성공 공식을 철석같이 믿고 변화를 시도하지 않는다. "잘되는데 뭐하러 바꾸느냐"고 말한다. 하지만 이런 안일함과 교만에 빠진 순간이 바로 쇠퇴가 시작되는 시점이다.

경영학자인 존 코터John Kotter는 《기업이 원하는 변화의 리더》에서 변화와 혁신을 방해하는 자만감이 생기는 원인으로 경영층의 근거 없는 낙관론, 내부 비판 무시, 업적에 대한 외부의 객관적 평가 부족, 성과 기대치 낮게 잡기, 겉으로 자원이 풍부하게 보이는 점 등의 이유로 설명한다. 또한 위기의식이 공유되지 않은 상황에서 사람들은 희생을 하려 하지 않기 때문에 변화가 일어날 수 없다고 말한다.

그러면 어떻게 하면 이전의 성과를 유지하면서 새로운 질적 도약을 이룰 수 있을까? 경영 전략적으로 이러한 시도를 '창조적 파괴'라고 한다. 이미 성과를 내고 유용성이 입증된 사업 모델이나 아이템일지라도 새로운 환경의 변화에 대응하기 위해 이전의 것을 다 무너뜨리고 새로운 기초 위에 다른 모델을 만드는 것이다.

교육학에서의 그 대표적 사례가 하워드 가드너Howard Gardner 교수가 주도한 하버드대의 '프로젝트 제로'였다. 교육학이나 인지심리학에서 "인간의 지능이란 무엇인가?"라는 오래된 질문이 있었다. 기존에 프랑스의 심리학자인 알프레드 비네Alfred Binet가 1905년에 개발한 IQ 테스트가 있었지만, IQ는 인간의 지능을 기억력과 계산력과 같은 일부 기능에만 제한한다는 많은 비판을 받았다. 애초에 IQ는 일반 학교에서의 수업이 힘든 발달장애 아동을 구분하기 위한 테스트였는데, 이게 마치 사람의 지적인 능력을 숫자로 표시한 것처럼 인식되는 등 많은 오해도 있었다.

이후에 IQ를 넘어서는 EQ와 같은 감정적 혹은 사회 정서적 능력에 대한 관심과 연구가 진행되었다. 하지만 프로젝트 제로에 연구 기금을 댄 철학자 넬슨 굿맨Nelson Goodman은 "우리는 지능에 대해 아무것도 모른다. 그래서 이 연구는 '프로젝트 제로'라고 부를 것이다"라고 말했다. 이렇게 해서 이후 20여 년 동안 인간 지능에 대한 새로운 관점의 연구가 진행되었다. 그간의 다양한 지능 이론과 최신의 뇌과학적 연구를 반영하여 가드너는 단순한 인지능력을 넘어, 자기성찰 지능, 예술 지능, 신체운동 지능 등의 다양한 지능의 영역을 정리해 다중지능 이론을 발표한다. 이후 다중지능 이론은 학생들의 다양한 능력을 인정하는 새로운 교육현장의 분위기를 만들며 인간의 지능을 설명하는 대표적인 주요 이론으로 자리 잡는다.

탈무드가 말하는 창조적 파괴

탈무드에서는 이러한 창조적 파괴를 위해서는 먼저 겸손해야 한다고 가르친다. 랍비 제이라Zeira는 바빌론 지역의 최고 랍비였다. 이미 바빌론 탈무드에서 일가를 이룬 그는 예루살렘 탈무드를 공부하기 위해 이스라엘로 왔다. 그리고 그가 제일 먼저 한 일은 100일 동안의 금식이었다. 100일 동안 금식하며 그는 자신이 쌓았던 바빌론 탈무드에 대한 업적을 다 지우고자 했다. 이전의 성취가 새로운 공부에 방해가 되지 않기를 바랐기 때문이었다(바바 메치아 85a).

어느 단계에서 성과를 이루고 다음 단계로 더 나가기 위해서는 겸손한 마음이 필요하다. 특히 교육현장에서 배우는 사람이 갖춰야 할 최고의 덕목은 겸손이다. 내가 무언가 잘 알고 있다는 교만이 있으면 교육이 되지 않는다.

필자가 강남구 대치동에서 초등학생에게 토플을 가르친 적이 있다. 토플을 공부하기 위해서는 단순히 영어만 잘하는 것을 넘어, 대학생 수준의 사회과학이나 자연과학 지식이 필요한데 과연 초등학생이 토플 수업을 따라올 수 있을까 싶었다. 그런데 이 아이는 이전의 독서량이 받쳐주었는지 당시 300점 만점의 CBT 토플에서 220~230점대의 점수를 받았다. 이 정도면 웬만한 미국의 중하위권 대학에는 진학할 수 있는 점수였다. 개인적으로 이 학생의 중학교 진학 후 성적이 궁금했다. 이 정도 능력이면 바로 전교 1등은 할 수 있겠다 싶었다.

그런데 1년 뒤 들은 소식은 충격적이었다. 전교 등수 안에 못들 뿐 아니라 영어마저 100점을 못 받는다고 했다. 왜 그런지 사정을 들어보니, 영어 수업을 제대로 듣지 않는다는 것이었다. 수업 내용은 이미 다 아는 이야기이고, 학교 교사는 자기를 가르쳤던 학원 선생에 비해 전달 능력이 떨어진다고 했단다. 그래서 수업에 집중을 안 하고, 학교 교사는 시험에서 쉬운 내용을 이상하게 꼬아서 낸다고 불평했다. 지나친 선행학습이 어떻게 아이들에게 교만을 심어주고, 결국은 제대로 된 실력을 키울 수 없음을 보여주는 대목이었다.

이는 미리 한글을 떼고 초등학교에 가는 문제와도 비슷하다. 가수 이적의 엄마로 유명한 여성학자 박혜란 박사는 큰아들이 학교에 갈 때까지 한글을 가르치지 않았단다. 주변에서는 "이미 다른 아이들이 다 한글을 떼고 들어오는데 뒤처지면 어떡하느냐", "지금까지 한글도 안 가르치고 뭐 했냐", "선생이 당신 아이만 봐주지 못할 거다"라고 했단다. 그리고 어느 순간 자신이 한심한 엄마가 되었다고 한다.

그런데 막상 큰아들은 학교에 가는 것을 아주 좋아했다. 가서 매일 새로운 것을 배우니까 공부를 재미있어 했고 숙제도 아주 즐겁게 했다고 한다. 그리고 그렇게 즐거운 마음으로 공부해 큰아들은 서울대에 갔고 결국 아들 셋이 모두 서울대에 가자 이 '한심한' 엄마는 아이들을 믿고 기다려주는 대단한(?) 엄마가 되었다고 한다.

겸손을 강조한 랍비들

중세를 대표하는 랍비 나흐마니데스Nahmanides는 자신은 항상 공부하거나 글을 쓸 때는 겸손한 마음을 가지려 최대한 노력했다고 말한다.

"나는 토라의 해석을 달 때마다 두려움과 떨림으로 온 정성을 다해 쓰기 시작한다. 나는 낮은 마음과 상한 영혼의 심정으로 기도한다. 그리고 나는 나의 모든 등골이 휘어지는 느낌이 들 때까지 나를 굽히고 낮춘다. 나는 내가 토라에 대해 아는 지식이 마치 우주 속 개미알 성도에 불과하다는 것을 분명히 알았다. 이 우주의 엄청난 지혜와 환상은 토라 안에 보석같이 봉인되어 있다."

그는 마이모니데스Maimonides와 더불어 중세를 대표하는 랍비였다. 이러한 겸손함을 가지고 토라와 탈무드를 연구했기에 오늘날까지도 그의 해석과 주석은 많은 랍비들에게 인용되고 있으며, 여전히 학문적 가치를 인정받는다. 랍비 샬롬 쉬니어슨Shalom Schneersohn은 한 단계 더 높은 성장을 하기 원하는 사람들에게 이렇게 이야기한다.

"첫 단계에 대한 완전한 부정이 있을 때 더 높은 단계에 도달할 수 있다. 학문의 세계에서도 더 높은 단계나 이전의 사고와는 완전히 다른 생각을 하고 싶다면, 처음에 가진 생각의 방식을 완전히 없애는 것을 먼저 해야 한다."

혁신을 바라거나 배움을 바라는 사람에게 탈무드가 주문하는 첫 번째 자세는 바로 이러한 자기 부인과 겸손이다. 물론 이 겸손은 '나는 아무것도 할 수 없어'라는 자기 비하와는 다르다. 많은 것을 할 수 있지만 모든 것을 내려놓고 다시 처음부터 배움을 청하는 자세이다. 이러한 겸손한 마음이 있을 때 새로운 것이 눈에 보이고, 새로운 가르침이 귀에 들어올 수 있다.

1 적은 지식이나 이전의 섣부른 경험이 방해가 되어 새로운 지식을 제대로 배우지 못한 경험이 있는가?

2 동양에서는 스승에서 가르침을 받고자 할 때, 스승을 찾아가 3년 동안 청소하고 밥하는 일부터 시작하는 전통이 있었다. 이러한 전통은 앞에서 말한 겸손을 배우는 것과 어떤 관련이 있는가?

3 나를 낮추고 좀 더 큰 가르침을 청하지 못하는 이유는 무엇인가?

4 창조적 혁신은커녕 지금 당장 작은 성취도 이루지 못한 사람에게도 겸손하라는 이 글의 가르침이 적용될 수 있는가?

08

인생의 의미를 공부할 시간을 떼어 놓아라

성공한 삶의 의미

한 성공한 사업가가 많은 자기계발서를 낸 베스트셀러 작가에게 물었다.

"솔직히 말해서 저는 제가 왜 사는지 모르겠어요…. 작가님은 제가 왜 살아야 하는지 답을 주실 수 있나요?"

나름 자신의 자기계발서에서 말하는 삶의 원리를 잘 실천해 성공한 대표적인 롤 모델이라고 생각했던 사람에게 이런 말을 듣자 작가는 충격에 빠졌다. 목표를 가지고, 그 목표를 종이에 쓰고, 생생하게 그려보고, 포기하지 않으면 내가 원하는 삶을 살 수 있다고 말하면서 실제 그렇게 성공한 사람이 있다고 사람들을 가르치고 다 녔는데 마치 뒤통수를 한 대 얻어맞은 느낌이었을 것이다.

이 사업가와의 만남 이후 그 작가는 열심히 자기계발해서 성공하 는 것만이 인생의 전부가 아니라는 평범한 진리를 다시 더욱 분명 히 깨달았다. 그리고 인생의 성공보다 인생의 의미에 답을 줄 수 있 는 인문 고전 독서와 봉사활동에 더 많은 관심을 가졌다고 한다.

《하프타임》의 저자 밥 버포드Bob Buford는 인생의 전반부가 성공과 성취를 향해 뛰는 시기라면 인생의 후반부는 의미와 사명을 찾는 시기 라고 한다. 어느 정도 먹고사는 문제가 해결된 후 '과연 내가 이렇게 사는 게 최선의 삶일까?'라는 생각이 든다면 잠깐 멈추고 나의 인생 의 방향성을 재정비해야 할 때다.

탈무드에서 제시하는 삶의 의미 찾기

그럼 이러한 삶의 의미 찾기는 어떻게 이루어질 수 있을까? 유대 인 현자들은 '절제의 삶'이 그 출발점이라고 말한다.

랍비 시몬 바르 요하이Shimon bar Yochai는 "토라는 만나Manna를 먹은 사람에게만 주어졌다"고 말한다. 이집트를 탈출한 유대인은 수백 년간의 노예생활에서 벗어나 자유를 누리며 살 수 있었다. 그런데 문제가 있었다. 자유를 누린 첫 장소는 안락한 이집트 땅이 아닌 척 박한 광야였다. 농사를 지을 수도 고기를 먹을 수도 없는 곳이었다.

무엇을 먹고살아야 할지를 걱정할 때 하늘에서 만나가 내렸다. 만나는 하얀 눈 같은 먹을거리로 쪄서도 먹고 구워서도 먹을 수 있었다. 당장 먹고사는 문제는 해결되었다.

하지만 먹고사는 문제가 해결되자 몇몇 사람들이 고기를 먹지 못한다고 불평했다. 이집트에 있을 때는 종살이를 한다 해도 고기를 먹을 수 있었는데, 광야에서 맨날 만나만 먹는 삶이 뭐가 좋냐고 불평을 했다. 자유인으로 가난하게 사는 것보다 노예로 배불리 사는 게 더 낫다는 생각이었다.

유대인의 지도자인 모세가 신에게 이 많은 사람들에게 어떻게 고기를 줄 수 있느냐고 하소연하자, 신은 메추라기고기를 주겠다고 한다. 그리고 바람에 이끌려 메추라기 떼가 텐트 위로 떨어진다. 그러나 다음 날 메추라기를 모아서 고기를 먹으려 한 사람들은 '그 고기가 이 사이에 씹히기 전에' 재앙을 받아 다 죽는다(민수기 11장 31~34절). 그리고 다시는 고기를 달란 말을 입 밖으로 꺼내지 못했다.

랍비 시몬 요하이는 바로 이 점을 지적한다. 고기를 탐내고 물질적인 욕심을 낸 사람들은 육신의 배만 채우려다가 광야에서 죽을 수밖에 없었다. 토라를 받아 토라의 말씀대로 살 수 있는 기회를 잡지 못했던 것이다.

폴란드 출신의 랍비 칼로니모스 엡스타인Kalonymous Epstein은 "토라는 물질적인 풍요로움을 포기하고 생존에 필요한 최소한의 삶을 사는 사람만이 깨달을 수 있다"고 말한다. 그리고 덧붙인다.

"물질적으로 부족한 삶이 그들로 하여금 창조주를 찾게 하고, 이 가운데 물질적 만족을 넘어서는 더 큰 정신적인 기쁨을 누릴 수 있다. 토라는 이렇게 최소한의 먹는 문제를 해결해주는 만나를 먹고 만나에 만족하는 사람에게 예비된 것이다."

앞에서 말했던 사업가의 예를 들어보자. 만약 그 사업가가 돈을 많이 벌어 술과 고기를 자주 먹고, 룸살롱을 드나들고, 외제차를 타고, 고급 호텔을 이용하는 등의 풍요로운 삶을 사는 한은 인생의 의미를 제대로 찾을 수 없다. 사람이 육체적 존재로 전락할 때 영성이 살아날 수 없기 때문이다.

그렇다고 유대교가 모든 육체적 욕망을 죄악시하며 금욕주의를 강조하는 것은 아니다. 몇몇 종교의 성직자들과는 달리 랍비들은 대부분 결혼하고 직업도 가진다. 자신에게 주어진 육체적이고 기본적인 필요는 채우되 넘치지 않도록 한다. 직업을 가진다 해도 자신이 토라와 탈무드를 공부하고 가족을 먹여 살리는 데 필요한 정도의 돈 이상을 추구하지 않는다. 바로 유대 사상에서 계속 강조되는 중용과 실용의 정신이 엿보이는 대목이다. 금욕과 탐욕의 중간, 광신과 불신의 중간에서 좌나 우로 치우치지 않는 삶을 살고자 하는 것이다.

인생의 의미를 공부할 시간을 떼어두자

하지만 말이 쉽지 요즘 같은 물질만능의 시대에서 소박한 삶에 초점을 두며 살기는 쉽지 않다. '이렇게 살다가 굶지 않을까?' 혹은 '좀 더 일해서 저축을 해야 나중에 어려워질 때 대비할 수 있지 않을까?' 라는 생각이 들면서 많은 내적 갈등이 생긴다. 이런 걱정을 하는 사람들에게 랍비들이 권하는 방법은 '인생의 의미를 공부하는 시간을 떼어놓는 것'이다.

탈무드에서는 유대인이 죽어서 하늘의 심판대에 섰을 때 받는 질문 중 하나가 "너는 세상에 살 때 토라를 공부하는 시간을 따로 떼어놓았느냐?(샤봇 31a)"라고 한다. 물질과 육체적인 욕심이 지배하는 세상 가운데 살면서, 진리에 대한 공부 없이 영적인 가치와 삶의 의미를 찾는 것은 불가능하기 때문이다.

또한 탈무드에서는 "죄수는 감옥 안에서 자신을 자유롭게 할 수 없다(베라홋 5b)"고 말한다. 육신의 욕망과 물질적인 풍요에 갇혀 지내는 사람이 삶의 의미를 발견하고 영적인 가치를 발견하는 것은 불가능하다. 그렇기에 많은 랍비들은 물질적인 풍요로움에 지나치게 빠져 정신적인 가치를 망각하는 실수를 저지르지 말라고 가르친다.

유대 경건주의 운동의 리더였던 랍비 쉬니어슨은 "유대인은 이 물질의 세계를 넘어설 수 있는 능력을 가져야 한다"고 말한다. 그리고 이러한 능력은 바로 토라 공부에 전념하는 데에서 생긴다고 강조한다.

"비록 아침에 잠깐, 저녁에 잠깐의 시간이라도 하루 종일 토라 공부에만 전념하는 사람만큼 열심히 집중해 공부한다면 충분히 영적 능력을 기를 수 있다."

토라 공부를 인생의 최고의 가치로 두는 다른 랍비들과 마찬가지로 랍비 쉬니어슨은 토라를 공부하는 사람은 다른 어느 종교지도자보다 위대한 사람이라고 말한다. 인생의 의미를 찾고자 하는 사람이라면, 자신의 시간을 떼어 삶의 의미에 답할 수 있는 공부 시간을 반드시 확보하길 바란다.

1 "나는 왜 사는가?"라는 질문이 들 때는 언제인가?

2 "나는 왜 사는가?"라는 질문에 대한 답을 찾았는가? 찾았다면 어떤 방법으로 찾았는가?

3 물질적으로 너무 풍요로운 삶을 살면 왜 삶의 의미나 정신적인 가치를 망각하는가?

4 하루 가운데 나의 삶의 의미를 성찰하고, 왜 사는지를 돌아볼 수 있는 시간을 어떻게 확보할 수 있는가?

09

배은망덕은
도둑질보다 나쁘다

윌리엄 셰익스피어의 희곡 〈줄리어스 시저〉에 나오는 "브루투스, 너마저(라틴어로는 Et tu, Brute)!"는 가룟 유다Judas Iscariot의 입맞춤과 더불어 서양 문화에서 배신의 대명사가 된 대사이다. 기원전 44년 브루투스는 자신을 아들처럼 여기던 로마의 영웅 시저Caesar에게 칼을 들이댄다. 시저가 황제가 되어 공화정을 무너뜨리려 한다는 시저의 반대파 열세 명과 함께 시저를 죽이는 일에 동참했다. 브루투스는 시저가 자신의 제2상속자이자 유언 집행인으로 지정할 정도로 가까웠던 최측근이었다. 그런데 왜 브루투스는 시저를 배신했을까? 로마 공화정을 지키려는 정치적 신념이 한몫했겠지만, 많은 역사가들은 그가 옥타비아누스Octavianus Augustus에 이은 제2상속자로 유언장에 적힌 것을 보고 분개해 그랬다고도 본다.

후마쉬에서는 브루투스와 같은 배은망덕과 배신을 도둑질보다 나쁜 것으로 본다. 아무리 자신과 의견이나 신념이 다르다 할지라도 한 번 자기가 신세를 진 사람에게는 은혜를 원수로 갚지 말라고 한다. 심지어 신세를 진 사람이 이집트 왕 바로 같은 독재자나 악인인 경우에도 해당된다. 탈무드에서는 "네가 한때 물을 얻었던 우물에 흙덩이를 던지지 말라(바바 캄마 92b)"고 가르친다. 그리고 미드라쉬에는 "다른 사람이 베푼 호의에 감사하지 않는 자는 궁극적으로 신께서 그가 베푼 호의에도 감사하지 않을 것이다"라는 말이 있다.

이집트로의 탈출 과정에서 모세와 아론Aaron은 신의 명령에 따라 이집트와 바로에게 열 가지 재앙을 내린다. 그런데 그중 몇몇 재앙에서는 모세가 아닌 아론이 지팡이를 들고 명령을 수행하는 장면이 나온다. 예를 들어 나일강을 쳐서 물이 피가 되는 재앙이 일어났을 때 모세는 바로 앞에서 "내가 지팡이로 나일 강을 치면"이라고 말하지만 실제로는 모세의 형인 아론이 나일강을 치도록 한다. 중세 랍비 라쉬Rashi는 나일강은 모세가 죽을 위협에 처했을 때(이전 왕이 유대인 사내아이가 태어나면 죽이라는 명령을 내렸다) 모세가 담긴 바구니를 보호해 살게 한 은혜가 있기 때문에 모세가 나일강을 내려칠 수 없었다고 본다.

같은 원리로 이집트 땅을 쳐서 티끌을 이로 바꾸는 재앙을 수행할 때도 역시 아론이 땅을 치는 역할을 담당한다. 이는 이집트 사람들을 죽여서 시체를 땅에 묻었을 때 모세가 이집트 땅에 신세를 졌기 때문이다. 이렇게 탈무드는 사람이 아닌 자연에도 신세를 졌으면 감사를 표하고 은혜를 원수로 갚지 말아야 한다고 말한다.

이런 맥락에서 토라는 "이집트 사람을 미워하지 말라, 너희가 그들의 땅에서 객이 되었기 때문이다(신명기 23장 8절)"라고 가르친다. 이는 비록 이집트에서 노예생활을 했고, 이집트 사람들이 너희들을 착취했지만 그 땅에서 너희가 먹고살고 아이를 낳고 민족을 보존하는 신세를 졌기에 그 부분에는 감사해야 하고 은혜를 원수로 갚지 말라는 말이다.

이 교훈은 우리가 사회생활을 하는 데 많은 시사점을 준다. 우리는 흔히 악덕사장(적어도 회사에 불만이 있어 나온 사람들은 대부분 이전 사장에 대해 이렇게 이야기한다) 밑에서 열심히 일하고 이른바 '토사구팽兎死狗烹'을 당해서 회사를 나오는 사람들을 많이 본다. 그렇게 회사를 나온 이들은 흔히 "내가 자기(사장)를 위해서 얼마나 열심히 일했는데, 회사가 이렇게 된 게 누구 덕택인데 나를 이렇게 대우해!"라고 화를 내며 복수를 준비한다. 가장 흔한 복수는 경쟁업체에 취직해 이전 회사를 망하게 하는 것이다. 심지어는 다니던 회사의 영업 노하우나 기밀을 통째로 가져가기도 한다. 회계 담당자로 일했다면 더 기회가 좋다. 이전 회사의 비리를 국세청에 통보해서 세무조사를 받게 하거나 언론에 알리기도 한다.

하지만 탈무드에서는 "네가 신세 진 사람들을 공격해야 한다면 네 손에 직접 피를 묻히지 말라"고 가르친다. 또 "핍박하는 자가 되기보다는 핍박받는 자가 되라"고 말한다. 왜냐하면 한때 그 사람 밑에서 일을 배우고 월급을 받는 신세를 졌기 때문이다. 그러면 다음 질문이 나온다.

"그럼 그런 악덕업자를 그냥 두란 말입니까? 그런 악인이 성공하면 이 사회가 어떻겠습니까?"

탈무드의 답은 간단하다. 정말 그 사람이 악한 사람이면 그의 성공은 일시적일 것이고 언젠가는 실패할 것이다. 그리고 굳이 복수를 하고 싶다면 자신이 직접 하지 말고, 다른 사람과의 경쟁에서 스스로 무너지길 기다리는 편이 낫다.

하지만 막상 현실에서 이를 실천하기 위해서는 상당한 내공이 필요하다. 배운 게 도둑질이라고 한 분야에서 10년 정도 일한 사람이 그 분야를 떠나 다른 쪽에서 자리를 잡고 그전에 관계했던 사람들과 부딪치지 않고 새로운 일을 하기는 쉽지 않다. 회사를 나가서 경쟁업체로 가거나 바로 옆에 창업을 한다. 그리고 이전 사장과는 우리 고객을 도둑질했다느니, 은혜를 원수로 갚는 놈, 죽일 놈 살릴 놈 하면서 경쟁한다. 그렇게 서로를 욕하고 비난하며 인생을 낭비한다.

필자와 탈무드 원전을 같이 공부하던 한 중소기업 부장님이 이 대목을 공부하고 이런 말을 했다.

"오늘 가르침은 제 요즘 상황과 매우 비슷합니다. 사실 제가 요즘 그런 생각을 했거든요. 업계의 한 사장님이 점점 악독한 사람이 되는 것을 보면서 이 사람은 그가 저지른 잘못에 대해 혹독한 대가를 치러야 한다고 생각했습니다. 요즘 어떻게 하면 이 사람을 망하게 할까 연구했는데, 가만히 생각해보니 내가 처음에 일을 그분에게 배우고 월급 받던 시절도 있었는데 내가 직접 나서서 망하게 하는 일은 하지 말아야겠다는 생각이 드네요. 그런데 이 사람은 정말 악독한 사람인데 어떻게 해야 심판을 받게 할 수 있을까요?"

필자의 답변은 이랬다.

"내가 다른 사람을 심판한 기준으로 내가 심판받는다고 배우지 않았습니까? 정녕 그 사람이 심판받아야 한다고 생각하시면 우선 그 사람에게 도움이 될 만한 행위를 하지 마세요. 그리고 다른 사람들이 그를 무너뜨리도록 기다리시고 직접 나서지 마세요. 그분이 정말 악한 사람이고 그 행위가 악하다면 얼마 가지 못할 것입니다. 하늘을 나는 새도 떨어뜨릴 듯 기세등등했던 독재자들이나 권세가들의 말로를 보세요. 길어야 10년입니다. 그리고 궁극적으로는 역사의 심판을 받습니다. 역사의 심판을 피했다 해도 하늘의 심판이 기다리겠지요."

이런 맥락에서 랍비들은 자신들이 살아가는 나라의 정부나 월급을 주는 회사를 위해 기도하라고 가르친다. 다음은 이런 가르침에서 인용하는 구절이다.

"너희는 내가 사로잡혀서 가게 한 그 도시의 평안을 구하고 그 도시를 위해 신께 기도하라. 그 도시가 평안해야 너희도 평안할 수 있기 때문이다(예레미야서 29장 7절)."

아무리 악덕사장이라도 내게 월급을 주는 한 그에게 감사해야 한다. 그리고 도저히 그의 악행을 참을 수 없다면 회사를 떠나는 게 낫다. 마치 유대인이 이집트 왕 바로의 악독한 통치를 벗어나 탈출한 것처럼 말이다. 그런데 그 이후에 그 회사나 경영진에게 직접 보복해서는 안 된다. 한때라도 내가 신세를 진 사람에게 은혜를 원수로 갚을 수는 없기 때문이다. 유대인이 이집트를 공격하지 않고 새로운 땅을 찾아나간 것처럼 새로운 땅에서 새로운 삶을 개척하는 게 현명하다.

1 지금까지 살면서 불가피하게 신세 진 사람을 배신하거나 신세 진 사람과 적이 되었던 경험이 있는가?

2 왜 과거에 신세 진 사람을 배신하거나 공격해서는 안 되는가?

3 과거에 신세 진 사람이 독재자이거나 정말 악한 사람이라면 어떻게 해야 하는가?

4 "내가 내린 판단으로 나도 판단받는다"는 말은 무슨 의미인가?

5 배신이 아니라 적극적으로 신세에 대한 감사를 표시하려면 어떻게 해야 하는가?

랍비 엘리에셀은 세 가지를 가르쳤다.

첫째, 타인의 명예를 자기 명예처럼 소중히 여기고

쉽게 화내지 말라.

둘째, 죽기 하루 전에 회개하라.

셋째, 성현들의 가르침으로 자신을 따뜻하게 하라.

– 피르케이 아보트 2:15 –

PART

03

행복한 가정을 만드는
탈무드식 생각

01

융통성을 발휘해야
가정의 평화가 온다

때로는 절대적 가치를 내려놓아야 한다

유대인 관련한 자녀교육 등의 강연을 마치면 강의 후 수강생들로부터 자주 듣는 이야기가 있다.

"아! 이 강의를 우리 아내가 (혹은 남편) 들었어야 하는데요….."

어떤 분들은 자녀 혹은 부모가 이런 강의를 듣고 그들이 좀 변해야 한다고도 말한다. 그런데 부부 중 한 사람만 좋은 강의를 듣고 그 내용을 실천하려고 하면 많은 무리수가 따른다. 예를 들어 아버지가 강연을 듣고 식탁에서의 대화가 중요하다면서 이번 주부터 주말에는 항상 저녁식사를 같이해야 한다고 선포하면 가정의 평화가 깨질 수 있다. 어머니는 가끔 하면 됐던 주말 저녁식사를 매번 챙겨야 하는 불편함이 생기고, 아이들도 자기들의 계획이 어그러 진다고 싫어할 수 있다.

　가장 좋은 방법은 자신이 좋다고 생각한 강의에 가족들을 초대해 서 다 같이 듣는 것이다. 가족들에게 직접 이야기를 하면 설득력이 떨어지지만, 권위를 가진 강사에게 들으면 공감이 일어날 가능성 이 높다. 만약 그런 기회가 찾아오지 않는다면 아무리 내용이 좋고 진리에 가깝더라도 주변의 공감을 얻기 전에는 설득이나 시행을 보류 하는 것이 현명하다.

　랍비 나산Nassan은 탈무드에 "평화를 위해서는 진리에서 벗어나도 된다"는 내용이 있다고 가르쳤다. 진리는 절대적인 것이고 어떻게 보면 가장 중요한 가치인데, 어떻게 그렇게 말할 수 있냐는 제자들 의 질문에 나산은 이렇게 답한다.

　"토라를 잘 살펴보십시오. 창세기에서 신께서는 아브라함이 99세 였을 때 그 다음 해에 아들을 주겠다고 약속하셨습니다. 이 대화를 듣던 사라는 '우리 주인이 이미 늙었고 나도 이미 늙었는데 어떻게 내가 아이를 가질까'하면서 속으로 웃었습니다. 그러자 신께서는 '사라가 웃으면서 내가 이렇게 늙었는데 아이가 생길 수 있느냐'고 말했습니다. 여기에 중요한 부분이 있습니다. 신께서는 아브라함 과 사라 사이의 평화를 지켜주시기 위해 '아브라함이 늙어서 아이 를 못 낳는다'는 말을 빼고 전달하셨습니다. (신께서도 이렇게 하셨는데 하물며 우리는 어떻겠습니까?) 이와 같이 **때로는 가정의 평화를 위해 진리에**

서도 벗어날 수도 있습니다(예바못 65b)."

가정이 화목하지 않은 이유 중 하나는 어느 한쪽이 자신이 생각하는 것만 옳다 여기고 그 생각을 굽히지 않기 때문이다. 하지만 진리보다 중요한 게 가정의 평화와 화목일 수 있다. 가정의 평화와 화목을 위해 때로는 자신이 절대적이라고 생각하는 가치를 내려놓을 수 있는 융통성이 필요하다.

현명한 남편이 아내를 설득하는 법

유대인 자녀교육에 관심이 많은 한 지인이 아내를 설득해 유대인 자녀교육 원리를 가정에 실천하고 싶어 했다. 몇 년 동안 본인은 유대인 자녀교육과 탈무드에 열심이었는데 정작 아내는 별 관심이 없었다. 몇 번의 세미나와 강연에 아내를 초대했지만 아내는 "그게 뭐 중요하냐"며 오지 않았다. 서운한 마음이 있었지만 그는 아직 때가 되지 않았다고 생각해 기다렸다. 한 번은 미국으로 가서 유대인 정통파 커뮤니티를 탐방하는 기회도 있었지만, 역시 아내는 같이 가길 원하지 않았다.

그렇게 1년이 흘러 한 번은 우리나라에서 유대인 안식일 식탁을 잘 지키는 지인의 집을 방문할 기회가 생겼다. 혹시나 하는 마음에 그는 아내에게 다시 한 번 말을 꺼냈다.

"여보, 오늘 아는 분이 저녁식사 초대를 했는데, 같이 가지 않을

래요?"

며칠째 감기로 몸 컨디션이 좋지 않아서 역시 싫다고 할 줄 알았
는데 아내는 의외의 대답을 했다.

"그럴까요? 저녁하기도 귀찮은데, 한번 가보지 뭐."

그렇게 해서 아내는 안식일 식탁을 자연스럽게 경험하고, 유대인
자녀 교육 원리를 한국적으로 어떻게 실천하는지를 볼 수 있었다.
돌아오는 길에 차 안에서 그는 아내에게 말했다.

"여보, 오늘 어땠어?"

"어, 좋던데…?"

"사실은 내가 1년 전부터 계속 이야기했던 게 바로 이런 교육이
거든. 우리 집에서도 이런 가족 식탁을 시작하려는데, 당신은 어떻
게 생각해?"

"아 그래요? 우리도 한번 해보면 좋을 것 같은데…."

이렇게 해서 그의 가정에서도 일요일 저녁마다 가족 식탁을 지키
게 되었다. 그 이후 '죽고 사는 문제가 아니면' 일요일 저녁식사는
가족과 함께한다고 한다. 다 같이 모여 자선함에 돈을 넣는 나눔훈
련을 하고 빵을 떼면서 이야기를 나눈다. 다만 몇 가지 절차는 아내
가 너무 형식적이라 해서 빼고, 최대한 아내가 편하게 느끼고 오래
할 수 있는 방식으로 진행한다고 한다.

모두가 평화로워지는 방법

데일 카네기Dale Carnegie의《인간관계론》에서 "옳은 사람이 되기를 원합니까? 부자가 되길 원합니까?"라는 구절을 인상 깊게 읽은 적이 있다. 사람들은 흔히 자신이 옳은 것을 증명하려고 많은 시간과 에너지를 낭비한다. 하지만 자신만 옳고 남이 그르다고 생각한다면 다른 사람과 의미 있는 소통을 할 수 없다. 미국식의 실용적 사고에서는 돈이 안 되는 행동이기도 하다. 가게 점원이 고객과 옳고 그름을 따진다면 물건을 제대로 팔 수 있겠는가? 고객의 필요에 적당히 맞춰주고 물건을 팔아야 한다. 내가 옳은 것보다 상대가 어떻게 옳다고 인식하는지를 파악하는 게 중요하다.

카네기의 말을 가정생활에 적용해보자.

"옳은 사람이 되길 원합니까? 평화로운 삶을 살길 원합니까?"

죽고 사는 문제가 아니라면 가정에서는 평화가 제일 우선이다. 때로는 나의 고집과 생각을 꺾고 평화를 위해 가족들과 타협할 수 있는 지혜가 필요하다.

1 흔히 가정에서 권위만 내세우고, 자신의 방식대로만 가정을 끌고 나가려는 아버지의 모습을 많이 본다. 이런 불통의 아버지가 많이 생기는 이유는 무엇인가?

2 유대인의 가치나 행동에 대한 상대적인 태도 때문에, 칸트Kant는 유대인을 원칙을 잘 지키지 않는 사람들이라고 비판하기도 했다. 유대인이 목숨보다 더 소중히 여기는 진리보다 가정의 평화가 더 중요하다고 생각한 궁극적인 이유는 무엇인가?

3 비슷한 논리로 "신을 사랑하는 것과 이웃을 사랑하는 것 중 이웃을 사랑하는 것이 더 중요하고 먼저 해야 할 일이다"라는 가르침이 있다. 종교심이 강한 유대인은 신을 사랑하는 것을 우선시할 것 같은데, 탈무드에 이런 가르침이 많이 나오는 이유는 무엇이라고 생각하는가?

02

지나친 엄격함과 꾸지람은
재앙을 부른다

가정이나 조직에서 때로는 엄격한 질책과 쓴소리도 필요하다. 특히 긴장이 요구되는 상황에서는 적절한 엄격함이 필요하다. 생명이 왔다 갔다 하는 전쟁터나 병원에서의 수술 상황에서는 엄격한 위계질서가 요구된다.

그런데 간혹 이러한 엄격함이 지나쳐 밑의 사람들이 사소한 처벌을 두려워해 중대한 사안을 허위로 보고하거나 아예 보고를 하지 않아 나중에 문제를 키우는 경우도 많다. 인사고과에 영향을 미칠까 봐 고객의 불만사항을 제대로 전달하지 않기도 하고, 부대 경계 업무를 맡은 장교가 처벌이 두려워 간첩 침투 사실을 보고하지 않거나 허위로 보고하기도 한다. 엄한 담당의 교수에게 혼날까 봐 레

지턴트나 인턴이 잘못된 시술을 하거나 잘못된 약을 환자에게 주고도 보고하지 않는 일이 벌어지기도 한다.

지나친 엄격함과 꾸지람이 불러오는 나비효과

탈무드에는 지나친 엄격함과 꾸지람이 엄청난 나비효과가 되어 돌아올 수 있다는 것을 보여주는 에피소드가 있다.

이스라엘 사사 시대(기원전 1375~1049년으로 유대인의 이집트 탈출 후 왕국이 세워지기 전의 부족연합국가 시대)에 한 레위인 가족이 집에서 식사를 하고 있었다. 그런데 음식이 담긴 접시에서 파리가 나왔다. 남편은 그럴 수 있다 생각하고 식사를 계속했다. 그런데 이번에는 사람의 털이 나왔다. 남편은 음식을 만드는 데 부주의했다 생각해 아내를 심하게 꾸짖었다. 그러자 아내는 남편이 무서워 친정으로 도망가버렸다. 이후 남편은 자신이 너무 심했음을 깨닫고 아내를 데리러 친정인 베들레헴으로 갔다. 다행히 장인의 중재로 이야기가 잘되어 남편은 융숭한 대접을 받고 아내를 데리고 돌아가게 되었다.

부부가 집으로 가는 길에 날이 저물어 기브아라는 베냐민족의 마을에 들렀는데, 기브아의 악한 사람들이 숙소에 들어와 아내를 윤간하고 죽인다. 이에 남편은 아내의 시신을 매고 집으로 돌아와 칼로 시신을 10등분해 각 부족에 보내 자신의 억울함을 호소했다. 이에 10개 부족은 베냐민족에게 이 범죄를 저지른 사람들을 잡아들여 처벌하기를 요구한다. 그러나 베냐민족은 이 요구를 거부하고 마침내 10개 부족 연합군과 베냐민족 간의 전쟁이 일어나 2만 5,000여 명의 베냐민족이 죽는 동족상잔의 비극이 일어난다.

랍비들은 남편의 지나친 분노가 어떻게 수만 명의 죽음으로 이어졌는지를 잘 생각하라고 말한다.

"랍비 예후다Yehuda가 말하길, 집에서 지나치게 화를 내는 사람은 세 가지 큰 죄악을 짓는다. 먼저 가족들이 이후에 불법적인 행위를 하게 할 가능성을 높인다. 둘째, 불필요한 피 흘림으로 이어질 수 있다. 셋째, 안식일을 잘 지키지 못할 수 있다(기틴 6b)."

즉, 가장이 너무 지나치게 화를 내면 아내나 자녀가 징계나 비난을 피하기 위해 옳지 못한 행위를 할 가능성이 있다. 그냥 한 번 혼나면 될 일인데 그 혼나는 게 무서워 엉뚱한 짓을 하다가 생명이 위협당하는 일도 생길 수 있다.

자녀가 청소년이 되어 술, 담배를 하거나 학교폭력에 연루되는 일이 생길 수도 있다. 혹은 부모의 기대에 못 미치는 성적을 받아올 수도 있다. 이때 부모가 자녀에게 필요 이상으로 화를 내거나 지나치게 꾸짖으면 오히려 자녀는 더 극단적인 행위를 할 가능성이 높다. 특히 요즘처럼 아이들의 근성이 부족하고, 상처를 스스로 치유하며 이겨내는 내적 역량이 부족한 경우 지나친 꾸지람은 오히려 더 부정적인 결과만 초래한다.

자녀가 삐뚤어진 길로 가거나 부모가 원치 않는 삶을 고집한다면 이는 어제오늘 생긴 문제가 아니다. 최소한 10년 이상의 기간 동안 제대로 된 교육이 되지 않았기 때문이다. 자녀를 비난하거나 아이를 '방치한' 배우자를 비난하기 전에 자신의 부족함을 돌아보고, 좀 더 냉정하게 문제를 해결하기 위한 방법을 찾는 지혜가 필요하다. 그리고 문제의 근본적 해결을 위해서는 그 문제가 생기기까지 걸렸던 것과 동일한 정도의 회복 시간이 필요함을 인정해야 한다.

지금의 문제는 지금 생긴 것이 아니다

'하인리히의 법칙'이라는 용어가 있다. 1930년대 초 미국 한 보험회사의 관리·감독자였던 허버트 하인리히Herbert Heinrich는 고객들이 일으키는 사고를 분석해 '1:29:300'의 법칙을 발견했다. 1회의 대형 사고가 발생했을 경우 이미 그전에 비슷한 29회의 경미한 사고가 있었고, 그 주변에서는 300회 이상의 징후가 감지되었다는 것이다. 가정과 조직의 문제에도 이 법칙을 적용해볼 수 있다.

심각한 문제가 생겼다면 이는 하루아침에 생긴 것이 아니다. 그이전에 수십 건의 이상 징후가 발생하고, 몇 건의 경미한 사고가 일어났을 것이다. 그러다 대형 사고가 일어난 것이다. 이 문제를 풀기위해서는 우선 당장 일어난 사고를 최선의 방법으로 해결하고, 경미한 사고를 막을 방법을 찾고, 사고를 일으키는 징후들을 하나하나 포착해 개선할 필요가 있다. 물론 이 과정에서 인내와 기다림이 필요하다.

《칭찬은 고래도 춤추게 한다》의 저자 켄 블랜차드Kenneth Blanchard는 "비난은 사람을 바꿀 수 없다"고 지적한다. 실수가 계속 반복되면 비난하기보다는 못 본 체하고, 고칠 기회를 준 다음 잘했을 때 칭찬해주라고 한다. 조직이나 사회생활에서는 말할 것도 없고, 집에서 배우자나 자녀와의 소통이나 관계의 문제가 생기다면 더더욱 이 원리를 적용할 필요가 있다.

블랜차드는 또 다른 책《춤추는 고래의 실천》에서 개선의 과정에 대한 좀 더 통찰력 있는 방법을 제시한다. 바로 '알보시고(알려주고, 보여주고, 시켜보고, 고쳐주는 것)'의 원리이다. 블랜차드의 아버지가 어릴 때 고물상에서 자전거 한 대를 사와서 어린 블랜차드 앞에서 부품을 하나하나 분해하고 다시 조립했다. 그리고 아들에게 그대로 해보라고 했다. 앞으로 자전거를 타려면 문제가 있을 때 간단한 수리를 해야 하는데 분해 및 조립을 통해 자전거의 구조와 작동 원리를 가르쳐주고자 한 아버지의 교육법이었다. 블랜차드는 이 과정에서 배움과 개선의 원리를 깨달았다고 한다.

가정이나 조직에 문제가 있다면 역시 문제를 알려주고, 어떻게 해야 하는지 보여주고, 제대로 하는지 시켜보고, 그래도 잘못한다면 다시 고쳐주는 '알보시고'의 원리를 적용할 수 있다. 역정이나 화를 내면 나 자신에게도 좋지 않고 문제 해결에도 거의 도움이 되지 않는다는 점을 명심하자.

1 집에서 자녀와 배우자의 잘못에 대해 지나치게 화를 내는 이유는 무엇인가?

2 많은 심리학자들이 지나치게 화를 내는 것은 상대의 잘못이라기보다 자신의 마음속에 치유되지 않은 상처가 남아 있기 때문이라고 말한다. 객관적인 잘못을 더 크게 보이게 하고, 지나치게 화를 나게 하는 마음의 상처에는 어떤 것이 있는가?

3 실망과 분노를 적절하게 표현하기 위해서는 평소에 어떤 훈련이 필요한가?

4 《비폭력 대화》의 저자 마셜 로젠버그Marshall Rosenberg는 평가하고 판단하기 전에 있는 그대로를 '관찰'해야 하고, 상대방이 왜 그럴까 생각하기 전에 나는 어떤 '느낌'이 드는가를 살펴야 하고, 상황을 어떻게 해결할까 방법을 찾기 전에 나에게 채워지지 않은 '욕구'를 살피고, 다른 사람에게 강요하지 말고 '부탁'하는 방법으로 평화로운 대화를 훈련할 수 있다고 한다. 평소에 이런 훈련을 하기 위해서는 어떤 노력이 필요한가?

03

시대가 바뀌어도
가정의 가치는 바뀔 수 없다

가족의 붕괴를 목격 중인 우리들

우리나라 가족이 붕괴되고 있다. 통계청에서 발표한 〈2010년 인
구총조사〉 결과를 보면 2010년 우리나라 가족의 24.3%가 부부로
이뤄진 2인 가구이고, 1인 가구는 23.9%였다. 전통적으로 가장 많
은 비중을 차지하던 부모-자녀로 구성된 4인 가구가 무너지고 2인,
1인 가구가 전체 가정의 반을 넘어섬을 알리는 의미 있는 통계다.
이뿐이 아니다. 〈2010~2035년 장래가구추계〉에 따르면 2035년에
는 100가구 중 34가구가 이른바 '나 홀로 세대'이고 75세 이상 가구
중 1인 가구는 2010년 약 48만 가구에서 2035년 약 210만 가구로

4.3배 늘어날 것이라고 한다.

농경사회의 3대 가구(조부모-부모-자녀)가 산업사회의 2대가구(부모-자녀)로 바뀌고 이제 1대(부부)나 0대(혼자) 가구 시대가 전개되고 있다. 비단 우리나라만의 문제는 아니다. 미국도 이미 2000년에 혼자 사는 가구(25.8%)가 자녀와 함께 사는 부부 가구(23.5%)를 추월했다. 유럽의 경우 결혼은 안 해도 아이는 낳고 기를 수 있는 복지제도를 통해 최악의 가족 붕괴는 막고 있지만, 가족의 해체는 현대 산업사회의 공통된 문제이기도 하다. 가족의 해체는 단순히 결혼과 출산을 피하는 문제를 넘어 복지 부담 및 범죄율 증가 등의 각종 사회문제로 연결되고, 궁극적으로 국가생존의 위기로 이어지기 때문이다.

가족의 해체가 사회나 국가의 붕괴로 이어진다는 통찰은 이미 오래전부터 있었다. 영국의 사학자 에드워드 기번Edward Gibson은《로마제국쇠망사》에서 위대한 문명이 쇠퇴하고 멸망하는 이유를 다섯 가지로 들었다.

첫째, 인간 사회의 기본 단위인 가정의 존엄함이 무너진다.

둘째, 세금이 늘어난다. 국고를 사용해 공짜 음식을 주고, 대중을 위한 서커스를 열어준다.

셋째, 쾌락을 미친 듯이 추구한다. 스포츠 경기는 해마다 흥미를 더하고, 더 잔인해지고 부도덕해진다.

넷째, 개인의 책임감 상실이라는 내부의 큰 적은 못보고, 바깥의

적을 막기 위해 군사력을 키운다.

다섯째, 종교가 쇠퇴한다. 종교가 형식으로 전락하고, 사람들에게 감동을 주지 못하고 올바른 길로 인도하지 못한다.

유대인 가정이 굳건한 이유

이렇게 저출산을 넘어 결혼 기피, 동성애의 증가 등으로 이어지는 일반적인 현대 산업사회 패턴과는 달리 유대인 가정은 굳건하다. 대부분의 정통파 유대인 가정이라면 아이들이 평균 다섯 명은 된다. 많은 집은 열 명이다. 단순히 아이들만 많이 낳는 게 아니라 가정교육이 철저하고, 할아버지—할머니 세대에서 손자—손녀까지의 3대 교류를 통한 전통과 가치의 전수가 제대로 이어지고 있다.

이러한 모습이 가능한 근본적 이유는 유대인에게 가정은 단순히 아이를 낳고, 기르고, 쉬고, 먹는 장소가 아니라 바로 성전과 같은 곳이기 때문이다. 탈무드에서는 가정을 성전의 원형으로 본다. 모세가 광야에 세운 성막이나 솔로몬이 예루살렘에 건축한 제1성전이 있기 전에 성전의 원형은 가정이었다.

"성막이 세워지기 전에는 다른 제단이 허락되었고, 집안의 장자에 의해 예배를 드렸다. 성막이 세워진 후 다른 제단은 허락되지 않았고, 제사는 제사장이 드렸다. 이후 일시적으로 다른 제단이 허락되었지만 예루살렘에 성전이 건축된 이후 다른 제단은 허락되지 않았다(미쉬나, 제바힘 14:4-8)."

즉, 성막과 성전이 세워지기 이전에 원형 성전은 바로 가정이었던 것이다. 탈무드는 이를 좀 더 자세히 설명한다.

"랍비 조셉Joseph이 말했다. 이집트의 유월절에서 양을 바칠 때 세 개의 제단이 있었다. 바로 두 개의 문기둥과 위의 문틀이었다. 세 개의 제단 그 이상은 필요 없다는 의미이다(페사힘 96b)."

두 개의 문기둥과 문틀이 상징하는 것은 가정이다. 그리고 '3'은 유대인에게 신성을 나타내는 숫자이다. 요약하면 가장 중요한 제사라고 할 수 있는 유월절 때의 성전은 가정이었고, 가정 이외에 더 이상 다른 성전은 필요 없다는 것이다.

하지만 유대인의 방랑생활이 끝나고 정식으로 성전이 세워지면서, 각 가정은 개별적인 제단을 쌓지 않고 예루살렘에 와서 유월절 희생 제물을 드렸다. 그런데 서기 70년에 제2성전(제1성전이 무너진 후 유대인이 바빌론 포로생활 후에 세운 두 번째 성전)이 무너진 후, 유대인은 다시 원형 성전인 가정으로 돌아갔다. 이후 유대인 신앙의 중심은 예배당이나 회당 같은 종교시설이 아닌 가정이 되었다. 회당이나 학교는 가정을 보조하는 역할을 했다.

많은 랍비들은 이렇게 예배당이나 회당이 아닌, 가정이 신앙의 중심이 되는 것이 당연하다고 말한다. 랍비 모쉐 알쉬히Moshe Alshich 는 출애굽기 주석에서 다음과 같이 말한다.

"출애굽기 25장 8절을 보면 '나를 위해 성소를 만들라. 내가 그들 중에 거하겠다'고 되어 있다. 이 구절을 잘 보아라. 내가 그곳(성소,

성전)에 거하겠다가 아니다. 분명히 그들 중에 거하겠다고 되어 있다. 신이 진정으로 거하시는 곳은 바로 모든 유대인 한 사람 한 사람이기 때문이다."

이렇게 가정에 대해 성전적 의미를 부여하고, 자신이 이 성전의 제사장과 같은 사명감을 가졌기에 유대인 부모는 가정생활에 최우선순위를 둘 수 있었다.

하지만 지금의 우리 가정의 모습은 어떠한가? 자신이 가장 소중히 여기고, 자신이 가장 힘들고 어려울 때 의지하는 곳은 어디인가? 오늘날을 살아가는 많은 이들에게 가장 소중한 것은 돈이고, 힘들고 어려울 때 의지하는 대상은 친구나 술, 담배, 마약과 같은 중독물질이 되어버렸다. 이런 의미에서 돈을 벌기 위해 가정이 소홀해지고, 친구와 만나고 자신이 좋아하는 오락을 위해 가정을 소홀히 하는 것은 가정이 서서히 무너짐을 보여주는 신호다.

1 무너져가는 가정을 지키고, 궁극적으로 나의 행복을 지키기 위해 오늘부터 바로 실천해야 할 것은 무엇인가?

2 굉장히 종교적이라고 볼 수 있는 유대인 사회에서 가정을 버리고 종교에만 빠지는 사이비 종교의 극단적인 모습이 나타나지 않는 이유는 무엇인가?

3 가정 중심적인 신앙생활이나 가정에 우선을 두는 삶을 지향했을 때, 부모는 가정에서 어떤 모습을 보이게 되고, 자녀들은 무엇을 배우게 되는가?

4 아이들은 사춘기가 되면 부모보다 친구들과 어울리기를 더 좋아한다. 이는 인격적으로 독립해나가는 자연스러운 현상인가? 아니면 부모와 형제에게서 채워지지 못하는 애정을 친구를 통해 보충하려는 부자연스러운 현상인가?

04

냉철한 이성과 따뜻한 가슴을
가진 아이로 키우는 방법

동양의 법, 탈무드의 법

사마천의 《사기史記》 "상군열전商君列傳"에는 법가 사상을 현실 정
치에 구현한 상앙商鞅의 이야기가 나온다. 상앙은 진나라 왕 효공에
의해 국상에 임명되었다. 그는 10년간 재임하면서 새로운 법을 시
행해 진나라의 국력을 크게 강화시켰다. 상앙은 초기에 새로운 법
을 백성들이 잘 실천하지 않을 것을 걱정했다. 그래서 그는 세 길이
나 되는 나무를 남문에 세운 다음 이를 북문으로 옮기는 사람에게
10금을 주겠다고 포고했다. 그러나 백성들은 이를 이상하게 여겨
아무도 옮기지 않았다. 상앙이 다시 50금을 상금으로 내걸자 한 사

나이가 나타나 그 나무를 북문으로 옮겼다. 상앙은 즉시 그에게 상금을 주어 자신의 약속이 거짓이 아님을 보여주었다. 그리고 이런 식으로 새로운 법률에 대한 백성들의 믿음을 얻으려 했다.

상앙의 견해를 받아들여 법가의 원리에 따라 나라를 이끌던 효공이 죽고 혜왕이 즉위했다. 그러자 상앙을 시기하는 무리들이 상앙이 모반을 꾀한다는 음모를 꾸몄다. 조짐을 깨달은 상앙은 그를 잡으려는 무리들을 피해 함곡관 부근의 여관으로 도망갔다. 여관 주인은 그가 상앙인 줄 모르고 그의 숙박을 거절하며 이렇게 말했다.

"상군의 법에 여행권이 없는 자를 숙박시키면 처벌을 받습니다."

자기가 만든 법률에 자신의 목숨이 위태해진 것을 깨닫고, 상앙은 한숨을 길게 내쉬며 말했다.

"아, 법을 만든 폐해가 이렇게 혹독할 줄이야."

그곳을 떠나 위나라로 갔던 상앙은 위나라 사람들에게 붙잡혀 진나라로 돌려보내졌다.

흔히 동양사회에서 법은 피도 눈물도 없는 규칙의 적용이라 여겨진다. 상앙의 이야기는 동양사회에서 법을 바라보는 이런 부정적인 견해를 반영한다. 사실 법가 사상은 사람에 의해 좌우되는 인치人治의 한계를 극복하고 원칙과 규칙에 따라 나라를 운영하고자 했지만, 동양적인 정서에서는 잘 받아들여지지 않았다. 오히려 명확히 규정하기 힘들고 다소 추상적인 '덕德'과 충성과 효도의 가치를 강조한 유가 사상이 동양 정치사상의 주류가 된다. 하지만 충성과 효도의 대상이 결국 원칙이 아닌 사람이다 보니 사람에 따라 원칙은 무너질 수밖에 없는 한계가 있다.

어찌 보면 토라와 탈무드도 법이다. 유대인은 토라에 나오는 613개의 계명을 온전히 지키는 것을 삶의 목표로 삼는다. 탈무드는 이 613개의 계명을 잘 지키기 위한 토론집이다. 그런데 유대인의 법사상은 4,000년이 넘게 잘 전수가 되었던 반면 동양의 법가 사상은 몇백 년을 버티지 못하고 많은 정치사상 중 하나로만 남았다.

냉철한 법과 따뜻한 감성은 같이 가야 한다

겉으로 보면 유대인의 법사상과 동양의 법가 사상은 법률과 규칙의 적용이라는 공통점이 있어 보이지만 법을 적용하는 데 근본적인 접근법이 다르다. 먼저 유대인은 냉철한 법의 적용과 함께 따뜻한 감성이 필요함을 말한다. 탈무드에서는 아브라함은 계명을 상징하고, 아브라함의 아내 사라는 문화와 가정을 상징한다고 한다. 딱딱하고 이성적인 계명에 대한 철저한 연구와 엄격한 준수가 필요하지만 그 실천은 따뜻한 가정에서 먼저 이루어진다.

영국의 경제학자 알프레드 마셜Alfred Marshall은 케임브리지대에 부임하며 "차가운 머리와 따뜻한 마음을 가진 인재를 길러내는 것이 자신의 경제학 교육 비전"이라고 밝혔다. 어떻게 보면 마셜이 말하는 '차가운 머리와 따뜻한 가슴'이 유대인이 계명을 지키는 데 가지는 기본적 마음가짐이다. 공의Justice를 추구하지만 자비를 잃지 않는 정신이다.

하지만 상앙이 만들고자 했던 법치국가는 가슴이 빠진, 차가운 머리만 있는 나라였다. 그렇기에 자신이 만든 법률에 스스로 당하는 일이 생겼다. 그리고 사람들은 규정과 원칙이 오히려 많은 사람들을 죽이고 억압한다고 불평한다. 그러면서 원래 법을 만들면서 세우고자 한 원칙이 상황과 사람에 따라 변하기 시작한다.

이와 비슷한 맥락으로 가슴이 없고 머리만 남아서 형식적으로만 율법을 지키려는 사람들이 《신약성서》에 언급된다. 이들을 바리새인이라고도 부르는데, 엄밀히 말하면 율법의 문자적 적용을 강조한 샴마이Shammai 학파의 제자들이었다. 하지만 대부분의 주류 율법 학자들은 가슴과 이성의 균형을 강조한 힐렐Hillel 학파였다. 탈무드 곳곳에서 바로 이런 따뜻한 마음을 읽을 수 있다.

"가정의 평화를 위해서는 진리에서도 벗어날 수 있다."

"안식일이라도 생명을 살리는 일은 허락된다."

"자선을 행하지 않는 것은 우상숭배보다 나쁘다."

진리를 지키는 것, 안식일을 철저히 지키는 것, 우상숭배를 금하는 것은 유대인에게 목숨을 걸고라도 지켜야 할 가장 중요한 삶의 원칙이다. 하지만 자비를 실천하고 따뜻한 마음을 실천하기 위해서는 이러한 절대적 가치도 상대적으로 적용될 수 있다는 융통성을 발휘한다.

딱딱한 율법에 대해 토론하면서 이런 따뜻한 마음이 나올 수 있는 근본적인 이유는 토라와 탈무드를 공부하는 장소가 회당과 학교뿐 아니라 가정이기 때문이다. 그리고 다른 어느 곳보다 가정이 공부의 출발점이어야 한다고 여기기 때문이다. 아브라함의 아내 사라로 상징되는 가정은 미국의 심리학자 에이브라함 매슬로우 Abraham Maslow가 말하는 인간의 기본적인 욕구 세 가지를 채워준다. 바로 먹고 마시는 생리적 욕구와 안전의 욕구 그리고 소속감과 애정의 욕구이다. 그리고 이렇게 정서적으로 편안한 상태에서 공부를 하고 토론을 하니, 여기서 훈련된 논리는 사람을 죽이는 논리가 아닌 사람을 살리는 촌철활인寸鐵活人적 논리이다.

랍비 라쉬는 이삭이 아내 레베카를 자신의 어머니 사라의 텐트로 데리고 왔을 때의 상황을 다음과 같이 묘사한다.

"이삭은 레베카를 텐트로 데려왔다. 그러자 레베카는 사라와 같은 모습으로 변했다. 사라가 살아 있는 동안에는 안식일에 늘 촛불이 밝혀져 있었다. 그리고 안식일 빵 반죽에는 축복이 있었고, 신적 보호를 상징하는 구름이 그의 텐트 위에 머물러 있었다. 사라가 죽었을 때 이 세 가지가 사라졌는데 레베카를 맞이하자 이 세 가지가 회복되었다(라쉬, 창세기 주석)."

라쉬가 말하는 세 가지 '촛불', '반죽', '구름'이 가정이 갖춰야 할 세 가지 요소이다. 바로 빛과 따뜻함, 먹을 것 그리고 보호와 안전이다. 그리고 부모가 만들어야 할 가정의 분위기는 바로 따뜻함과 먹을 것 그리고 보호와 안전이다.

뇌과학적으로 보아도 사람은 평안한 마음으로 사랑하는 가족들과 맛있는 것을 먹을 때 옥시토신이 분비되고 가장 큰 행복을 느낀

다. 그런데 요즘 우리 가정은 어떠한가? 아이들이 집에 들어가도 집의 불은 꺼져 있다. 먹을 것은 냉장고에 차갑게 식어 있다. 어떤 아이들은 안전과 보호 이전에 부모들의 싸우는 소리와 폭력 앞에서 불안에 떨어야 한다. 이러한 가운데 공부가 되고 인성이 제대로 길러질 수 있을까?

따뜻함과 편안함 가운데 공부를 해야 제대로 된 공부를 할 수 있다. 이에 비해 우리나라의 공부는 너무 IQ 중심적이다. 정서적 안정감과 편안한 마음이 갖춰지지 않은 채 지식과 기술만 넣으니 차가운 지성인들만 나올 수밖에 없다. 그리고 이런 사람들이 자신들이 배운 지식과 기술로 만들어내는 결과는 사람을 살리는 일보다는 사람들을 힘들게 하는 일들이다. 몸과 마음이 따뜻해진 후에 지식과 기술을 배워야 사람을 살릴 수 있다.

1 좋은 대학에 나오고 많이 배운 사람들이 사기를 치고, 자신이 가진 지식으로 사회에 더 큰 해악을 끼치는 이유는 무엇인가?

2 똑똑하고 공부를 잘하면 행복할 수 있는가? 인지적 지능과 행복의 상관관계를 어떻게 설명할 수 있는가?

3 시비가 붙었을 때 "법대로 해, 법대로"라는 말에서 법은 어떤 의미를 함축하는가?

4 냉철한 이성과 따뜻한 마음을 갖춘 아이로 키우기 위해서는 어떤 교육이 필요한가?

05

이성을 뛰어넘는
사랑의 힘

　이혼을 심각하게 고민하는 후배가 있었다. 부모님의 반대에도 사랑 하나만 보고 결혼했는데 현실은 녹록치 않았던 모양이다. 무엇보다 아내와 경제관, 가치관이 너무 달랐다고 했다. 불행인지 다행인지 자녀도 없어서 후배는 빨리 결단을 내리고 싶어 했다.

　"선배님이라면 어떻게 하시겠어요?"

　필자는 탈무드적인 원칙에서 접근했다. 유대교는 고대 전통사회에서 예외적으로 이혼을 인정하는 종교이다. 이혼할 때는 혼인증서에 기록한 위자료를 주고 아내를 친정으로 돌려보내야 한다(물론 간음으로 인한 이혼 등 몇 가지 위자료 없이 이혼할 수 있는 경우도 있다). 탈무드에서 이렇게 이혼에 대해 자세히 기술하고 여러 규정을 만든 이유는 이혼으로 인한 상처를 줄이고, 특히 사회적 약자인 여성의 재산과 인권을 보호하기 위한 목적이 크다. 당연히 이혼을 권장하기 위함이 아니다.

탈무드에서 이혼을 인정하는 중요한 사유 중 하나는 부부 간에 10년 동안 자식이 없는 경우다. 유대인에게 결혼의 가장 큰 목적 중 하나가 자식을 낳아서 다음 세대에 말씀을 전하는 사명을 실천하기 위함이기 때문에 불임은 중요한 이혼 사유다.

"만약 남녀가 결혼해 새로운 가정을 이루었는데 10년이 지나도록 아이가 생기지 않는다면 더 이상 기다릴 필요가 없다. 부부는 안타깝지만 이혼할 수 있으며 재혼할 수 있다. 재혼하고 다시 10년이 지났는데도 아이가 없으면 역시 이혼이 가능하다. 이 모든 경우는 아기가 생기지 않는 경우이다. 그러므로 유산을 한 경우에는 유산한 날로부터 다시 10년을 기다려야 한다(예바못 6:6)."

하루는 한 랍비에게 10년 동안 아이가 없는 부부가 찾아왔다. 랍비는 이 경건한 부부에게 말했다.

"탈무드에 의하면 두 분은 이혼해도 문제가 없고, 죄를 짓는 것이 아닙니다. 하지만 이렇게 해보죠. 우리 앞으로 3년 동안 아이가 생기기를 기도하고, 그래도 아이가 생기지 않는다면 그때 정식으로 이혼하는 걸로요."

실제로 랍비와 그 부부는 기도를 시작했고, 기도를 시작한 지 한 달도 되지 않아 부부에게 아이가 생겨 이혼을 하지 않을 수 있었다.

이 이야기가 주는 메시지는 무엇일까? 바로 **이성을 뛰어넘는 사랑**

과 용서가 있을 때 기적이 일어날 수 있음을 보여준다. "지옥 같은 결혼 생활을 끝내고, 나의 가치관에 맞지 않는 불행한 삶을 여기서 정리하고 싶다"는 한 사람의 청원을 신은 정당한 것으로 받아들인다.

하지만 사람에게는 이성을 뛰어넘어 마음으로 공감할 수 있는 능력이 있다. 사랑과 자비란 무엇인가? 바로 자신이 사용할 수 있는 권리를 포기하고 다른 사람을 위해 그 권리를 사용하는 행위다. 상대가 잘못했음에도 그를 용서하고 비난하지 않는 것이 자비의 실천이다. 기적은 바로 이렇게 이성을 뛰어넘는 사랑과 자비가 채워질 때 일어난다.

토라에서 창조주는 불순종의 죄를 지은 아담과 하와를 바로 죽이지 않고 1,000년에 가까운 세월을 더 살게 한다. 정의와 원칙에 따라서는 사형에 처해야 했지만, 사랑과 자비로 그들의 삶을 연장시켜주었다. 창조주는 유대인을 이집트에서 구원할 때도 홍해를 가르고, 하늘에서 만나를 내려주고, 바위에서 물이 나게 했다. 기적이다. 이런 기적은 정의와 원칙을 뛰어넘는 사랑이 움직일 때 일어나는 것이다.

필자는 이런 탈무드적 견해를 소개하면서 후배에게 말했다.

"네가 이야기한 이혼 사유는 다 합당한 것이고 탈무드 원리에서도 크게 잘못된 것은 아냐. 그리고 이 불행한 결혼 생활을 끝내고, 좀 더 행복한 새로운 삶을 찾을 권리가 있어. 하지만 이 권리를 사용할지, 사용을 보류하거나 포기하고 사랑과 자비를 실천할지는 네 몫이야."

사려 깊은 후배는 고개를 끄덕였다. 어느 정도 공감이 이루어진 것 같아 다음과 같은 말을 덧붙였다.

"그리고 네가 사랑과 자비를 실천한다면 반드시 천국에 갈 것으로 나는 확신해."

"그래요? 어떤 근거로 그런 말씀을 하시죠?"

"탈무드에는 '악처를 둔 남자는 결코 지옥에 가지 않는다(에루빈41b)'고 말하기 때문이지, 이미 이 땅에 살면서 지옥을 맛보았기에 다시 지옥에 갈 필요는 없겠지. 물론 그 반대도 성립할 수 있는데 그건 상상에 맡기겠네. 마찬가지로 네 아내도 너를 악한 남편으로 여겨 참고 산다면 지옥에는 가지 않을 거야. 하하하!"

몇 주가 지나고 후배에게 연락이 왔다.

"선배님, 저 당분간 이혼하지 않고 사랑과 자비를 실천하기로 했습니다. 어차피 이 세상만 사는 것이 아니고, 앞으로 올 영원한 삶에 대한 소망이 있다면 지금의 어려움을 훈련과 연단으로 받아들여야 할 것 같아서요."

"훌륭해. 항상 모든 것에 만족할 수 없지만 불합리하고 어려운 상황에서도 최선을 다하고 그 안에 감춰진 행복을 찾는 훈련을 한다면 영적으로 더욱 성숙해질 거야. 혹시 지난번에 나눴던 이야기가 좀 도움이 되었나?"

"물론입니다. 정말 감사드려요. 그중에서도 '악처를 둔 자는 결코 지옥에 가지 않는다'는 말씀이 결정적이었습니다. 이런 마음을 가지면 안 되지만 아내가 절 힘들게 하고 상황이 어려워질 때면 '여기가 지옥이다. 최소한 나는 죽어서는 지옥에 가지 않을 것이다'라고 되새겨요. 하하하!"

　탈무드 공부와 토론은 이렇게 복잡하게 얽힌 듯한 삶의 문제에
대해 중요한 통찰을 주기도 한다.

1 유대인의 혼인계약서에는 아내가 가져온 재산 금액과 이혼 시 아내에게 줄 위자료의 금액을 적는 칸이 있다. 축복된 결혼의 순간, 결혼의 파국인 이혼을 대비하게 하는 이유는 무엇인가?

2 보통 사랑이라면 남녀 간의 감정적이고 육체적인 사랑을 많이 떠올린다. "나의 권리를 포기하고, 상대에게 그 권리를 넘겨주는 것이 사랑이다"라는 정의는 어떤 의미의 사랑이고, 어떠한 관계성 속에서 적용될 수 있는가?

3 전통 사회에 비해 현대 산업사회에서 이혼이 점점 늘어나는 이유는 무엇인가?

4 가능한 이혼하지 않고, 한 번의 결혼으로 행복한 가정을 이루는 것이 바람직하다면 자녀에게 어떠한 결혼관을 가지고 결혼 준비를 할 수 있도록 가르쳐야 하는가?

06

아이를 낳고 기르는 것은
인생에서 가장 중요한 일이다

    토라와 탈무드를 읽다 보면 랍비들이 아이를 낳고 기르는 것을 무엇보다 중시하는 대목을 여러 군데에서 발견할 수 있다. 랍비들은 신이 인간에게 준 첫 번째 계명이 '아이를 많이 낳는 것'이라고 말한다. 그러면서 창세기 1장의 "신이 그들을 축복하시고 이르시되 생육하고 번성하라"는 구절을 근거로 인용한다.

    뿐만 아니라 탈무드 샤밧 31a에서는 하늘의 심판대에서 받는 세 번째 질문이 "네가 이 땅에 사는 동안 아이를 낳는 데 힘썼는가?"라고 말한다. 여기서 더 나아가 랍비 엘리에셀은 "아이를 낳으라는 계명을 지키지 않은 사람은 살인을 저지르는 것과 마찬가지다"라고 가르친다. 또한 사람은 신의 형상으로 지어졌기 때문에 아이를 낳지 않는 것은 신의 형상을 훼손하는 것과 같다고 본다(예바못, 63b).

이 계명은 남자뿐 아니라 여자에게도 적용된다. 앞에서 말한 창세기 구절에서 남자뿐만 아니라 '그들'이라는 복수형으로 남녀를 다 같이 축복하고 그들에게 명령했기 때문이다. 만약에 신체적 문제로 아이를 낳을 수 없다면 랍비들은 입양을 해서라도 아이를 기르라고 한다.

필자는 한동안 이 구절의 의미를 잘 이해하지 못하다가, 마포구 합정동의 외국인선교사묘원에 가보고 왜 아이를 낳고 기르는 것이 인생에서 가장 중요한 일인지를 깨달을 수 있었다. 이곳에 묻힌 많은 선교사 가운데 우리나라 역사에 뚜렷한 족적을 남긴 분들은 혼자만 묻혀 있지 않았다. 최소 2대, 3대에 걸쳐 우리나라와 밀접한 인연을 맺으며 헌신한 가족들이 많았다.

우리나라에 온 최초의 장로교 선교사이자 연세대의 전신인 연희전문학교를 세운 호러스 언더우드Horace Underwood는 본인뿐만 아니라 4대가 계속 선교사로 활동했다. 배재학당을 세운 헨리 아펜젤러 Henry Appenzeller도 역시 3대에 걸쳐 교육과 선교사업을 했다. 아들 헨리 아펜젤러 2세가 배재학당의 교장으로 근무했고, 딸 엘리스 아펜젤러Alice Appenzeller는 이화여전(지금의 이화여대)의 교장으로 활동했다.

비단 종교 분야뿐 아니라 기업 경영에서도 한 기업이 오랫동안 존속하고 성장을 하려면 최소 3대는 이어져야 한다. 어떤 면에서는 한 분야에서 지속적인 성과를 내기 위해서는 한 개인의 탁월함이 아니라 가문의 탁월함이 받쳐줘야 한다고도 말할 수 있다. 전 세계의 금융을 좌지우지하고, 찬사와 비난의 대상이기도 한 로스차일드Rothschild 가문은 3대를 넘어 대대손손 전 세계 경제에 막대한 영향력을 미치는 금융 명문가이다. 우리나라도 몇십 년을 버티는 대기업은 2~3대에 걸쳐 창업자의 유지와 기업 경영철학이 전수된다.

리더십 연구의 대가인 존 맥스웰John Maxwell은 《리더십 불변의 법칙》에서 리더십의 완성은 마지막 21번째 법칙인 유산의 법칙The Law of Legacy에 의해 결정된다고 본다. 한 리더의 사상이나 가치가 다음 세대에 얼마나 제대로 이어지는가가 그 리더의 진정한 위대함을 결정한다는 것이다.

흔히 우리나라를 일컬어 국민은 똑똑하고 성실한데 지도자 복이 없는 나라라고 한다. 우리나라 리더십의 가장 큰 문제는 바로 좋은 리더십이 다음 세대로 이어지지 못하는 점이다. 세종대왕, 이순신, 정조, 정약용 등 각 시대의 보석 같은 인재들이 있었지만 그들의 사상과 정신이 다음 세대에 제대로 계승되고 오래 이어지지 못했다. 오히려 기득권 세력에게 인재의 후손과 제자가 억압받는 일이 빈번했다.

그렇기에 어느 정도 성과를 낸 리더가 제일 신경 써야 할 일은 바로 자식 농사를 잘 짓거나, 자신의 유산을 잘 이어갈 후계자를 세우는 것이다. 이는 성과를 낸 리더에게만 해당되지 않는다. 지금 아무런 성과가 없는 평범한 사람이라면 더더욱 자식 농사에 정성을 쏟아부어야 한다.

필자는 자기계발 관련 강의를 할 자리가 있으면 항상 맺음말로

"최고의 자기계발은 자식 농사입니다"라고 말한다. 내가 일에서 성과를 못 내고, 내 삶에서 좋은 습관이 만들어지지 않는 것은 내 노력과 의지의 부족이라기보다 조상과 부모 탓이 크다. 좋지 않은 유전자를 물려받았고, 좋지 않은 습관이 있는 환경에서 양육되었을 가능성이 많다. 아무리 많은 자기계발서를 읽고 실천을 해봐도 삶이 하루아침에 바뀌기 쉽지 않다.

필자가 지난 10여 년간 편입생들에게 영어를 가르치며 이런 원리를 확인할 수 있었다. 편입은 대입에서 원하는 학교를 가지 못한 이들이 대학교 1, 2학년 때 시험을 준비해 다른 대학 3학년으로 진학하는 시험제도이다. 대학생들이 가장 선호하는 연세대나 고려대에 편입하는 경우는 대부분 서울권의 이른바 Top 7 대학 출신이었다. 그리고 서울권 Top 7 대학에 편입하는 학생들은 서울권 대학에 재학 중인 학생들이었다. 수능에서 보였던 서열화가 그대로 나타난다. 밑에서 위로 한 계단 올라가는 것이지 바닥에서 제일 위의 계단으로 올라가는 일은 드물었다.

그런데 간혹 지방대에서 서울권 Top 7 대학에 진학하는 극적인 사례가 있다. 100명 중에 한두 명 혹은 1,000명 중에 서너 명 꼴이다. 이런 학생들은 자신의 극적인 경험을 합격수기로 쓴다. 학원에서는 이를 대대적으로 광고에 활용한다. "편입 준비 여섯 달 만에 ○○대에서 ○○대로 합격!"이라는 식이다.

그런데 이런 학생들을 가만히 관찰해보면 그런 성과를 낼 유전자를 이미 가진 경우가 많았다. 머리는 좋은데 집안 사정으로 공부할 형편이 아니었거나, 중학교 때까지 공부를 잘하다가 친구를 잘못 만나 고등학교 때 놀다가 군대를 갔다 온 후 정신 차리고 공부해 성과를 낸 친구들이었다.

자기계발서에서 인용되는 성공사례도 비슷하다. 안 되는 사람이 꿈을 꾸고 목표를 이루었다기보다는 될 만한 유전자를 가졌는데 때를 만나지 못해 드러나지 않다가 마침내 때가 되어 성과가 나타나고 열매가 맺힌 것이다. 그렇다고 운명이 결정되었으니 자기계발을 포기하라는 말은 아니다. 오히려 당장 성과가 나타나지 않더라도 노력해야 한다. 삶에 혁명적인 변화가 없을지라도 노력하는 부모의 모습을 보는 자식과 손자 대에서 생각지도 않은 결과가 나올 수 있기 때문이다.

필자는 자기계발을 위해 책을 읽고 노력해도 변화가 없다고 불평하는 사람들에게 한 대에서 네 명의 고시 합격자를 길러낸 송하성 경기대 교수 가족의 이야기를 자주 들려준다. 송하성의 아버지인 송병수 옹은 4남 2녀를 두었는데 그중 장남 송하성 교수, 차남 송영천 변호사, 사남 송영길 의원, 장녀 송경희 행정관 등 네 명의 고시 합격자를 배출했다.

송병수 옹은 평생을 시골의 면서기로 일하고 은퇴했다. 빠듯한 월급으로 아이들 키우기가 힘들어 퇴근 이후에는 틈틈이 농사를 지었다. 자식이 광주나 서울로 유학을 갔을 때는 꼼꼼히 편지를 쓰며 아이들을 격려하고 따뜻한 부정으로 자식을 돌보았다. 송하성 교수는 그 편지글을 모아 아버지를 기념하는 《부자유친》이라는 책을 내기도 했다. 책을 읽어보면 아버지의 세심한 배려와 형제자매 간의 따뜻한 정과 서로를 격려하는 모습이 구구절절 묻어나온다.

수천 년의 방랑생활과 다른 민족으로부터 핍박을 당하면서도 유대인이 여전히 민족을 유지하고 살아남은 이유는 바로 자식을 낳고 제대로 길렀기 때문이다. 그들은 자식을 낳고 기르는 데 인생의 우선순위를 두었다.

2008년부터 카바드코리아Chabad Korea를 운영하면서 필자에게 토라와 탈무드를 가르쳐준 랍비 오셔 리츠만Osher Litzman은 이렇게 말했다.

"사람이 무에서 창조할 수 있는 게 무엇이 있을까요? 아무것도 없습니다. 사람들이 만들어낸 것은 다 그분이 만들어놓은 것을 재구성한 것에 불과합니다. 그런데 우리는 자신이 모든 것을 만들어낼 수 있다고 착각하지요. 그런데 사람이 신적인 수준으로 창조해낼 수 있는 게 하나 있습니다. 바로 아이를 낳는 것입니다. 인간이 할 수 있는 유일한 창조는 바로 아이를 낳고 기르는 것입니다."

그리고 그는 2017년 현재 다섯 아이를 낳아, 유대 전통에 따라 아이들을 기르고 있다.

1 현대 산업사회에서 아이를 낳고 기르는 것을 피하게 된 가장 큰 원인은 어디 있는가?

2 탈무드에서는 "자식에게 자신의 사상과 가치를 전해주면, 비록 내 몸은 죽어도 정신은 자식의 몸을 통해 영원히 사는 것이다"라고 말한다. 이 말의 의미는 무엇인가?

3 아프리카나 저개발국가에서는 아이들만 많이 낳아놓고 제대로 먹이거나 보살피지 못하는 경우가 많다. 어떻게 보면 무책임하게 아이를 많이 낳느니 부모가 될 자격이 없으면 아이를 낳지 않는 게 낫다고도 볼 수 있는데 이러한 주장에는 어떤 답을 할 수 있는가?

4 아이들이 많은 가정에서는 제대로 보살핌을 못 받고 부모의 사랑에서 소외되는 아이가 생긴다. 한 가정에서 적정한 수준의 아이들의 수는 몇 명일까?

07

남성적 이성보다
여성적 감성을 읽어라

탈무드의 여성관

우리 속담에 '아내 말을 잘 들으면 자다가도 떡이 생긴다'는 말이 있다. 전통적인 남존여비였던 사회 분위기에서 여성의 인격이나 가치를 긍정적으로 보는 예외적인 속담이다. '암탉이 울면 집안이 망한다', '여자 웃음소리가 담 밖을 넘으면 안 된다', '여자 셋이 모이면 그릇이 깨진다', '바가지와 여자는 밖으로 내돌리면 안 된다'는 식의 비하적 내용이 여성에 대한 전통적 평가의 대부분이었다. 게다가 자식 자랑, 아내 자랑하는 남자를 팔불출로 여기기도 했다.

고대 유대인들도 우리 사회 못지않게 가부장적인 전통이 강하고 가정 내 아버지의 권위를 강조했지만, 탈무드에는 여성의 본성과 능력에 대한 통찰력 있는 해석이 많이 나온다. 기본적으로 탈무드가 보는 여성은 남성보다 우월한 존재이다. 특히 영적인 면에서는 여성이 남성보다 더 탁월한 통찰력을 가진다고 본다. 랍비들은 이스라엘의 역사를 만든 세 가지 중요한 사건에서 여성의 영적 통찰력을 보여주는 증거를 찾는다.

첫 번째는 아브라함이 그의 장남이자 서자인 이스마엘Ishmael의 처리 문제로 고민하는 대목이다. 아브라함은 오랫동안 자식을 얻지 못하다 이집트 출신 여종 하갈Hagar을 통해 아들(이스마엘)을 얻었다. 그리고 10여 년 후 정부인인 사라를 통해 100세에 이삭을 얻었다. 이삭이 젖을 떼는 날을 기념해 잔치를 벌일 때, 이스마엘이 이삭을 놀리는 것을 본 사라는 아브라함에게 하갈과 이스마엘을 집에서 내보낼 것을 청한다. 아브라함은 하갈 모자의 처지를 불쌍히 여겨 주저한다. 그때 "사라의 말을 주의 깊게 듣고 그대로 행하라"는 신의 음성을 듣는다. 그리고 이스마엘도 지켜줄 것이고 그도 한 민족을 이룰 것이라는 신의 약속을 받는다. 랍비 라쉬는 이 대목에서 사라가 신의 뜻을 더 잘 파악했으며, 아브라함의 영성이 사라에 미치지 못했다고 평가한다.

이와 비슷한 맥락으로 다윗 왕의 조상인 유다와 다말의 이야기에서도 라쉬는 며느리였던 다말이 시아버지인 유다보다 영적으로 더 뛰어난 통찰력을 가졌다고 본다. 마지막으로 모세가 광야에서 이집트로 가는 길에 모세의 목숨을 구한 모세의 아내 십보라Zipporah의 이야기에서 십보라의 영적 통찰력을 칭찬한다(라쉬의 창세기 주석, 탈무드 네다림 32a).

그렇기에 남자는 하루 세 번 팔뚝과 머리에 테필린Tefillin을 감은 다음 기도하고, 술이 달린 옷을 입고 항상 자신을 살펴야 하지만, 여성 특히 결혼한 여성은 이런 영성훈련을 할 필요가 없다고 랍비들은 말한다. 아이를 낳고 기르는 것이 기도이고, 이 자체로 충분한 영성훈련이 되기 때문이다.

여성이 남성의 권위를 따랐던 이유

그런데 영성이 탁월한 여성이 왜 남성의 권위를 따라야 하는 처지가 되었을까? 태초의 사람 아담은 어떻게 보면 음양의 성질을 한 몸에 가진 존재였다(베라홋 61a). 그리고 아담의 몸을 통해 최초의 여자인 하와가 만들어졌다. 어떻게 보면 업그레이드된 인간의 모습이 여성이다. 그렇기에 여성은 남성보다 더 영성이나 능력이 탁월한 존재였다.

그러나 사탄의 유혹을 받아 죄가 여성을 통해 들어오고, 영성이 부족한 남성이 여성의 말을 듣고 같이 죄에 동참하면서 지위의 역전이 일어난다. 창조주는 이 사태의 책임을 물어 "여성의 지위를 박탈하고 남편이 너를 다스릴 것이라(창세기 3장 16절)"는 선언을 한다.

이 말을 곰곰이 생각해보면, 죄를 짓기 전의 상태는 남녀의 관계가 평등하거나 오히려 여성이 리드하는 관계였음을 알 수 있다. 그리고 랍비들은 앞으로 구원자인 메시아Messiah가 오셔서 이 세상의 모든 질서가 회복되면 다시 여성이 남성을 인도하는 시대가 올 것이라고 해석한다. 그들이 근거로 삼는 구절은 예레미야서 31장 21절의 "신께서 땅 위에 새로운 것을 지으셨고, 여자가 남자를 다스리리라"라는 내용이다. 《신국제역NIV 영어 성서》에는 다스린다는 말을 '둘러싸다Surround'로 번역했는데, 《히브리 영어 성서》에서는 우리말 성서와 같이 '다스리다Rule'라는 단어로 번역했다.

세상 끝으로 갈수록 여성의 영향력이 커진다

성 역할에 대한 탈무드 해석에서 눈여겨볼 대목은 메시아의 시대가 가까워올수록 여성 우위적 성향이 더 뚜렷하게 나타난다고 보는 랍비들의 관점이다. 지금 우리나라도 이러한 모습이 더 많이 나타난다. 이미 집안의 경제권을 쥔 사람은 엄마이다. 엄마의 지갑과 카드를 통해 대부분의 소비가 이루어진다. 기업들이 여성의 마음을 사로잡기 위한 이른바 '여심' 마케팅에 총력을 기울이는 이유이다. 아빠나 아이들의 옷을 살 때도 결정은 엄마가 한다. 어떤 학교나 학원에 보낼지 어떤 학습지를 선택할지도 엄마의 몫이다. 그렇기에 때로는 이성적 논리보다 여성적 감성에 초점을 둔 마케팅이 효과를 발휘한다.

이미 우리나라 초등학교 교사의 90%가량은 여성이다. 아이들의 여성화가 우려되는 대목이다. 초등학교에서는 언어 능력이나 사회·정서적 능력에서 앞서는 여자아이들이나 여성적 성향이 강한 남자아이들이 두각을 나타내고 더 많은 인정을 받는다. 에너지가 넘치고 틀에서 벗어난 행동을 하는 남자아이들은 문제가 있는 아이로 취급받기 쉽다.

출산에서도 이전과 달리 딸 선호도가 두드러진다. 최근 출산·육아 커뮤니티에서는 아들만 둔 엄마들이 불쌍한 사람 취급을 받는다. 말이 통하고 고분고분한 딸과는 달리 에너지가 넘치고 우악스럽기만 한 남자아이들을 키우려면 딸을 키우는 데 드는 에너지의 2~3배가 더 든다고 한다.

이러한 사회적 경향을 언론에서는 '신新모계사회의 도래'라고 한다. 육아와 양육에서 처가 의존도가 높아지고, 여성의 사회 진출 확대, 남아 선호 사상 약화, 평등한 부부관계 확산, '싱글 맘' 가정 증가가 신모계사회의 다섯 가지 특징이라고 한다.

근대 산업사회에서는 힘과 논리가 중요했다. 하지만 현대 산업사회에서는 심리와 감정이 더 큰 역할을 한다. 그리고 산업사회를 지나 정보와 감성이 지배하는 정보산업사회로 들어온 지금, 좀 더 여성적 성향에 대한 깊은 이해를 가지는 것이 정보산업사회에서 성과를 낼 수 있는 지름길일 수 있다. 마지막으로 이렇게 여성적 가치가 주류가 되고, 여성의 사회 참여가 불가피하게 느껴지는 현대 산업사회의 모습에 대해 랍비들은 어떤 견해를 가질까?

탈무드에서는 "남자는 정복하고자 하는 기질이 있고, 여성은 가다듬고 정화하는 기질이 있다(예바못 65b)"고 한다. 남자는 사냥꾼Hunter이고 여성은 모으는 사람Gatherer이다. 양과 음, 창업과 수성과 같이 서로 뗄 수 없는 관계이다. 그리고 여성은 남성이 하는 모든 일을 할 수 있다. 거기에 남성이 도저히 할 수 없는 일도 여성은 해낼 수 있다. 임신과 출산 그리고 종족을 보존하는 역할과 재생산하는 역할이 그것이다. 랍비들은 여성이 남성같이 정복자적이고 사냥꾼적인 기질을 가지는 것이 바람직하지 않다고 본다. 마치 입을 수는 있어도 편하지 않은 옷을 입은 것과 같다. 할 수는 있지만 그다지 즐겁고 행복하지 않다.

랍비 리츠만은 다음과 같이 말한다.

"이스라엘에도 맞벌이 부부가 많습니다. 현대 산업사회에서 불가피한 모습입니다. 그리고 여성들은 사회 각 분야에서 두각을 나타내고 남성들이 해왔던 일들을 척척 해냅니다. 하지만 이 모든 것이 자연스러워 보이지 않습니다. 남자가 바깥일을 하고, 전쟁터에서 싸우고, 여자가 텐트 안에서 아이들을 돌보고, 음식을 하는 모습이 더 자연스러운 일입니다. 그리고 어찌 보면 여자가 더 중요한 일을 하는 것입니다."

사실 현대 산업사회에서 '여성이 아이를 낳고 가정을 돌보는 게 더 순리에 맞고 자연스러운 일'이라고 말하는 것에는 상당한 용기가 필요하다. 필자도 이전에 이런 탈무드적인 여성관을 이야기했다가 '그럼 여자는 집에서 살림만 하라는 말이냐', '지금이 조선 시대냐, 시대착오적인 발상 아니냐'는 비판을 받아본 경험이 있다.

여성의 능력이 부족하니 집에서 아이나 낳고 살림만 하라는 것이 아니다. 여자는 일도 하고 가정도 돌볼 수 있다. 하지만 남자는 아이를 낳고, 수유하고, 모성으로 기르고 싶어도 그렇게 할 수 없다. 여성이 더 많은 선택권을 가지고 있다.

1 요즘 자녀가 대부분 하나나 둘인데, 대학 교육까지 받은 딸들에게 일찍 결혼해서 가정을 이루고, 아이를 낳아 민족을 보존해달라고 말하면 어떤 반응을 보일까?

2 근대 산업사회에서 여성이 가정을 벗어나 직업을 가진 것은 노동력 부족을 저렴한 임금으로 메우기 위한 산업사회적인 필요이기도 했다. 언제부터 여성들이 직업을 가지고 사회생활을 하는 것이 당연하게 여겨졌고, 또 그런 사회적 분위기를 만든 사람들은 누구일까?

3 많은 고학력 여성들이 임신, 출산, 육아 이후 다시 직업을 가지고 경력을 이어갈 때 현대 산업사회에서 가장 바람직한 일자리는 무엇이라고 생각하는가?

4 미셸 오당Michel Odent과 같은 자연출산 전문가는 자연친화적이어야 할 여성의 몸이 현대 산업사회에 오염되면서 각종 여성질환이 생기고, 궁극적으로 건강한 아이를 낳고 기르는 데 방해를 받았다고 본다. 그렇다면 여성과 가정의 건강을 위해 우리 자녀에게 어떤 여성관과 성 역할을 교육해야 할까?

살아도 사는 게 아닌 세 부류의 사람들이 있다.

다른 사람의 식탁에 의존해서 살아가는 사람,

배우자가 자신을 지배하는 사람,

그리고 육신의 고통으로 괴로워하는 사람이다.

- 네지킨 -

PART

04

탈무드,
복잡한 세상을 꿰뚫다

01

돈의 노예가
되지 않는 방법

소로우의 소박하게 살아보기 실험

1845년 3월 말, 하버드대를 졸업한 당시 27세의 헨리 데이비드 소로우Henry David Thoreau는 미국 메사추세츠주 월든 호숫가에서 도끼질을 하며 집을 지을 준비를 했다. 직접 통나무를 깎아 기둥과 지붕을 만들고, 비용을 줄이기 위해 주위에 버려진 집에서 의자, 창문, 문, 못 등의 부자재를 구해왔다. 이렇게 가로 4.6미터, 세로 3미터, 높이 2.4미터의 작은 집을 하나 짓고 그 안에 나무 침대, 탁자, 책상, 의자, 벽난로 등 최소한의 생활도구를 들였다.

이렇게 통나무집을 하나 짓는 데 28달러 정도의 돈이 들었다. 당시 하버드대의 기숙사 1년 방값이 30달러였다니 최소한의 돈으로 자신이 살 거처를 만든 것이다. 그리고 1년 중에 6주 정도는 측량과 목수 일을 해 13달러 34센트를 벌고, 자신이 키운 호밀과 옥수수 등의 농산물을 시장에 팔아 23달러 24센트를 벌었다. 그리고 여덟 달 식비에 8달러 74센트, 의복비와 기타 비용에 8달러 40센트를 사용했다.

이렇게 의식주를 해결하고 남는 시간에 산책을 하며 호수와 숲에서 계절의 변화를 느꼈다. 책을 읽고 사색하면서 자연에서 배우고 느낀 바를 기록했다. 호숫가 주변 동식물을 기록하고 호수의 크기를 측량했다. 그리고 빵 반죽에 건포도를 넣은 제빵 기술도 개발했다. 이 호숫가에서의 삶을 기록한 책이 바로《월든*Walden*》이다.

산업화된 문명사회 속에서도 '일한 만큼만 먹고, 먹을 만큼만 생산한다'는 소박한 삶의 원리를 실천해 살 수 있을까에 대한 소로우의 실험은 나름 성공적이었다. 오히려 다른 사람들의 기준과 사회의 간섭에서 벗어난 삶은 훨씬 여유 있고 행복했다. 그는 왜 사람들이 **돈과 명예라는 일률적인 성공의 원리만 생각하고 그것을 얻기 위해 소중한 것들을 희생하는가**에 대해 의심을 가졌다. 그리고 남들이 생각하는 삶의 최소 수준, 더 나아가 훨씬 낮은 단계에서도 삶의 의미와 행복을 찾을 수 있다 생각하고 실천해보았던 것이다.

소로우의 이런 실험은 21세기 대한민국에서 불가능할까? 극소수이기는 하지만 농촌이나 산속에서 최소한의 생계만 유지하고 살아가는 사람들도 있다. 하지만 도시인들은 '도대체 이게 가능할까?'라는 의심이 들 것이다. 당장 휴대폰 요금이나 공과금은 어떻게 낼 것이며 자녀 교육은 어떻게 할까? 노후 준비는? 아프면 약 먹고 병원에 가야 하는데 돈이 없으면 어떻게 할까? 이미 우리는 지금의 소비 중심 사회가 만든 '그렇게 살아야 하는' 틀로 수십 년간 훈련받았기 때문에 감히 이 틀을 벗어나기 힘들다.

필자는 지난 20여 년간 우리나라에서 일하는 필리핀 노동자를 돕는 일을 하며 좀 더 이 문제를 객관적으로 바라볼 수 있었다. 아주 극소수의 필리핀 노동자는 우리나라에 있는 동안 열심히 일해서 필리핀에 있는 가족을 부양하면서 남은 돈을 모아 필리핀에 돌아가 작게라도 장사를 한다. 하지만 대다수는 그렇지 못했다. 즉, 자본 축적이 안 되는 것이다. 우리나라에서의 생활비와 필리핀에 두고 온 가족들의 생활비를 대고 나면 남는 돈이 없고, 불법 체류자 단속에 걸려 필리핀으로 강제 추방되면 다시 브로커에게 큰돈을 주고 여권을 위조해 우리나라로 들어오거나 다른 제3국으로 일자리를 찾아 나가는 악순환을 반복한다.

필자는 이런 모습이 안타까워 한 번은 필리핀 노동자를 위한 세미나에서 '소비 사회에서의 근검절약하는 삶'을 주제로 특강을 했다. 그리고 우리나라에서의 생활비를 줄여 씨앗자금Seed Money을 만들어 보자고 했다. 그 돈으로 필리핀에 돌아가 작은 사업이라도 해서 더 이상 내 자녀들은 외국인 노동자가 되지 않게 해보자는 제안을 했다. 그리고 구체적인 실천 방안으로 휴대폰과 인터넷을 끊자고 했다.

외국인 노동자들도 대부분 휴대폰을 쓴다. 고가의 스마트폰에 비싼 요금제를 쓰는 사람들도 많다. 그리고 대부분 집에 인터넷 망이 깔려 있고, 이를 통해 필리핀 텔레비전 프로그램을 보고 가족들과 화상채팅을 한다. 이런 비용으로 대부분 한 달에 10만 원 이상을 쓰고, 휴대폰과 컴퓨터 구입으로 매달 몇십만 원의 할부금을 낸다.

대부분의 외국인 노동자는 같은 곳에 몰려 살고, 회사 사장한테 휴대폰이 있고 공장에 유선전화가 있으므로 국내에서의 연락은 이를 통하면 된다. 다만 가족과의 통화가 문제인데 시간을 정해 놓고 컴퓨터가 있는 주변 친구들에게 부탁해 무료 인터넷 화상통화를 이용하면 통신비 부담을 좀 더 줄여볼 수 있다. 하지만 이미 외국인 노동자의 삶도 인터넷과 스마트폰이라는 높은 문명사회의 수준에 맞춰졌기 때문에, 휴대폰 없이 인터넷 없이 사는 삶은 불가능한 것으로 생각된다. 이미 소비의 노예가 되어버린 셈이다.

소비의 노예가 되면 돈의 노예가 될 수밖에 없고 결국 나를 고용한 사장의 노예가 될 수밖에 없다. 지금도 몇몇 외국인 노동자는 사장에게 노예 같은 대우를 받고 살아가는데, 이런 악순환이 계속된다면 앞으로 그들의 자녀도 또 어느 나라로 가서 다른 나라 사람들의 노예로 살 수밖에 없다.

자본주의사회에서는 얼마 안 되는 돈을 끊임없이 소비하도록 사람들을 선동한다. 하지만 많은 사람들은 그 과정에서 주체적인 소비자가 되지 못하고 광고가 만든 삶의 기준에 자신을 맞추고 힘들게 번 돈을 너무나 쉽게 소비하며 살아간다. **결국 소비의 노예가 되어 끊임없이 일하고도 빈곤을 벗어나지 못하는 삶이 이어진다.**

가장 비참한 형벌인 노예의 삶에서 벗어나는 방법

탈무드에서는 노예의 삶이 가장 비참한 형벌이라고 말한다. 예레미야서 15장 2절에 나오는 "그들에게 죽음과 칼과 굶주림과 포로의 삶이 예비되어 있다"의 내용을 해설하며 랍비 요하난 벤 자카이는 이렇게 말한다(바바 바스라 8b).

"이 구절에 언급한 심판의 내용은 뒤로 갈수록 강도가 센 것이다. 칼은 죽음보다 비참하다. 바로 죽으면 시신은 훼손되지 않는데, 칼에 맞아 죽으면 시신이 훼손되기 때문이다. 굶주림은 칼보다 무섭다. 칼의 고통보다 고통이 길기 때문이다. 노예의 삶은 이 모든 것보다 힘들다. 왜냐하면 위의 세 가지의 고통을 언제든지 당할 수 있기 때문이다."

소비의 노예가 된다는 것은 돈의 노예가 된다는 것이다. 그리고 이렇게 돈과 소비가 주인이 되는 사회에서는 명품 가방이나 자녀 학원비 때문에 목숨을 걸고 일하거나 인간으로서의 존엄성을 포기하는 일을 서슴지 않기도 한다.

그러면 이런 노예의 삶에서 벗어나기 위해서는 어떻게 해야 할까? 미드라쉬Midrash에서는 유대인이 이집트 노예에서 벗어난 것을 기념하는 유월절 식탁에서 왜 넉 잔의 포도주를 마셔야 하는지를 설명하며 이에 대한 답을 준다(미드라쉬 라바 88:4).

"랍비 후나Huna가 말했다. 유월절 식탁에서 넉 잔의 포도주를 마시는 이유는 다음과 같다. 신께서 이집트 노예 상태에서의 해방을 선언하시며 네 가지 표현을 하셨기 때문이다. 내가 너희를 이집트인의 짐에서 건져내겠고, 그들의 노동에서 구원하며, 너희를 구원하고 너희를 내 백성으로 삼을 것이다라고 하셨다(출애굽기 6장 6~7절)."

후마쉬에서는 이 내용을 좀 더 자세히 설명한다.

첫 번째, 이집트인의 짐에서 건져내겠다는 말은 이집트에서의 중노동에서 벗어나게 해주겠다는 약속이다. 이전에 유대인은 이집트의 대형 건축공사에 동원되었으며, 모세가 이집트 왕 바로에게 이집트를 나가게 해달라고 요구한 후 노동의 강도는 더 강해졌다. 그러나 이집트에 대한 심판이 시작되며 유대인들은 그 순간부터 중노동에서 벗어날 수 있었다.

두 번째, 그들의 노동에서 구원된다는 의미는 더 이상 노예 상태가 아니라 자유민이 될 것을 약속하는 것이다. 남이 시켜서 일하는 것이 아니라 자유의지를 가지고 일하며 자신의 시간을 조절하며 살 수 있음을 말한다.

세 번째, 너희를 구원하겠다는 것은 탈출 이후 다시 쫓아오는 이집트 병사들의 위협에서 건짐을 받고, 홍해를 건너는 기적을 체험한다는 의미이다.

네 번째, 내가 너희를 취한다는 것은 이제 이집트의 노예가 아닌 완전한 자유민으로 거룩한 백성이 되고, 토라를 받을 자격이 있는 민족으로 만들어주겠다는 의미이다.

종교적인 이 내용을 좀 더 보편적으로 풀어보자. 먼저 소비와 돈의 노예에서 해방되어 자유민이 되기 위해서는 중노동을 그만둬야 한다. 노동의 시간과 강도를 줄여야 한다. 정신없이 육신을 혹사하면 제대로 된 생각을 할 수 없다. 우선 노동을 줄여 쉬는 시간을 가져야 한다. 그러면 수입은 줄어든다. 당연히 소비도 줄여야 한다. 소비를 통한 편리함은 줄어들지만 자유민이 될 수 있다. 이 상황에서 내가 어떻게 살아야 할지에 대한 올바른 분별력을 가질 수 있다.

하지만 이렇게 용기를 내서 일을 줄여 돈을 적게 벌면 '이렇게 살다가 죽지는 않을까?'라는 두려움이 몰려올 수 있다. 또 주변에서 그렇게 살면 안 된다는 비난과 조롱도 견뎌야 한다. 마치 자유를 찾아 광야로 나왔는데 앞에서는 바다가 가로막고 뒤에서는 군대가 나를 쫓아오는 듯한 불안한 상태를 경험한다. 하지만 소신을 가지고 앞으로 나아가면 바다가 열리고, 쫓아오던 군대가 수장되는 기적 같은 일이 일어날 수 있다. 죽을 것 같은데 죽지 않고, 부족하지만 하루하루 살아갈 수 있는 길이 열린다. 그리고 이런 경험 뒤에 좀 더 확신을 가지고 나름의 원칙을 바탕으로 진정 자유로운 삶을 살 수 있다.

많은 사람들이 더 많이 일하고 벌어서 경제적 자유를 이루려고 한다. 하지만 그렇게 해서 경제적 자유를 이룰 수 있는 사람들은 그리 많지 않다. 더 많이 벌기도 쉽지 않고, 더 많이 번 후에는 멈추기가 쉽지 않기 때문이다. 없을 때는 없어서 돈의 노예가 되고, 돈이 많은 때는 많아서 돈의 노예가 된다.

하지만 근검절약을 통해 경제적 자유에 도전하는 것은 모두가 실천할 수 있는 방법이다. 그렇게 자본을 모아 생산적인 일에 투자하

고, 나의 개인적 편리를 위한 소비를 줄이는 게 경제적 자유도 이루
고 노후 대비도 할 수 있는 현명한 길이다.

1 한 달 동안 가계부를 충실히 써보고 '정말 이게 없으면 살 수 없다' 고 생각되는 서너 가지 항목 이외에 것들을 하나씩 살펴보자. 다음 달부터는 이것을 없애도 살 수 있겠다고 생각하는 것이 몇 개인가?

2 탈무드에서는 죽음, 굶주림, 노예생활 중에 노예생활이 가장 비참하 다고 한다. 그 이유는 무엇인가?

3 '무엇이든 다 할 수 있는 자유, 또 아무것도 하지 않을 수 있는 자유' 라는 말이 있다. 많은 사람들은 돈을 벌어서 경제적 자유를 이루면 행복해질 것이라 생각한다. 그런데 왜 돈을 번 많은 사람들은 자신 이 목표한 금액에서 멈추지 못하고, 또 자신을 바쁘게 움직이며 더 많은 돈을 벌려 하는가?

4 자본주의는 생산과 소비가 반복되면서 움직이는 경제체제이다. 어 느 정도 과소비가 있어야 경제가 돌아가고, 지나친 근검절약은 경제 에 해가 된다는 주장이 있다. 앞글 취지에 비추어볼 때 이 주장을 어 떻게 반박할 수 있는가?(소비를 두 가지 측면에서 생각해보면 된다. 즉, 자신 의 편안함을 추구하는 소모적 소비와, 좀 더 생산적이고 다른 부가가치를 만들어 낼 수 있는 생산적 소비이다)

02

살아가면서 꼭 해야 할
세 가지 일

어느 날 하늘나라에서 모세, 예수, 칼 마르크스, 지그문트 프로이트, 알버트 아인슈타인 등 유대인 다섯 명이 모여 토론을 벌였다. '인간의 행동을 규정하는 것은 무엇인가'가 주제였다.

먼저 모세가 엄숙한 얼굴로 인간을 인간이게 하는 것은 '이성'이라고 단언했다. 그러자 예수는 '사랑'이라고 주장했다. 두 사람의 이야기를 듣던 마르크스는 손을 내저으며 모든 것은 밥통, 즉 '경제'가 결정한다고 말했다. 그때 프로이트가 끼어들며 '본질은 성性'이라고 말했다.

논쟁이 길어지자 조용히 앉아 있던 아인슈타인이 '모든 것은 상대적'이라는 말로 토론을 마무리했다.

테라시마 지쓰로 일본총합연구소 이사장이 《세계를 아는 힘》에서 소개한 유대인 관련 유머이다. 하지만 이 상징적인 유머에는 몇 가지 오해와 편견이 있다. 우선 정통파 유대인은 모세가 '이성'을 상징한다고 보지 않는다. 랍비들은 아브라함은 선행, 이삭은 희생과 예배, 야곱은 토라의 상징이라고 보았다. 그리고 이 세 가지가 인간의 삶의 본질이자 세상을 떠받치는 세 가지 기둥이라고 말한다.

'피르케이 아보트Pirkei Avot'는 우리말로 '아버지들의 윤리'라는 뜻으로 탈무드 네지킨Nezikin 편의 한 장이다. 다른 탈무드 내용과는 달리 랍비들의 토론인 게마라Gemara가 없고 잠언 같은 경구만 모아놓은 장이다. 많은 유대 공동체에서는 안식일 오후에 피르케이 아보트를 반복해 읽는다. 그래서 여기의 많은 구절은 유대인에게 친숙하다. 다음은 그 대표 구절 중 하나인 1장 2절이다.

"세상은 세 가지에 의해 유지된다. 바로 토라와, 예배 그리고 선행이다."

토라가 상징하는 것은 진리이다. 즉, 진리를 향한 학습을 말한다. 예배는 예배 그 자체나 기도, 전통의 준수를 말한다. 예배는 어떤 의미에서 교육이라고도 할 수 있다. 부모가 예배를 드리거나 기도하는 가장 큰 목적은 그들의 신앙을 자녀에게 전수하기 위함이다. 그리고 자신이 기도하거나 종교적인 의식을 드린 다음 자녀가 이를 배우게 한다. 선행은 말 그대로 진리를 배우고 깨달은 것을 실천하는 것이다.

이 내용을 정리해보면, 유대인이 파악하는 세상을 움직이는 세 개의 축은 진리 탐구→교육→실천이다. 그리고 이 축은 순환한다. 즉, '진리 탐구→배운 바를 전하기→배운 대로 실천하기→다시 진리 탐구'이다. 《중용》에서 말하는 '수신제가치국평천하' 원리로 말한다면 '수신→제가→치국평천하→수신'의 순환으로도 볼 수 있다. 유대인에게 교육의 핵심은 학교에서의 지식교육이 아니라 가정에서의 신앙교육이다. 그리고 그 교육은 토라를 공부하기→자식에게 본을 보이고 가르치기→실제 선행으로 실천하기→다시 더 깊이 토라를 공부하기로 이어진다. 이는 유대인이 평생 반복하며 살아야 하는 삶의 패턴이다.

그러면 이 세 가지 중 가장 중요한 것은 무엇일까? 바로 그 출발점인 토라 공부이다. 그래서 랍비들은 토라 공부를 목숨과도 바꿀 수 없는 중요한 일생의 과업으로 생각한다. 자신이 제대로 깨닫지 못하면 자녀를 제대로 가르치고 제대로 된 실천을 하는 것이 불가능하기 때문이다.

도대체 세상이 어떻게 돌아가는지 모르겠고, 내가 어떻게 살아야 할지 모르겠다면 피르케이 아보트의 구절이 하나의 답이 될 수 있다. 진리를 탐구해 진리를 자녀에게 가르치고 배운 대로 선행을 실천하며 사는 것이 바로 이 세상에서 나 자신이 존재하는 이유다.

1 신앙생활을 하지 않는 사람의 경우, 토라를 공부하는 것 대신 할 수 있는 진리 탐구의 방법으로는 무엇이 있는가?

2 탈무드에서는 반드시 내가 왜 사는지에 대한 답을 찾을 수 있는 공부를 해야 하고, 그 공부를 위한 시간을 떼어 놓으라고 한다. 바쁜 현대 산업사회 속에 살면서 어떻게 이런 시간을 낼 수 있는가? 그리고 혼자 하는 게 쉽지 않다면 누구와 함께할 수 있는가?

3 "먼저 제대로 알아야 실천할 수 있다"는 주장과 "아는 게 중요한 것이 아니라 실천을 하는 게 중요하다"는 언뜻 보면 상반된 주장이다. 아는 것과 실천하는 것 가운데 어느 것에 우선순위를 두는 것이 바람직하다고 생각하는가?

03

독재자를
어떻게 평가해야 할까?

위대한 인물일수록 엄격하게 평가해야 한다

마오쩌둥이 죽고 나서 중국의 개혁개방 정책을 이끈 덩샤오핑은 '칠분론七分論'이라는 기막힌 논리로 마오쩌둥을 평가한다. 그는 "마오쩌둥의 업적 가운데 70%는 옳고 30%는 잘못된 것"이라며 개혁개방에 반대하는 정통 공산주의자들의 반발을 무마하고자 했다. 마오쩌둥이 잘한 부분은 국민당 정부와의 내전을 승리로 이끌고 중국에 사회주의국가를 세운 부분이다. 잘못한 부분은 1960년대 문화대혁명을 일으켜 자신을 비롯한 많은 지도자들을 핍박하거나 죽이고 홍위병을 선동해 엄청난 사회적 혼란을 일으킨 부분이다.

사실 마오쩌둥은 창업은 잘했지만 수성을 제대로 못한 지도자였다. 뛰어난 전략과 전술로 농민 중심의 공산국가를 건설했지만 이후 대약진운동(무리한 산업 생산성 증대 운동)과 문화대혁명을 거치며 전쟁 때보다 더 많은 중국인을 죽음으로 몰아넣은 장본인이기도 했다. 오히려 잘한 게 30, 못한 게 70이라는 평가가 더 정확할 수도 있다.

중국이나 우리나라와 같은 동양사회에서는 역사적 인물에 대해 종종 이런 평가를 하곤 한다. 경제발전을 이룩했지만 독재를 한 인물이라거나, 반대로 민주주의의 물꼬를 텄지만 경제를 망친 대통령이라는 평가가 나온다. 하지만 탈무드적인 관점에서 본다면 이러한 평가는 정당하지 못하다. 즉, 정치 30점에 경제 70점이니 평균 50점이라고 평가하지 않는다. 정치를 못했으면 0점이고 경제를 잘했으면 100점이다. 정치는 다시 재수강을 해야 하고, 재수강에도 실패하면 학사경고 누적으로 졸업을 못하는 식이다.

이러한 탈무드식 인물 평가를 볼 수 있는 가장 좋은 예가 다윗 왕이다. 메시아 가문의 조상이기도 하고 역사상 가장 위대한 이스라엘 왕으로 꼽히는 다윗 왕에 대해 선지자들과 랍비들의 평가는 가혹하다. 그의 정치적 업적과 시편을 통한 아름다운 문학적 성취는 그대로 성서에 포함시켜주지만, 그가 부하의 아내인 밧세바Bathsheba와 간음하고, 밧세바의 남편인 우리아Uriah를 죽인 죄와 회개의 과정은 부끄러울 정도로 생생히 기록했다. 이는 비단 다윗 왕뿐만이 아니다. 토라는 모세의 실수와 잘못도 자세히 기록한다. 그리고 랍비들은 위대한 인물일수록 더 엄격한 평가의 기준과 잣대가 필요하다고 말한다.

정당한 대가 없이 이전의 악행을 덮을 수 없다

토라에는 "신께 뇌물을 바치지 말라(신명기 10장 17절)"는 구절이 있다. 이 구절을 토론하며 랍비들은 질문한다.

"모든 것을 다 가진 분께 돈이 필요하지 않은데 '신께 뇌물을 주지 말라, 신은 뇌물을 받지 않는 분이다'는 말은 무슨 뜻일까?"

신에게 뇌물을 준다는 것은 이전의 악행을 선행으로 덮으려는 행위이다. 특히 돈으로 악행을 덮으려 하는 행위를 말한다. 잘못에 대한 정당한 대가를 치르고 나서 선행을 하는 것은 문제가 되지 않는다. 정당한 회개를 하고 죗값을 치렀기 때문이다. 하지만 많은 사람들은 정당한 죗값을 치르지 않고 돈이나 선행으로 악행을 덮으려고 한다. 탈무드는 이런 꼼수를 간과하지 않는다. 악행은 악행대로 법의 심판을 받고, 선행은 선행대로 하늘의 상급을 받으면 된다고 말한다.

다윗 왕의 경우도 마찬가지였다. 그는 이후 회개와 올바른 삶으로 '신의 마음에 합한 자'라는 칭찬을 받지만, 그의 악행에 대해서는 간음으로 생긴 자식의 죽음과 회개로 인한 부끄러움이라는 심판을 철저히 받는다.

이러한 해석은 우리 사회에도 시사하는 바가 많다. 우리나라도 전직 대통령을 두고, 경제발전을 이루었지만 독재를 한 사람이라거나 혹은 민주주의는 이루었지만 경제를 망친 대통령이라는 평가를 한다. 그리고 이런 평가의 옳고 그름을 따지며 사회를 분열시키는 사람들이 있다. 하지만 이런 논쟁은 생산적이지 못하다. 이미 그들의 마음속에 해당 인물에 대한 평가를 다 내려놓은 다음 자신의 주장의 근거를 찾으려 하기 때문이다.

탈무드적으로 보면 간단하다. 경제발전을 했으면 경제학자들에게 칭찬받으면 된다. 독재를 했다면 정치학자들에게 비판을 받으면 된다. 그리고 국가자금을 훔쳤거나 국가에 손해를 입혔다면 법적으로 처벌을 받고 돈을 반납하면 된다. 잘한 것 60점에 못한 것 40점이니까 평균 50점으로 좋은 대통령이라 합의를 보자는 식의 물타기는 정의롭지 못하다. 같은 논리로 횡령과 배임을 한 재벌총수한테 경제발전의 공을 인정해 집행유예 및 사회봉사명령을 내리는 판사들의 판결도 탈무드의 원리로 보면 정의와는 한참 거리가 있다. 이러한 판결이 나올 때마다 많은 지식인들이 지적하듯이, 판사의 할 일은 법리적 판단을 하는 것이지 나라 경제를 걱정하는 게 아니다.

물론 잘한 게 있으면 칭찬을 받아야 한다. 하지만 아무리 좋은 일이라도 잘못을 덮기 위한 불순한 의도가 있다면 이를 받아들이지 말아야 한다. 그래야 정의가 바로 서고, 한 시대의 악행이 다음 시대에 반복되지 않을 수 있다. 역사극 〈조선왕조 500년〉을 쓴 작가 신봉승은

2008년 한 언론에 기고한 칼럼에서 "지난 해 국세청장이 뇌물수수 혐의로 체포되었는데, 바로 올해 다른 국세청장이 같은 혐의로 체포되었다. 이런 모습을 볼 때마다 대한민국이 과연 조선왕조보다 발전된 나라라고 볼 수 있는지 의문이 든다"라고 했다. 적어도 조선왕조에서는 당상관 이상 관리들의 반복된 뇌물수수는 없었다고 한다. 자신의 과오가 역사에 기록되고, 자기 가문의 오점으로 남는 것이 조상과 후손에게 큰 죄가 됨을 알았기 때문이다.

모 재벌총수가 횡령과 배임, 자본의 국외유출 혐의로 처벌을 받았는데, 또 다른 기업의 총수가 똑같은 혐의로 처벌을 받는 일이 반복된다. 이 사실만 보아도 판사들의 경제 걱정이 국가 경제에 전혀 도움이 안 된다는 사실이 입증되는 것 아닐까? 자꾸 이상한 논리로 정의를 왜곡하는 사람들이 많다. 이러한 현실에서 탈무드적인 원리는 진정한 정의가 무엇인지를 분별할 수 있는 분명한 기준을 준다.

1 자신의 잘못을 인정하지 않고 적당히 얼버무리려고 하거나 다른 좋은 일을 해서 사과 없이 잘못을 무마하려는 시도가 많이 있다. 개인적으로 이런 경험이 있는가? 있다면 어떤 동기나 필요에서 자꾸 이런 행동을 반복하는 것인가?

2 다른 사람의 평가에 대한 탈무드의 다른 가르침은 "심판은 신에게 속한 것이니 개인적 심판을 하지 말고 신의 뜻에 맡기라"이다. 개인적 차원에서 복수하고 정죄하는 것이 어떤 문제가 있기 때문에 이런 가르침이 나온 것일까?

3 대통령 사면권의 남용은 사법 정의를 해치고, 사회적 약자들에게 돈 있는 자들은 제대로 된 처벌을 받지 않는다는 사법 불신을 키울 가능성이 많다. 그럼에도 불구하고 많은 대통령과 정치권에서 사면권을 남용해 힘들게 재판을 해서 받아낸 판결의 효력을 무효화시키는 이유는 무엇인가? 이렇게 함으로 사회적·국가적으로 얻을 수 있는 더 큰 이득이 있는가?

04

새로운 이상은
새로운 땅에서 가능하다

"한곳에 머무르지 말고 항상 정신적·육체적으로 방랑하라. 편안함을 느끼며 안주해서는 안 된다."

에란 카츠Eran Katz의 《천재가 된 제롬》에 나오는 격언이다.

개혁을 반대하는 기득권 세력들

한 조직이나 국가의 리더가 어떤 문제에 직면해 개선이나 개혁을 하려고 할 때 가장 큰 걸림돌이 기득권 세력의 반발이다. 또한 기득권 세력이 아니더라도 정체된 조직 속의 사람들은 기본적으로 변화를 싫어한다. 지금껏 그럭저럭 잘살아왔는데 굳이 무언가 바꾸는 것이 불편하고 싫은 것이다. 그래서 이른바 성공한 개혁을 보면, 새로운 환경에서 새로운 사람들과 일을 도모해 성과를 내는 경우가 많다.

역사적으로 보아도 나라가 새로 세워지면 대부분 수도를 바꿨다. 기존 수도의 귀족이나 기득권 세력들에 의해 새로운 국가의 이상을 구현하는 것이 힘들었기 때문이다. 고려는 후삼국을 통일하며 개경에 새로 터를 잡았다. 조선은 한강 유역의 한양을 수도로 정했다. 새로운 수도에서 새로운 인재들과 새 나라의 정치적 이상을 실현할 수 있었다. 이에 비해 나라가 세워진 이후 개혁을 위해 수도를 옮기는 일은 결코 쉽지 않았다. 고구려는 장수왕 15년인 427년 국내성에서 평양성으로 수도를 옮긴다. 하지만 이 과정에서 천도를 반대하는 많은 귀족들이 처단당했다. 이후에도 국내성 귀족들은 '간주리의 난'으로 상징되는 반란을 일으키며 정부에 대항하는 모습을 보인다.

단재 신채호 선생이 우리나라 역사상 1,000년 내에 1대 사건으로 규정한 '묘청의 난'도 왕조 중간에 시도한 수도 이전이 얼마나 어려운지를 보여준다. 금나라를 섬기는 문제를 두고 묘청을 중심으로 한 자주파와 개경의 김부식을 중심으로 한 사대파가 갈려 국론이 분열되었다. 묘청은 수도를 서경(지금의 평양)으로 옮겨 개경 귀족들의 보수적 성향을 타파하고 자주적인 국가를 건설하고자 했지만 그의 꿈은 무산되었다.

탈무드에서는 소돔과 고모라가 멸망할 때, 아브라함의 조카 롯Lot
이 피한 조아르Zoar성이 새로운 도시였기 때문에 심판을 면할 수 있
었다고 설명한다(샤봇 10b). 탈무드 원문의 내용을 좀 더 자세히 설명
하면 다음과 같다.

"랍비 아빈Arvin이 말했다. (창세기에서 소돔과 고모라가 멸망할 때 아브라함
의 조카) 롯이 (천사들에게) 나는 지금 그곳(조아르)으로 피하겠다는데, 히
브리어로 지금은 히브리어로 '눈Nun'과 '알레프Aleph'로 표기한다. 눈
의 숫자 값은 50이고 알레프는 1이다. 그러므로 여기서 우리는 조
아르가 51년 된 도시라는 것을 알 수 있다. 그리고 소돔과 고모라는
52년 된 도시였다(조아르는 소돔과 고모라에 비해 규모도 작았지만, 역사가 1년
더 짧았기 때문에 죄악이 덜한 곳이었다)."

이런 토론을 통해 랍비 메하시아Mehasya는 다음과 같이 말한다.

"될 수 있으면 새로운 곳에 사는 것이 좋다. 거주민들이 새로운
사람들이기 때문에 죄악이 덜할 수 있다."

유대인과 아랍인의 시조로 여겨지는 아브라함도 새로운 이상을
실현하기 위해 새로운 땅으로 간 사람이었다. 그가 살던 갈대아 우
르Ur of the Chaldea는 우상숭배가 만연한 곳이어서 그의 기준에 맞지 않
던 곳이었다. 신의 부름을 받은 그는 아버지와 친척들이 있는 땅을
떠나 낯선 땅 가나안으로 이주한다. 그리고 거기에서 여러 가지 어
려움을 겪으며 마침내 두 민족(아랍과 유대인)의 조상으로 새로운 역

사를 만들어간다.

새로운 이상과 새로운 일을 도모하기 원하는 사람은 새로운 땅에서 새로운 사람들과 일을 시작해보는 게 좋다. 기존의 땅에 살던 사람들에게는 지금껏 살아온 나름의 삶이 있다. 오랫동안 그렇게 해오던 것을 바꾸기는 쉽지 않다. 하지만 새로운 환경에 처하면 사람들의 태도도 변할 수 있다. 환경이 바뀌었으니 이전 방식을 버리고 새롭게 만들어가자는 주장이 힘을 얻을 수 있다.

원치 않았던 이주를 기회로 만든 사람들

반면에 적극적으로 개혁과 변화를 추구해서가 아니라 어쩔 수 없이 이주해 좋은 결과를 얻은 경우도 있다. 영국 국교의 박해를 피해 신앙의 자유를 찾아 떠난 영국의 청교도들은 미국이라는 새로운 땅에서 자신들의 종교적 이상을 실현할 수 있었다. 유대인도 언제 쫓겨날지 모르는 불안한 상황 때문에 항상 새로운 곳에서 적응할 준비를 해야 했다.

두 번의 세계대전 전에 독일에 살던 유대인은 다른 어느 시대보다 유럽에서 안정적인 생활을 할 수 있었다. 19세기 당시 독일은 신생국가로 창의적인 기운이 넘쳤고 독일인들은 합리적이고 성실했다. 어떤 랍비들은 1492년 알함브라 칙령으로 스페인에서 대규모로 쫓겨나기 이전의 스페인 생활과 비슷한 수준이라고 평가했다.

몇몇 랍비들은 베를린을 제2의 예루살렘이라고 불렀다. 하지만 유럽에서 가장 이성적이고 합리적인 민족이라고 여겨졌던 독일인들은 연이은 전쟁의 패배와 엄청난 전쟁 배상금의 부담 그리고 경제 대공황이라는 위기에 처하며 이성을 잃었다. 그리고 마침내 히틀러라는 극우 인종주의자에게 정권을 내주더니 그들의 근면함과 합리적 이성으로 유대인을 '성실'하게 학살하는 데 동참한다.

유럽에서의 유대인 박해가 심해지자 많은 유대인은 미국으로 이주하기 시작한다. 미국이 유대인의 이주를 그리 좋게 보지 않고 이민자 수도 제한했지만, 꾸역꾸역 들어오기 시작한 유대인은 반세기도 지나지 않아 미국의 경제, 언론, 학계에서 막강한 영향력을 행사한다. 이민 1세대는 식료품점이나 세탁소와 같은 보잘것없는 일을 해야 했다. 하지만 자녀교육에 최우선을 두는 유대 공동체 문화 안에서 이민 2, 3세대는 아이비리그에 진학하며 의사, 변호사, 금융가, 교수 등의 사회지도층을 차지한다.

물은 한곳에 오래 고이면 썩기 마련이다. 원하든 원치 않든 새로운 땅에 가는 것은 새로운 기회가 될 수 있다. 이전에 살았던 곳에서 계속 일이 풀리지 않고, 새로운 일을 하기 힘들다면 환경을 바꿔보고, 새로운 땅에서 새로운 사람들과 새롭게 도전해보는 것이 방법일 수 있다.

1 오래된 도시나 환경에서 새로운 일을 도모하기 힘든 이유는 무엇인가?

2 이 논리대로라면 신도시나 신규 택지개발지구는 새로운 문화를 만들고 이전보다 더 큰 발전을 해야 하는데, 신도시가 구도시를 능가하지 못하는 경우도 있다. 구도시 가운데 신도시 못지않은 활력을 가지고 오랫동안 생명력을 유지하는 경우는 언제일까?

3 반대로 어떤 사람들은 너무 자주 새로운 곳으로 이주해 의미 있는 성과를 맺지 못하는 경우도 있다. 한곳에만 머물러 발전이 없는 경우와 너무 환경을 자주 바꿔서 발전이 없는 경우를 어떠한 기준으로 분별하고 올바른 선택을 할 수 있는가?

05

역사를 잊은 민족에게
미래는 없다

단재 신채호 선생은 망국의 현실에서 민족을 깨우기 위해 "역사를 잊은 민족에게 미래는 없다"는 말을 남겼다. 어떻게 보면 이 말을 가장 잘 실천하고 역사를 제대로 기억해 민족의 미래를 제대로 지켜왔고, 지금도 지키는 좋은 예는 유대인이 아닐까 싶다.

티샤베아브Tisha Be'av는 히브리 달력으로 '아브월의 아홉 번째 날'이라는 의미이다. 유대인 역사상 아브월에 많은 비극적 사건이 있었다. 기원전 655년 아브월에 제1성전이 파괴되었다. 서기 70년에는 로마에 의해 예루살렘이 포위되었다. 제2성전이 파괴되고 최후까지 저항하던 이스라엘군이 전멸한다. 1492년 아브월에는 알함브라 칙령이 내려져 스페인에 살던 수십만 명의 유대인이 쫓겨나는 일이 벌어진다. 탈무드에서는 이날을 왜 기념하고 기억해야 하는지 다음과 같이 말한다(타아닛 26b).

"아브월 9일에 우리 조상들은 광야에서 '너희들은 가나안으로 들어갈 수 없다'는 통보를 받는다. 그리고 제1성전과 제2성전이 그날 무너졌다. 그리고 베이타르Beitar성이 정복되고 폐허가 되었다. 그러므로 아브월이 시작되면 우리는 즐거움을 삼가야 한다."

가나안으로 들어갈 수 없다는 통보는 열두 명의 정탐꾼 중 열 명이 부정적인 보고를 해 백성들이 이집트로 돌아가자고 주장하며 모세에게 저항한 데 대한 신의 징벌이었다. 그리고 베이타르성은 2세기에 로마의 지배에 저항해 일어난 바르 코흐바Bar Kokhba 반란세력이 마지막까지 저항했던 예루살렘 부근의 성이었는데, 서기 135년 로마 황제 하드리아누스Hadrianus가 보낸 군대에 의해 진압당한다.

또한 탈무드는 티샤베아브 때 어떠한 절제의 삶을 살아야 하는지에 대해서도 상세히 가르친다.

"우리 랍비들은 다음과 같이 가르쳤다. 아브월 9일에는 상을 당한 사람이 행해야 하는 모든 근신의 규정이 적용되어야 한다. 먹고 마시는 것, 목욕, 기름을 붓는 것, 가죽신을 신는 것, 성관계를 금해야 한다. 그리고 심지어 토라를 읽거나 미쉬나, 탈무드, 미드라쉬, 할라카Halakhah나 아가다Aggadah를 공부하는 것도 금지된다."

이러한 가르침에 따라 오늘날의 유대인도 보통 양력 7~8월에 돌아오는 티샤베아브 기간 동안 기본적인 금식과 더불어 가족이 상을 당한 것과 같은 애도의 시간을 보낸다. 정통파 유대인은 이날뿐

티샤베아브 기간에 예루살렘 통곡의 벽에서 기도하는 유대인

아니라 티샤베아브 전 3주 동안 근신하며 절제의 삶을 산다. 이 기간에는 머리를 깎지 않고 옷을 사지 않는다. 음악도 듣지 않고 결혼식도 피한다.

유대인이 이렇게 티샤베아브를 지키는 모습을 보면 한편으로 부러운 생각이 든다. 우리는 가족의 상 이외에 나라와 민족의 고난을 기억하며 금식하고 기도한 적이 얼마나 있을까? 기독교인들은 신앙적 동기에서 부활절 전 고난주간 동안 금식을 하기도 한다. 하지만 대다수의 우리나라 사람들은 민족과 나라를 위해서 금식하고 절제의 삶을 살지는 않는 듯하다.

우리 민족이 자주 역사적 교훈을 잊어서일까? 우리 민족 역사상 가장 큰 수난과 수치를 안겨준 이웃나라 일본은 끊임없이 우리가 역사를 잊지 않게 자극을 준다. 2007년 시모무라 하쿠분 당시 일본 관방부 장관은 다음과 같은 망언을 했다.

"위안부가 있었던 것은 사실이지만, 부모가 딸을 파는 일이 있었을 뿐 일본군이 관여한 것은 아니다."

2012년에 이시하라 신타로 당시 도쿄 도지사는 아예 한술 더 떠 위안부를 매춘부라고 말했다.

"일본인이 강제로 종군위안부로 끌고 갔다는 증거가 어디 있느냐. 가난한 시대에 매춘은 매우 이익이 나는 장사였고 (위안부는) 이를 피하지 않고 그 장사를 선택한 것이다."

엄연히 종군위안부 피해 할머니들이 살아 있는데 우리는 조상들의 수치를 제대로 씻어내지 못했다. 많은 일본 우익인사들은 35년간의 식민통치 기간이 우리 민족에게 수난과 착취의 시간이 아니라 근대화를 시켜준 고마운 시기로 기억하라고 한다. 1996년 에토 다카미 당시 일본 총무청 장관의 망언은 일본의 우익인사들이 어떻게 일제 강점기의 역사를 인식하는지를 여실히 보여준다.

"일본은 좋은 일도 했다. 고등농림학교를 세웠다. 서울에 제국대학도 만들었다. 그러한 의미에서 교육수준을 높인 것이다. 기존에는 교육이라는 것이 전혀 없었으니까. 도로, 철도, 항만 정비도 해주고 산에 나무도 심어주었다. (중략) 루브르미술관이나 대영박물관은 세계 속에서 날치기했지만, 일본은 중국에서도 한국에서도 그러한 일을 하지 않았다. 모든 계층에서 한국이 활약할 수 있는 것이 한일병합의 효과라고 말할 수 있을지도 모른다."

안타까운 것은 우리 가운데서도 이런 역사 인식에 동의하는 사람들이 있다는 점이다. 우리는 언제까지 이런 망언을 계속 들어야 할까? 아마도 우리가 역사를 잊지 않고, 같은 비극의 역사가 반복되지 않게 할 수 있는 역량이 되기까지는 계속 이런 말을 들어야 할 것 같다.

아직 시작 단계이지만 필자는 서울 양재동에 있는 매헌윤봉길의사기념관에서 뜻있는 가족들과 함께 3·1절에 그 의미를 기억하고 고난의 역사를 기억하는 모임을 진행하고 있다. 나라가 해주지 못한다면 나와 내 가정만큼이라도 조상들이 겪은 고난의 역사를 기억하고 그 역사를 반복하지 않도록 가르쳐야 하기 때문이다.

1 유대인은 고난의 역사를 기억하고자 한다. 그러나 우리 주변에는 민족의 찬란한 역사만 기억하고 수치스럽고 잘못된 역사는 빨리 잊어버리자는 사람들도 있다. 어떠한 태도가 바람직한 역사 인식인가?

2 현충일이나 국치일(1910년 8월 29일로 우리나라가 일본에게 국권을 강탈당한 날)은 티샤베아브처럼 지키기 좋은 기념일이다. 이날에 자녀와 함께 나라와 민족의 고난을 생각하며 역사를 되새겨볼 수 있는 좋은 방법은 무엇일까?

06

진정한 리더가
갖춰야 할 두 가지 자질

좋은 리더의 역할

2002년 한일월드컵에서 우리나라 축구대표팀은 월드컵 첫 승과 16강 진출이라는 오랜 숙원을 넘어 4강 진출이라는 기적 같은 결과를 만들었다. 이 기적 뒤에는 히딩크라는 탁월한 리더가 있었다. 스포츠나 조직의 경영에서는 똑같은 구성원과 환경인데 지도자 한 명만 바뀜으로 인해 완전히 다른 결과를 내는 경우가 있다.

2013년 미국 월드시리즈 우승팀인 보스턴 레드삭스도 이와 비슷한 경험을 했다. 2012년 보스턴 레드삭스는 동부지구 꼴찌였다. 명문 구단이었음에도 불구하고 감독과 선수들의 불화는 제대로 된

팀워크를 방해했고, 21세기 들어 최다 패를 당하는 수모를 겪었다. 이런 꼴찌 팀이 다음 해에 완전히 다른 모습을 보일 수 있었던 가장 큰 원동력은 신임 감독인 존 패럴John Farrell의 리더십이었다. 패럴은 선수 간의 조화를 이뤄내고, 새로 들어온 일본인 선수들도 팀에서 잘 적응할 수 있는 분위기를 만들었다. 그의 형님 같은 리더십 아래서 선수들은 서로를 격려했고, 마침내 지구 우승, 리그 우승을 넘어 월드시리즈 우승 트로피까지 들어 올릴 수 있었다.

좋은 리더가 될 수 없는 세 부류

흔히들 리더의 자질로 전략, 용기, 인격을 말한다. 이를 갖춘 리더를 지장, 용장, 덕장이라고도 한다. 그러면 랍비들은 훌륭한 리더가 갖춰야 할 가장 중요한 자질은 무엇이라고 말할까? 랍비들은 야곱의 열두 아들 가운데 누가 최후의 정치적 리더가 되었는가를 분석하며 리더가 가져야 할 자질을 언급한다. 먼저 다음과 같은 사람은 좋은 리더가 될 수 없다.

첫째, 조급하고 신중하지 못한 자는 좋은 리더가 될 수 없다. 야곱의 큰아들은 루우벤Reuben이다. 하지만 그는 이스라엘 12지파 가운데 첫 지파로 불리는 형식상 장자로서의 권리 이외에 아무것도 물려받지 못한다. 조급한 성격 때문이었다. 토라에서는 루우벤이 아버지의 첩이자 자신의 양어머니인 빌하Bilhah의 침상을 더럽혔다고 말한다. 하지만 탈무드에서는 이 구절을 실제 루우벤이 빌하와 성관계를 가진 것이라고 해석하지 않는다. 그 정도의 죄를 지었다면 형식상의 장자권도 박탈당하고 집에서 쫓겨났을 것이기 때문이다.

단지 토라에서 이런 식으로 표현을 한 이유는 '의로운 사람이나 지도자들에게는 기준을 더욱 엄격히 적용한다'는 원칙 때문이다.

야곱은 자신이 사랑하던 라헬Rachel이 죽자 라헬의 몸종이었던 빌하의 텐트에 머무른다. 당시 요셉이 아직 어렸고 새로 태어난 베냐민Benjamin이 빌하의 보살핌을 받아야 했기 때문이다. 하지만 효심이 깊었던 루우벤은 라헬이 죽고 아버지가 자신의 어머니 레아의 텐트에 머무르지 않는 데 불만을 가졌다. 그래서 아버지의 침대를 허락 없이 레아의 텐트로 옮겼다. 이를 빌하의 침상을 더럽혔다고 표현한 것이다. 감히 양어머니의 텐트에 들어가 침대를 허락 없이 옮긴 행동을 강간과 같다고 보았기 때문이다.

랍비 라쉬는 루우벤의 이 행동이 실질적인 장자권을 박탈당한 이유라고 본다. 그리고 리더는 조급해서는 안 되고 자신의 결정과 행동의 결과를 생각하면서 신중히 행동하라고 말한다(후마쉬. 창세기 49장).

둘째, 리더는 폭력적이어서는 안 된다. 루우벤 다음에 장자의 권리를 받을 수 있는 아들은 루우벤의 동생이자, 첫 번째 정실부인인 레아에게 태어난 시므온Simeon과 레위Levi였다. 하지만 시므온과 레위는 폭력적 기질을 가졌다. 이 둘은 세겜Shechem이라는 지역에서 여동생 디나Dinah가 강간을 당하자 나중에 세겜 사람들을 칼로 모두 죽인다. 이 사건으로 모든 가족은 세겜을 도망가듯이 나와야 했다. 스포

르노Sforno는 "칼을 쓰는 사람은 정의로 세운 나라의 왕이 될 자격이 없다"는 잠언 29장 4절의 구절을 인용하면서 칼로 흥한 자는 진정한 리더가 될 수 없다고 말한다.

셋째, 다른 사람의 시기를 많이 받아서는 안 된다. 야곱의 열두 아들 가운데 사랑을 가장 많이 받아 실질적인 장자로 지목된 인물은 열한 번째 아들 요셉이었다. 야곱이 사랑하는 아내 라헬이 낳은 아들이었고 어떤 면에서는 가장 똑똑하고 인품이 좋았다. 그래서 야곱은 요셉을 편애했으며 다른 형제들보다 좋은 옷을 입히고 더 잘 대해주었다. 하지만 이런 야곱의 편애와 요셉 스스로의 교만은 다른 형들의 질투를 불러일으켰고, 결국 형들에 의해 이집트 노예로 팔려가는 어려움을 겪는다.

탈무드에서는 "요셉이 야곱의 아들 가운데 의인으로 불리는 유일한 사람이었지만(요마 35b), 많은 사람의 시기를 받는 대상이 되었다"고 말한다. 랍비들은 정치적 리더십을 갖기 위해서는 탁월함으로 인한 질투보다는 모든 사람에게 좋은 평판을 받는 것이 더 중요하다고 말한다.

리더가 갖춰야 할 두 가지 핵심 자질

그러면 야곱의 실질적인 장자가 되고 이후 유대인을 대표하는 부족의 조상이 된 인물은 누구일까? 바로 네 번째 아들 유다이다. 위의 형들과 비교했을 때 유다 역시 흠이 많은 인물이었다. 그는 요셉을 이집트 사람에게 팔 때 주도적 역할을 했고, 다른 형제들이 이를 비난하자 아버지와 형제들을 떠나 홀로 가나안에 가서 살았다. 그리고 결정적으로 며느리 다말과 동침해 아들(베레스와 세라)을 낳는 오점을 남긴다. 이렇게 흠이 많은 유다가 열두 부족의 대표가 되고, 다윗 왕과 메시아의 조상이 될 수 있었던 이유는 무엇 때문일까?

첫째, 그가 자신의 잘못을 인정하고 며느리의 생명을 위해 수치를 감수했기 때문이다. 며느리와 동침해 아이를 낳았다는 것은 평생 지울 수 없는 수치이고, 자신이 리더십을 행사하는 데 치명적인 걸림돌이 될 수 있음에도 유다는 자신의 잘못을 인정하고 기꺼이 부끄러움을 당했다.

이는 유다의 후손이자 이스라엘 역사에서 최고의 영웅인 다윗 왕의 삶에서도 나타난다. 그의 유일한 오점은 부하의 아내 밧세바와 동침한 후, 이를 숨기기 위해 부하인 우리아를 죽인 일이었다. 선지자가 와서 이 잘못을 지적하자 그는 일체의 변명 없이 잘못을 인정하고 용서를 구한다. 그리고 자신의 유일한 허물이 역사에 자세히 기록되는 것을 방해하지 않았다. 이렇게 **자신의 잘못을 인정하고 반성하는 것이 진정한 리더가 갖춰야 할 첫 자질이다.**

둘째, 유다가 다시 아버지에게 돌아온 후 이집트에 가서 식량을 구해올 때 동생 베냐민을 위해 목숨을 내놓은 용기와 책임 있는 행동을 보였기 때문이다. 가나안에 기근이 들어 이집트로 식량을 구하러 가야 했을 때, 유다는 베냐민을 보호하기 위해서 자신의 목숨까지 내놓겠다고 아버지에게 약속한다. 그리고 실제 이집트에서

곤경에 빠졌을 때 자신이 베냐민을 대신해 감옥에 가겠다는 용기 있는 행동을 보여준다. 이렇게 결정적인 순간 용기를 내어 책임 있는 행동을 하는 사람이야말로 진정한 리더라 할 수 있다.

유대인을 뜻하는 'Jews'라는 말은 유다족의 후손이라는 의미이다. 북이스라엘이 아시리아에 망한 후 실질적인 이스라엘은 남유다밖에 남지 않았고, 유다와 베냐민 두 부족이 지켰던 마지막 나라의 이름이 이스라엘 역사에서 유대인을 대표하게 되었다.

이와 같이 탈무드와 후마쉬의 토라 해석은 리더의 자질에 관해 많은 통찰력을 준다. 기업 경영자에서 가정을 경영하는 가장에 이르기까지 리더가 가장 하기 힘든 행동이 자신의 잘못을 인정하고 반성하는 일이다. 대개의 경우 많은 경영자나 가장은 자신의 잘못을 인정하지 않고 변명하거나 숨기려 한다. 그러다가 호미로 막을 어려움을 가래로도 못 막고 패가망신하거나 지금까지 쌓아온 업적을 한 번에 무너뜨리는 경우가 많다.

사람은 완벽할 수 없다. 실수할 수도 있다. 실수 없는 완벽한 사람이 되기 위해 노력하는 것보다는 실수나 잘못을 했을 때 이를 인정하고 깊이 반성해서 같은 잘못을 반복하지 않아야 진정한 리더가 될 수 있다.

1 보통 리더십이 있는 사람이라면, 어떤 능력이나 역량을 가진 사람인
가? 그리고 우리 사회에서 인정하는 리더십의 기준은 무엇인가?

2 실수와 잘못을 인정하지 못하고 자꾸 변명을 하거나 잘못한 일을 덮
으려고 하는 이유는 무엇인가?

3 대통령이나 국회의원 같은 중요한 리더를 뽑는 선거에서 올바른 리
더를 분별하는 기준은 무엇인가?

공동체와 떨어지지 말라.

죽을 때까지 자기 자신을 믿지 말라.

그의 자리에 서기 전에는 동료를 판단하지 말라.

'언젠가 사람들이 알아주겠지'라는 생각으로

이해받지 못할 것을 말하지 말라.

그리고 여유가 생기면 공부하겠다고 하지 말라.

그런 날은 오지 않을 것이기 때문이다.

– 피르케이 아보트 4:5 –

PART

05

유대인의
5,000년 생각훈련법

01

모든 행동에는
이유와 근거가 있어야 한다

현대 산업사회에서 많은 사람들은 습관적으로 살아간다. 아침에 일어나 밥을 먹고, 차를 타고 직장이나 학교에 간다. 사람들과 밥을 먹고 커피를 마시고, 스마트폰으로 채팅을 하고 통화를 한다. 술을 마시거나 고기를 먹고, 텔레비전을 본다. 그리고 잔다.

이런 반복되는 삶에서 "잠깐! 이 모든 행동은 왜 하는 거죠?"라고 물으면 순식간에 이상한 사람이 된다. "왜라니? 그냥 그렇게 사는 거죠!" 그렇다면 "그렇게 행동하는 것은 무슨 의미가 있는 거죠?"라고 물으면 "이 사람이 미쳤나? 장난하나?"라는 반응이 올 것이다. 정말 아무것도 묻지도 따지지도 말아야 한다. 많은 현대인들은 이렇게 기계의 부속품처럼 아무 의미를 묻지 않고 하루하루 주어진 삶을 살아간다.

그러나 유대인은 일상의 모든 행위와 행동 속에서 의미를 찾으려 한다. 그리고 그들의 정신적 지도자인 랍비들은 수천 년의 토론을 통해 유대인이 어떻게 살아야 하고, 왜 그렇게 하는지에 대한 근거를 정리했다. 한 가지 예를 들어보자. 유대인의 전통적 가치를 철저히 지키려 노력하는 정통파 유대인은 하루 세 번씩 기도한다. 그런데 왜 하필 세 번일까? 모세가 기록한 성서의 처음 다섯 책이고, 유대인이 가장 중요시 여기는 토라에 하루에 세 번 기도하라는 명령이 있기 때문일까? 랍비들은 수많은 토론을 통해 결론을 내렸다. 하루 세 번 기도를 해야 하는 이유는 그들의 조상인 아브라함, 이삭과 야곱이 각각 아침기도, 오후기도, 저녁기도를 만들었기 때문이다.

아침기도는 아브라함이 만들었다. 아브라함은 100세에 어렵게 얻은 자신의 외아들 이삭을 바치라는 명령을 받고 아침 일찍 일어나 나귀에 안장을 지우고 종 두 명과 이삭을 데리고 자신이 가야 할 곳으로 간다. 아브라함의 이러한 순종과 묵묵한 따름에서 아침기도의 근거를 찾는다.

오후기도는 이삭이 자신의 아내인 레베카를 처음 만나는 장면에서 근거를 찾을 수 있다. 토라에는 해가 저물 때 들에서 묵상 중이던 이삭이 레베카를 데리고 오는 엘리에셀과 낙타 떼를 보았다는 기록이 존재한다.

저녁기도는 야곱의 기도에서 근거를 찾을 수 있다. 야곱은 자신을 죽이려는 형의 위협을 피해 외가인 밧단 아람으로 도망간다. 도망가던 중 밤에 돌베개를 베고 자다가 신비한 체험을 하는데 하늘의 문이 열리고 천사들이 그 위를 오르내리는 것을 보았다. 랍비들은 이 모습을 야곱이 기도하는 모습이라고 해석한다.

이러한 성서의 내용을 근거로 하루에 한 번이 아니고 두 번도 아니고 네 번도 아닌, 세 번 기도해야 한다는 최종 결론에 도달한 것이다.

기도뿐만 아니라 아침에 일어나자마자 손 씻는 의식을 하는 것부터 시작해 음식은 무엇을 먹고, 옷은 어떻게 입어야 하는지에 대해서도 세세한 규정이 있다. 어떻게 보면 대충이라는 법이 없다. 이러한 유대인의 모습을 보면 '아! 그냥 대충 살면 되지 왜 저리 피곤하게 살까?'라는 생각이 들 수 있다. 그렇다면 왜 유대인은 이렇게 피곤하게 살려고 할까? 크게 두 가지로 생각할 수 있다.

먼저, 사람은 동물과는 다른 영적인 존재이고, 모든 행동에 의미를 찾을 수 있는 존재임을 다시 한 번 생각하게 하기 위함이다. 영적인 존재인 사람은 살기 위해 먹는 것이지 먹기 위해 살지 않는다. 하지만 동물은 그냥 주어진 대로 산다. 의미를 찾지 않고 살아간다면 우리도 동물과 다를 바가 없다.

둘째로는 교육적 목적이다. 유대인은 자신들이 지키는 전통과 가치를 후손에게 전해주는 것을 인생의 가장 큰 목표 중 하나로 생각한다. 일상의 행동 하나하나에 의미를 부여하고, 왜 그렇게 해야 하는지를 설명해주는 시간은 이러한 전통과 가치를 전해주는 아주 좋은 교육의 기회이다.

이러한 모습은 우리 전통사회에서도 자주 찾아볼 수 있다. 잘 알려진 대로 우리는 절할 때 남자와 여자가 손의 위치를 다르게 한다. 남자는 오른손을 위로, 여자는 왼손을 위에 둔다. 또 온 가족이 모여서 식사를 할 때 반드시 그 집안의 웃어른이 수저를 들어야 다른 가족들도 식사를 할 수 있었다. 이러한 규칙과 전통은 아이들이 자연스럽게 질문을 하도록 한다.

"아빠, 왜 남자는 절할 때 오른손이 위로 가야 해?"

"아빠, 왜 할아버지가 먼저 드셔야 우리가 먹을 수 있어?"

부모는 이러한 질문에 대답해주면서, 동양의 예의 그리고 사람을 어떤 존재로 인식하는지에 대한 우리의 가치와 전통을 아이들에게 알려줄 수 있었다.

단동십훈에 담긴 의미

이러한 우리 조상들의 지혜는 아이들이 처음 배우는 몸짓놀이인 단동십훈檀童十訓에도 잘 나타나 있다. 단동십훈은 부모나 할아버지, 할머니가 아이들에게 알려주던 도리도리, 까꿍, 곤지곤지 등의 열 가지 동작이다. 어떻게 보면 무의미한 의성어를 조합한 것 같은 이 몸짓놀이에도 우리 조상들은 우주적인 이치를 접목시켰다.

도리도리道理道理는 '천지의 만물이 무궁무진한 하늘의 도리로 생겨났듯이 너도 하늘의 도리로 생겨났음을 잊지 말라는 뜻'이라고 한다. 까꿍은 한자로 각궁覺窮인데, 깨달을 '각'과 다할 '궁'이다. 즉, 하늘의 도리를 온전히 깨달으라는 뜻이다. 곤지곤지坤地坤地는 땅 '곤'과 땅 '지'로 표기하는데 오른손 집게손가락으로 왼쪽 손바닥을 찧는 동작을 하며 하늘(오른손)의 이치를 깨달으면 사람과 만물이 서식하는 땅의 이치(왼손)도 깨달아 천지간의 무궁무진한 조화를 알 수 있다는 뜻이다. 흔히 '잼잼'으로 알려진 지암지암持闇持闇은 가질 '지'에 숨을 '암'인데 두 손을 앞으로 내놓고 손가락을 쥐었다 폈다 하는 동작인데 '깊은 진리는 금방 깨달을 수 없으니 두고두고 헤아려 깨달아라'는 뜻이다.

이렇게 우리 조상들도 유대인 못지않게 작은 일상 하나하나에 정신적 의미를 부여하고, 그 의미를 다음 세대에 전해주는 교육을 했다. 차이점이 있다면 유대인은 수천 년간 그 가치를 온전히 잘 지켜 다음 세대에 전수해주었지만, 우리는 일제 강점기와 급격한 산업화 시대를 거치며 대부분의 좋은 전통과 가치를 잃어버렸다.

안타깝게도 우리 전통문화의 많은 부분은 산업화 과정에서 사라져버렸다. 우리의 힘으로 근대화를 이루지 못하고 그 결과 일본 제국주의의 식민지 지배를 받으며 우리의 모든 전통을 초라하게 여기게 되었다. 아울러 산업화가 급격하게 진행되며 바쁘고 정신없는 삶을 살면서 수천 년 동안 우리 조상들이 전해준 가치를 지킬 마음의 여유가 없었다.

이런 모습은 비단 우리나라만의 모습은 아니다. 같은 동양 문화권인 중국과 일본에서도 그들의 전통보다는 서양의 풍습과 자본주의의 경박한 풍습이 생활 속에 더 뿌리 깊게 자리 잡았다. 이런 점에서 유대인의 전통 준수는 더욱 의미가 있어 보인다. 튼튼한 이론적 토대가 있으니, 경제체제가 봉건제이건 자본주의이건 공산주의이건 관계없이 유대인들은 자신들의 전통을 지킬 수 있었다. 그리고 그들이 하는 하나하나의 행동은 수많은 토론을 통해 확정된 것이기에 시대와 장소를 가리지 않고 다음 세대에 물려줄 만한 의미와 가치를 가질 수 있었다.

이제 우리도 유대인의 모습을 보며 좀 더 우리 전통적 가치를 되찾고, 우리 일상생활 가운데 하나하나 그 가치를 실천하는 연습이 필요할 것 같다. 그렇게 사는 것이 동물과는 다른 인간적인 삶을 사는 것이고, 자본주의사회 속 부품이 아닌 의미와 인격을 가진 사람으로 살아갈 수 있는 길이기 때문이다. 그래야 이 과정에서 깨닫고 얻은 삶의 의미를 우리의 자녀와 손자들에게 전해줄 수 있는 길이 열린다.

1 우리는 먹기 위해 사는가? 살기 위해 먹는가? 이 두 가지 삶의 양식 에는 어떤 차이가 있는가?

2 우리가 먹고, 마시고, 쉬고, 일하는 각 영역에 의미를 부여해야 하는 이유는 무엇인가? 적절한 의미 부여가 없다면 우리의 삶은 어떻게 될까?

02

지식과 지혜를 넘어
믿음의 세계로

　우리나라 비판적 지성의 대명사인 이어령 교수가 지난 2010년에 《지성에서 영성으로》라는 책을 냈다. 무신론자였던 자신이 어떻게 신앙인이 되었는지와 지성을 넘어서 영성을 추구하는 여정에 대해 기록한 책이다. 과학과 이성의 시대에 종교는 언제부터인가 비과학적 신화로 취급되거나 의지가 약한 사람들의 정신적 위안거리로 비하되었다. 그리고 당대의 석학이라는 많은 지식인이 무신론의 길을 가기도 했다.

　하지만 유대인의 대다수는 영적 세계를 인정하고 살아간다. 노벨상을 석권하고 인류사를 이끌어가며, 새로운 사상과 이론을 창조하는 유대인 지성들의 대부분은 유신론적 사고방식을 가진다. 이러한 유대인의 삶을 관찰하면 공존하기 힘든 요소들이 한데 섞인 듯한 느낌을 받는다. 탈무드 토론에서 랍비들은 한 치의 오류도 허락하지 않는 치밀하고 논리적인 모습을 보이다가도 어떤 부분에서는 굉장히 신비하고 이성적으로 이해되기 힘든 해석을 큰 의문이나 질문 없이 받아들이곤 한다.

토라 창세기에서 종의 신분이었던 요셉은 주인인 보디발Potiphar의 아내가 계속 자신을 유혹해도 절대 넘어가지 않았다. 그러다 마침내 자신의 옷을 잡아당기는 보디발의 아내를 뿌리치고 도망간다. 보디발의 아내는 요셉이 버리고 도망간 옷을 근거로 요셉이 자신을 범하려 했다고 모함한다. 결국 요셉은 지하감옥에 갇히고 만다.

요셉의 흔들리지 않는 의지력과 그로 인한 억울한 고생만 보이는 토라의 기록과는 달리, 탈무드는 요셉이 그 마지막 순간 유혹에 넘어갈 뻔한 위기가 있었다고 말한다. 탈무드는 우선 유혹에도 불구하고 보디발의 아내와 단 둘이 있는 환경에 요셉이 왜 들어갔는가를 의심한다. 옷을 남긴 사건이 있던 날에 집안사람들은 모두 어딘가에 갔는데(축제에 간 것으로 랍비들은 판단한다), 요셉은 다시 집으로 돌아와 무언가를 하려 했다. 요셉의 마음속에 유혹에 굴복하고자 하는 욕심이 생긴 순간이었다. 그리고 요셉이 유혹에 넘어가려는 순간, 요셉은 아버지 야곱의 환상을 보고 순간 일어났던 정욕을 누그러뜨린다.

어찌 보면 황당하고 이해되지 않는 설명이다. 그런데 많은 랍비들은 이렇게 약간은 비이성적인 데다 토라에도 나오지 않는 기적을 사실로 인정하고 받아들인다. 일몰 시간이 계절이나 지역에 따라 어떻게 달라지는지, 뿔나팔 부는 횟수와 방법까지 따지는 랍비들이 어떻게 이런 신비주의적 해석을 아무런 의문 없이 받아들일 수 있을까?

랍비 닐턴 본더Nilton Bonder는 《이디시 콥》과 《탈무드에서 배우는 돈의 지혜》에서 유대 사상의 4차원적 구조를 설명한다. 우선 세계는 네 가지 영역으로 되어 있다. 물질계인 페샤트Peshat, 감정계인 레메즈Remez, 영계(영적 세계)인 데라쉬Derash, 무한계인 소드Sod이다. 그리고 이 네 가지 세계를 인식하는 방법은 각각 논리, 암시, 상징, 비밀이다. 좀 더 쉽게 설명하면 세상은 물질, 감정, 정신적 부분, 영원의 세계로 구성되고, 각각의 세계를 인식하는 방법은 논리와 과학, 심리, 정신 그리고 믿음과 신념이다. 사람들은 이 네 가지를 인식할 수 있는 자신만의 체계를 가진다.

지난 수천 년 동안 사람들은 이 네 가지 영역을 통합적으로 인식하면서 살았다. 세계는 이러한 4차원적 구성이고, 사람들도 이런 4차원적인 면을 보인다. 그런데 과학과 기술의 발달은 이성과 논리로 마치 모든 세계를 다 설명하고 조정할 수 있을 것 같은 착각을 주었다. 이로 인해 많은 사람들은 수학과 과학으로 이 세상의 모든 원리를 다 설명할 수 있다고 생각했다. 하지만 두 번의 세계대전과 심각해지는 환경오염, 현대 산업사회에서의 인간성 파괴는 이성과 과학의 한계를 여실히 보여주었다.

우선 사람은 그다지 논리적이지 못하다. 사람들의 판단 대부분이

유대 사상의 4차원적 구조 ─────────────────────────

구　분	세　계	인식의 방법
첫 번째 영역	물질계(페샤트)	논리
두 번째 영역	감정계(레메즈)	암시
세 번째 영역	영계(데라쉬)	상징
네 번째 영역	무한계(소드)	비밀

이성과 합리적 기준에 의해 이루어지지 않음을 심리학에서의 많은
연구 결과가 보여주었다. 사람들이 중요한 결정을 내리는 근거는
이성이 아니라 감성이다. 그리고 의식보다는 무의식적인 호불호에
의해 중요한 사안이 결정된다. 자본주의사회는 이 점을 마케팅에
잘 활용한다. 제품의 품질이나 스펙보다는 느낌과 이미지가 중요
해진다. 이른바 3B, 즉 Beauty아름다움, Baby아기, Beast동물을 광고에 집
중적으로 사용한다. 좋게 포장된 이미지가 객관적 품질을 앞서는
시대이다. 그래서 이성이 중심을 이루던 근대사회 이후 후기근대
사회의 핵심 가치는 감성이 되었다.

　그런데 감성의 영역을 넘어서는 부분이 인간의 삶과 세계에 존재
한다. 바로 운과 운명이라는 이해되지 않는 순간들이다. 개인적으
로도 국가적으로도 그렇다. 어떻게 보면 이성과 감성으로도 이해되
지 않는 수많은 일이 일어나는 게 세상이다. 그리고 이러한 세계를
넘어서는 세계가 무한의 세계이다. 사람이 무한의 세계를 이해할 수
있는 방법은 바로 신비와 비밀을 받아들이는 것이다. 사람의 태어남과

죽음 그리고 죽음 이후의 세계를 인식할 수 있는 유일한 통로는 바로 신비와 비밀인 셈이다.

사람들은 후기근대사회로 넘어오면서 감성과 심리의 영역을 받아들이기 시작했다. 하지만 여전히 영성과 신비의 세계에 대해서는 의심의 눈초리가 강하다. 이런 분위기에 일조한 것은 제대로 된 영성이 아니라 영성을 통해 비즈니스를 하는 종교가 등장했기 때문이다. 종교를 빙자해 전쟁을 일으키거나 인권을 유린하고 돈을 벌어들이는 사람들이 나타나면서 종교는 이성이 혐오하는 대상이 되었다. 그렇기에 어떤 면에서 영성과 신비는 다시 물질과 논리의 세계의 견제를 받아야 한다. '물질→감성→영성→무한'에서 다시 '물질'로 순환해야 한다. 그래야 건강한 공존이 가능하다.

이런 관점에서 볼 때 유대 사상은 지난 2,000년 동안 물질과 정신의 균형을 나름대로 잘 맞추었다. 서기 70년 로마에 의해 2차 성전이 파괴되고 난 후 유대 사회에서 종교 비즈니스는 사라졌다. 제사장이 없어지고 눈에 보이는 성전이 없어지자 각 가정의 아버지들이 제사장이 되어 가정 성전을 지켰다. 랍비는 종교 지도자라기보다 토라와 탈무드를 가르치는 스승이나 코치의 역할을 한다. 그렇기에 랍비가 스캔들을 일으키거나 비리를 저지르는 경우는 아주 드물다. 유대 사회에서 종교와 영성은 끊임없이 이성과 논리의 검증을 받는다. 이성과 논리로 이해되지 않는 부분은 믿음으로 받아들여진다. 그리고 인간 세계에서도 이렇게 인간의 이성으로 이해할 수 없는 부분이 있음을 인정한다.

이러한 유대인의 세계관을 발전시킨 것이 일명 카발라Kabbalah라고 하는 유대신비주의이다. 하지만 랍비들은 이성과 논리가 성숙되지 않은 단계에서 어설프게 카발라의 세계로 들어서지 말라고 조언한다. 마치 데생도 끝내지 않고 추상화를 그리겠다고 덤비는 것과 같은 모습이다. 많은 랍비들은 대략 나이 마흔이 넘은 후에야 카발라를 제대로 공부할 수 있다고 본다. 먼저 탈무드를 통해 논리 훈련을 한 후 좀 더 깊은 신비의 세계로 들어가라고 권한다.

　소설가 알랭 드 보통Alain de Botton은 《불안》에서 자신도 종교인은 아니지만 현대 산업사회에서 미치지 않고 제대로 살기 위해서는 제대로 된 종교를 가지거나 종교적 삶을 살아보라고 권한다. 이 세상과 이 순간만 존재한다고 말하기엔 우주는 더 넓고 깊다. 죽음 너머의 세계가 있다는 것을 제대로 인식하는 사람이 지금 이 순간도 제대로 살 수 있다. 종교를 가지고 안 가지고를 떠나 죽음과 영원의 문제는 모든 사람이 한번은 생각해봐야 할 주제 아닐까?

1 근현대 사회에서 종교가 혐오나 비난의 대상이 된 이유는 무엇일까?

2 "보이는 것은 보이지 않는 것에 의해 만들어진다"는 의미는 무엇일
  까? 이 세상을 이성과 합리의 기준으로만 이해하면 어떤 한계에 부
  딪히게 될까?

03

튼튼한 이론 위에
올바른 실천이 가능하다

영상매체와 스마트폰을 활용해 다양한 정보에 접속할 기회가 증가하면서 책을 읽는 사람들이 점점 줄고 있다. 통계청에서 발표한 〈2011 사회조사〉에 따르면 우리나라 국민의 35%는 1년에 한 권 미만의 책을 본다고 한다. 1인당 연평균 독서량은 20.8권이라고 한다. 책을 잘 읽지 않는 것이 우리나라의 사정만은 아니다. 일본, 중국의 아시아권 국가뿐 아니라 서구 선진국에서도 사람들이 책을 읽지 않는다고 걱정한다. 사실 책보다 재미있는 영상매체, 게임이 넘치는데 사람들이 책을 볼 이유가 별로 없다.

책이 주는 세 가지 효용은 재미, 정보, 감동이다. 그런데 텔레비전은 재미와 감동을 주고, 게임은 중독적인 재미를 준다. 정보는 인터넷 검색을 통해 쉽게 얻을 수 있다. 이에 비해 책은 씹을수록 단맛이 나오는 맨밥과 같다. 과거 텔레비전과 게임이 없던 심심한 시절에는 책이라는 맨밥을 씹고 또 씹으며 마음의 양식을 얻었는데, 이제는 텔레비전과 게임이 안방을 넘어 손안으로 들어왔다.

책을 안 읽어도 사는 데 지장이 없다고 주장하는 사람들도 있다. 하지만 책을 읽지 않고 산다는 것은 다른 사람들의 경험과 의견을 무시하고, 자신의 주관과 경험에만 의존해서 산다는 것과 마찬가지이다. 마치 내비게이션이나 지도 없이 처음 가는 길을 자동차로 질주하는 것과 비슷하다. 자동차가 느리게 가거나 사람들이 거의 없는 한적한 도로를 가면 괜찮다. 그런데 문제는 사람들과 차가 많은 도로에서 폭주하는 상황이다. 수많은 사고를 일으키고 많은 사람들을 다치거나 죽게 할 수 있다.

특히 중요한 위치에서 많은 사람들에게 영향을 미치는 리더일수록 책을 많이 봐야 한다. 정말 책을 볼 시간이 없다면 사람을 많이 만나거나 다양한 경험을 통해 자신이 가진 편견과 선입견을 깨고 좀 더 큰 그림을 볼 수 있어야 한다.

책을 많이 읽어도 소용없다고 주장하는 사람들도 있다. "백날 책만 읽으면 무엇 하나? 실천을 해야지"라고 말하는 사람들이다. 이러한 주장은 1960년대 유럽의 학생운동, 미국의 인권운동, 우리나라의 경우 1980년대 학생운동 과정에서 많은 학생들이 기성세대 지식인들에게 실망하며 외친 주장이기도 하다. 책을 많이 읽고, 고매하고 이상적인 말씀을 하는 교수와 지식인들이 사회의 모순과 독재정권에 침묵하는 모습에 학생들은 배신감을 느꼈다. 그때 학생들은 행동하지 않는 지성을 위선이라고 보았다.

프랑스의 철학자 사르트르는 자신이 생각하고 말한 대로 행동하는 제대로 된 '지식인'과 지식을 이용해 자신의 안위만을 추구하는 지식기술자(지식기사)를 명쾌하게 구분했다. 그러자 많은 의식 있는 학생들은 삶의 방향을 사르트르가 말하는 지식인에 두고자 했다. 지식인은 책만 많이 보는 사람이 아니라 사회문제에 대해 자신의 소신을 담은 발언을 할 줄 알고, 필요하면 거리에서 데모를 하고 같은 뜻을 가진 사람들과 변화를 시도하는, 이른바 '실천'하는 사람들이었다.

공부가 중요한가, 실천이 중요한가? 독서가 중요한가, 행동이 중요한가? 마치 닭이 먼저냐 달걀이 먼저냐 같은 어려운 질문이다. 탈무드에서는 이 난제에 대해 의외로 명료하게 답한다. 탈무드는 당연히 이론과 공부가 더 중요하다고 본다. 만약 제대로 된 실천이 나오지 않는다면 아직 공부가 덜 된 것이라 보기 때문이다.

공부와 실천의 우선순위와 중요성을 두고 랍비 타르폰Tarfon과 아키바가 토론을 벌인 적이 있다. 타르폰은 계명의 실천이 공부보다 더 중요하다고 말했다. 이에 반해 아키바는 토라 공부가 제대로 되어야 올바른 실천을 할 수 있다고 말했다. 탈무드에서는 아키바의 견해를 지지하는 랍비 요세Yose의 의견을 자세히 인용한다.

"토라 공부가 계명의 실천보다 중요하다는 게 분명합니다. 왜냐하면 토라를 받은 때는 첫 빵 반죽을 떼어 제사장에게 주어야 하는 할라를 실천하는 것보다 40년을 앞섰기 때문입니다. 또한 첫 과실을 제사장에게 바치는 테루모스Terumos(규정)와 십일조의 규율은 토라를 받은 후 54년 후에나 지킬 수 있었습니다. 또한 쉐미타 Shemittah(안식년) 계명은 61년 후에나 지킬 수 있었습니다(키두신 40b)."

유대인이 이집트에서 탈출한 해에 시나이산에서 토라를 받고, 40년 동안 광야에서 만나를 먹었기 때문에 밀가루로 만드는 첫 빵 반죽은 40년 후에 만들 수 있었다. 가나안 정복전쟁은 14년간 지속되었기 때문에 전쟁이 끝나고 본격적으로 농사를 지은 때는 토라를 받고 54년이 지난 후였다. 그리고 '61년'은 앞에서 말한 54년에 7년을 더한 숫자이다. 요세는 계명의 실천 이전에 이미 이론이 주어졌기 때문에, 당연히 먼저 이론을 공부하는 게 실천보다 앞선다고 보았던 것이다.

이런 탈무드의 해석을 참조하면, 왜 역사상 수많은 혁명이 성공하지 못했는지에 대해 답을 찾을 수 있다. 혁명 세력들은 수많은 시위와 현장에 나가야 하기 때문에 공부하기 쉽지 않다. 게다가 적들과 맞서 싸우는 데 에너지를 집중해야 한다. 그러다 보니 혁명에 성공해 일시적으로 세력을 얻은 후 그 열기가 식으면 사회를 이끌어가는 데 필요한 이론과 철학이 없어 방황하는 경우가 많다. 그리고 그 틈을 타 반혁명 세력들이 전열을 정비하고 혁명 세력을 몰아낸다. 그 뒤에는 전보다 심한 역사적 후퇴가 나타나기도 한다.

1980년대 우리나라 독재정권 치하에서 친구들이 다 반정부 시위에 나가는데, 이후 민주주의 시대가 왔을 때 제대로 된 지식인의 역할을 하겠다면서 도서관에 앉아 공부하는 데는 상당한 용기가 필요했다. 일제 강점기에 안창호 선생은 일본에 맞서 싸우기보다 독립할 수 있는 실력을 기르는 게 더 중요하다고 말했다. 실력양성론의 실천도 무장독립투쟁만큼의 상당한 용기가 필요했다. 더욱이 대부분의 실력양성론자들이 일제 강점기 말에 대부분 친일파가 되어가는 현실에서 이런 주장은 비겁하게 들릴 수도 있었다.

세월이 흘러 역사의 진행 방향을 보았을 때, 이런 용기 있는 사람들이 부족했기에 역사가 바른 방향으로 나아가지 못했다고도 볼수 있다. 일제 강점기 이후 독립을 하고, 독재정권 이후 민주주의 시대가 왔지만 독립을 유지할 만한 실력과 제대로 된 민주주의를 유지할 능력이 부족했다. 결국 나라는 분열되었고 혼란에 빠졌다.

한 랍비의 위대한 지혜와 결단

앞에서 잠깐 이야기했지만, 위대한 랍비로 칭송받는 요하난 벤 자카이는 서기 70년 로마에 의한 예루살렘의 멸망과 마주쳤다. 벤 자카이는 전쟁을 하지 말고 로마의 지배를 받아들이자는 온건파(비둘기파)였다. 이로 인해 로마와의 결사항전을 주장하는 강경파(매파)의 비난과 감시를 받아야 했다. 벤 자카이는 몰래 성을 빠져나가 로마군 사령관을 만났다. 그 사령관이 훗날 로마의 황제가 될 것이라 예견한 벤 자카이는 한 가지 소원을 청한다.

"방 한 칸이라도 좋으니 조그만 학교 하나만 지어주십시오. 그리고 그것만은 없애지 말아주셨음 합니다."

왕궁도 아니고 심지어 유대인이 목숨보다 소중히 여기는 성전도 아닌 학교라기에 로마군 사령관은 흔쾌히 허락했다. 벤 자카이의 예언대로 그 사령관은 훗날 베스파시아누스Vespasianus 황제가 되었고 이 학교는 보존될 수 있었다. 그 학교에 모여 랍비들이 토라를 연구했고, 토라에 대한 토론을 모아 오늘날 탈무드의 근간이 되는 자료가 온전히 보존될 수 있었다. 그리고 벤 자카이가 기대했던 것처럼 유대인은 나라가 없는 상황에서도 2,000년간 민족과 전통을 유지할 수 있는 튼튼한 이론적 기초를 닦을 수 있었다.

개인 선택의 문제이지만 아직 실천할 역량이나 환경이 안 되었다고 판단되면 공부를 더 하면서 때를 기다리는 게 현명하다. 충분히 공부를 했다면 올바르게 실천할 수 있는 용기와 실력이 자연스레 나올 것이다. 부동산이나 주식에 투자할 때도 마찬가지이다. 아직 공부가 덜 되었다는 생각이 들면 좀 더 기다려야 한다. 그러다 타이밍을 놓친다고 말하는 사람도 있다. 하지만 시장이 좋을 때가 투자 타이밍이 아니라 내 자신이 충분히 준비되었을 때가 최적의 타이밍이라고 투자 고수들은 말한다. 지금 기회를 놓치면 다시는 기회가 오지 않을 것 같지만 결코 그렇지 않다는 것이다. 기회는 반드시 다시 온다. 다만 그 기회를 잡을 수 있는 이론적·자금적 준비가 되어 있느냐가 중요하다.

이와 관련해 필자가 강연에서 자주 하는 말이 있다.

"문제를 발견하는 데는 1의 에너지, 그 문제의 원인이 무엇인지 제대로 파악하기 위해서는 9의 에너지가 필요하다. 하지만 그 문제를 제대로 고치고 바로잡기 위해서는 90의 에너지가 필요하다."

문제를 발견하는 것은 그리 어렵지 않다. 하지만 그 문제의 원인을 제대로 파악하기 위해서는 약간의 공부가 더 필요하다. 그리고 그 문제를 제대로 고치고 바로잡기 위해서는 아주 많은 공부가 필요하다.

만약 충분한 공부를 못했다면 그 문제에 손을 대지 않고 지켜보는 것도 현명한 방법이다. 문제에 대해 알지도 못한 채 어설프게 손을 댔다가 문제를 더 복잡하게 만들고 꼬아버리는 경우가 더 많다. 죽고 사는 문제가 아니라면 하나의 행동을 하기 전에 세 권 이상의 관련 책을 읽거나 세 명 이상의 전문가에게 조언을 구해보자. 결정이 늦어질 수는 있지만 후회 없는 결정을 내릴 수 있다. 후회 없는 삶을 살아야 만족하게 되고, 만족해야 행복할 수 있다.

1 "백날 책만 읽으면 뭐 하나, 실천을 해야지"라는 말이 나온 이유는 무엇인가?

2 '어설픈 실천' 그리고 공부만 하고 실천하지 못하는 '실행력 없음'을 구분할 수 있는 기준은 무엇인가?

04

변치 말아야 할 가치와
변할 수 있는 상황을 구분해야 한다

사람들은 흔히 작은 성공에 안주하기 쉽다. 그동안의 성공 경험에
사로잡혀 새로운 환경에서 제대로 대응하지 못하는 경우를 이른바
'성공의 함정'이라고 한다. 한때 업계를 선도하던 기업이 과거의 성
공 방식을 고집하다 새로운 환경에 적응하지 못하고 몰락하는 일은
흔한 일이다. 자주 인용되는 외국 사례는 20세기 후반의 IBM이다.
IBM은 메인프레임에서의 성공을 기반으로 1980년대 중반까지 세
계의 컴퓨터 산업을 이끌어왔다. 그러나 IBM은 PC(개인용컴퓨터) 시
장의 성장 가능성을 제대로 파악하지 못했다. 그러던 사이에 애플
같은 기업에 PC 시장의 주도권을 내주었고, 소프트웨어 사업은 자
신들이 용역을 주던 마이크로소프트에 완전히 내주고 말았다.

또한 휴대폰 시장의 절대강자였던 노키아의 몰락을 들 수 있다. 폴더 형태의 유행을 무시하고 캔디바 형태의 디자인을 고집하며 시장의 변화에 잘못 대응하기 시작했다. 그러다 스마트폰으로 통신 시장의 패러다임이 변하자 애플과 삼성전자에 휴대폰 시장을 완전히 내주고 말았다.

이러한 기업 흥망사의 교훈을 통해 기업 CEO들은 종종 '창조적 파괴'를 강조한다. 1993년 독일 프랑크프루트에서 이건희 당시 삼성그룹 회장은 신경영 방침을 선언했다. "마누라와 자식 빼고 다 바꿔라"라는 유명한 말이 여기서 나왔다.

창조적 파괴와 새로운 환경의 적응력에서 유대인은 탁월한 업적을 많이 냈다. 인텔의 CEO였던 앤디 그로브Andy Grove가 유대인이고 마이크로소프트 경영진의 다수가 유대인이다. 구글의 창업자 세르게이 브린Sergey Brin, 페이스북의 창업자 마크 저커버그Mark Zuckerberg도 유대인이다. 이들의 창조적 능력은 어려서부터 훈련받은 사고의 유연성과 다양성에 기반을 둔다. 유대 전통 가운데서 자란 유대인 아이들은 획일적 사고를 하지 않는다. "남과 같아지려 하지 말고 다른 사람이 되어라"라는 말을 어려서부터 꾸준히 들어왔기 때문이다.

유대인 공동체라는 비슷한 토양에서 자랐음에도 데이비드 리카도David Ricardo와 같은 고전경제학자가 나오고 칼 마르크스Karl Marx와 같은 공산주의 경제학자가 나온다. 사상의 다양성도 극좌에서 극우까지 아주 폭이 넓다. 미국의 보수적인 국방정책과 신자유주의 경제를 이끄는 많은 정책 입안자들이 유대인인 반면 미국의 신자유주의와 패권주의를 맹렬하게 비난하는 노암 촘스키Noam Chomsky 메사추세츠공대 교수도 유대인이다.

이러한 다양성과는 달리 정통파 유대인의 가정이나 신앙생활을 살펴보면 놀라울 정도의 통일성과 획일성(?)을 볼 수 있다. 예를 들어 유대인 남자들은 검은 중절모나 납작한 빵 모양의 모자인 키파Kippha를 쓰고, 치치트Zizith라는 기다란 술이 달린 얇은 속옷을 입는다. 아침에 일어나면 물로 손을 씻는 정결례를 하고 테필린(성구함)이라는 작은 상자를 이마와 팔뚝에 매고 항상 같은 모습으로 기도를 한다. 몇 천 년간 변하지 않는 전통과 변화무쌍한 상황에 대응하는 유연성이 공존하는 신기한 모습이다. 이러한 모순적 상황을 이해할 수 있는 힌트는 바로 이건희 회장의 말 안에 있다. 바로 **변하지 말아야 할 절대적 가치와 변해야 할 상황이 무엇인지에 대한 분별이다.**

'마누라와 자식'은 절대 바뀌어서는 안 될 절대적 가치의 상징이다. 유대인에게 자신들의 정체성을 나타내는 절대적 가치는 바로 토라와 가정이다. 토라 공부를 할 수 없는 상황과 가정에서 안식일을 지킬 수 없는 상황은 목숨을 걸고서라도 막아야 한다. 타협의 대상이 절대 아니다. 하지만 이외의 모든 것은 바뀔 수 있다. 상황에 따라 최선의 방법을 찾아가는 유연성을 발휘한다.

변치 말아야 할 절대가치를 지키고 그 이외의 것에 대한 다양성을 인정하는 유대인의 사고방식을 상징적으로 보여주는 것이 있다. 바로 토라를 보관하는 토라함의 다양한 문양, 키파의 다양한 디자인이다.

　토라는 무엇과도 타협할 수 없는 절대적 가치를 상징한다. 그렇기 때문에 일점일획도 틀려서는 안 된다. 만약 서기관이 토라를 베껴 쓰다가 한 글자라도 틀리면 지금까지 쓴 분량에 관계없이 모두 버려야 한다. 그리고 처음부터 다시 베껴 써야 한다. 융통성 없고 미련해 보이는 짓이지만 토라는 감히 한 글자를 더하거나 뺄 수 없는 절대적 가치를 지닌 문서이기에 반드시 그렇게 해야 한다.

　하지만 토라함은 다양한 방식으로 장식된다. 아랍에 살던 유대인은 아랍의 전통 문양을 이용해 토라함을 장식한다. 중국에 사는 유대인은 중국인들이 좋아하는 붉은색으로 토라함을 장식한다. 각자 자신이 속한 지역의 문화나 특색을 반영하는 융통성을 보이는 것이다.

키파도 마찬가지다. 신이 자신과 함께한다는 의미를 상징하는 키파는 크기와 모양이 아주 다양하다. 단색에 민무늬인 키파에서부터 다양한 장식이나 문양을 넣은 키파도 있다. 미국 로스앤젤레스에 가보니 축구공 디자인이 들어간 키파도 있었다. 토라함과 마찬가지로 신의 존재를 상기시킨다는 정신은 지키되 다양한 표현을 허용하는 것이다.

우리나라는 창의성에 목마른 나라 중 하나이다. 1960년대 이후 급격하게 산업화와 근대화를 이뤄 눈앞의 경쟁자는 따라잡았지만, 앞으로 우리 경제가 어디로 가야 할지를 모른다. 1등을 빨리 따라잡는 데는 능한데 시장 선도자가 될 역량이 없다는 비판도 있다. 그렇기에 더욱 창조적 생각에 목말라한다. 다양한 사고와 창의성의 대명사인 유대인의 사례에서 본다면 **진정한 다양성과 창의적 사고는 바로 자신의 존재를 지켜주는 확고한 가치를 올바로 세우는 데서 출발한다.**

어설프게 여기저기 관심을 가지거나 주관 없이 이것저것 받아들이는 것은 다양한 사고의 원천이 아니다. 자신이 가진 가장 소중한 것을 먼저 확실히 할 때 상황에 맞게 다른 것을 받아들일 수 있는 진정한 창의적 유연성이 가능하다.

1 내가 절대 타협하지 않아야 할 가장 중요한 가치는 무엇인가?

2 나의 삶에 있어 절대적 가치가 아닌데, 사고의 유연성을 발휘하지 못하고 구태의연하게 생각하는 것은 무엇인가?

05

정답은 없다. 수많은 해답으로 가는 논리가 있을 뿐이다

많은 편역본 탈무드에서 인용되어 탈무드식 생각훈련의 전형을 보여주는 '굴뚝 이야기'를 소개하고자 한다.

한 젊은이가 유명한 랍비에게 탈무드를 배우고 싶다고 말했다.

랍비가 물었다. "아람어를 아나요?"

젊은이가 대답했다. "아니오."

랍비가 다시 물었다. "히브리어는 아나요?"

젊은이가 대답했다. "아니오."

랍비가 또다시 물었다. "토라를 공부한 적이 있나요?"

그러자 젊은이가 대답했다.

"아니오. 그렇지만 걱정하지 마세요. 저는 철학으로 컬럼비아대를 수석으로 졸업했어요. 그리고 하버드대에서 소크라테스 문답법을 주제로 한 박사논문을 이제 막 끝냈습니다. 그래서 이제 탈무드를 좀 공부해서 나의 학문의 깊이를 더하고자 합니다."

이에 랍비는 그 젊은이에게 탈무드를 공부할 준비가 아직 되어 있지 않다면서 이렇게 말했다.

"하지만 당신이 원한다면 한 가지 시험을 내보겠습니다. 만약 이 시험에 통과한다면 나는 당신에게 탈무드를 가르쳐주겠습니다."

그 젊은이는 동의했다. 랍비가 젊은이에게 물었다.

"도둑 두 사람이 굴뚝을 통해 어떤 집에 들어갔습니다. 한 사람은 깨끗한 얼굴로 굴뚝에서 내려왔고, 다른 사람은 더러운 얼굴로 내려왔습니다. 누가 얼굴을 씻었을 것 같습니까?"

젊은이가 대답했다. "더러운 얼굴을 한 사람이 씻으러 갔겠지요."

랍비는 단호하게 말했다.

"틀렸습니다. 깨끗한 얼굴의 도둑이 씻으러 갔습니다. 간단한 논리입니다. 더러운 얼굴의 도둑은 깨끗한 얼굴의 도둑을 살펴보고서 자기 얼굴도 깨끗할 것이라 생각했습니다. 그러나 깨끗한 얼굴의 도둑은 더러운 얼굴의 도둑을 보고 자기 얼굴도 더러울 거라 생각하고 씻으러 간 것입니다."

젊은이가 대답했다. "충분히 일리 있군요. 알겠습니다. 그럼 다른 시험문제는 없습니까?"

랍비는 같은 질문을 반복했다. 그러자 젊은이가 대답했다.

"이미 그 질문에 대한 답은 나오지 않았습니까? 깨끗한 얼굴의 도둑이 씻으러 갔습니다."

랍비가 말했다.

"또 틀렸습니다. 두 사람 모두 씻으러 갔습니다. 역시 간단한 논리입니다. 더러운 얼굴의 도둑이 깨끗한 얼굴의 도둑을 보고 자신은 깨끗할 것이라 여겼습니다. 깨끗한 얼굴의 도둑은 더러운 얼굴의 도둑을 보고 자신은 더러울 거라 생각했습니다. 그 결과 깨끗한 얼굴의 도둑이 씻으러 간 것입니다. 더러운 얼굴의 도둑은 깨끗한 얼굴의 도둑이 씻는 것을 보고 자기도 얼굴을 씻었습니다."

젊은이가 말했다.

"저는 그렇게 생각하지 못했습니다. 죄송하지만 다시 한 번 다른 문제를 주시겠습니까?"

랍비는 이번에도 역시 같은 질문을 반복했다. 그러자 젊은이가 자신 있게 대답했다.

"두 사람 다 씻으러 갔습니다."

랍비가 말했다.

"또다시 틀렸습니다. 아무도 씻지 않았습니다. 이것도 매우 간단한 논리입니다. 더러운 얼굴의 도둑이 깨끗한 얼굴의 도둑을 보고 자신의 얼굴도 깨끗하다고 생각했습니다. 깨끗한 얼굴의 도둑은 더러운 얼굴의 도둑을 보고 자기 얼굴도 더러워졌을 수 있다고 생각했습니다. 그런데 깨끗한 얼굴의 도둑이 더러운 얼굴의 도둑을 보니 씻으러 가지 않는 것입니다. 그래서 그도 그의 얼굴을 씻으러 가지 않았습니다. 결국 둘 다 씻으러 가지 않은 것입니다."

젊은이는 자포자기 상태였다. 하지만 포기하지 않고 다시 한 번 문제를 내달라고 요청했다. 그러자 아니나 다를까 이번에도 랍비는 똑같은 질문을 던졌다. 그 젊은이는 답을 확신한다며 말했다.

"아무도 얼굴을 씻지 않았습니다."

랍비는 이번에도 틀렸다고 말했다.

"당신은 이제 왜 소크라테스의 논리가 탈무드를 공부하기에 턱없이 부족하다는 것을 알지 않았소? 두 사람이 똑같은 굴뚝을 내려왔는데 어떻게 한 사람은 깨끗하고 한 사람은 더럽겠소?"

젊은이는 몹시 화가 나서 랍비에게 따져 물었다.

"잠깐만요, 당신은 나에게 같은 질문에 대해 세 개의 서로 다른 답변을 내놓았습니다. 그게 가능합니까?"

랍비는 말했다.

"물론입니다. 그게 바로 탈무드입니다."

이 랍비와 젊은이의 대화 양식은 한남동 랍비와의 토라 공부에서도 반복되었다.

"그래서 결론이 뭐예요? 정답은요?"

탈무드를 원전으로 함께 공부하다 보면 꼭 나오는 질문이다.

"결론은 없습니다. 정답도 없습니다. 본인은 어떻게 생각하세요?"

어떻게 보면 무책임한 답변처럼 들리지만 탈무드 논리로는 맞는 답변이다. 정해진 결론과 정답보다 자신의 결론과 자신의 답으로 가는 논리가 중요하다. 지루한 논쟁 같은 탈무드식 토론에서 우리가 훈련해야 할 것은 바로 이 논리력이다.

우리나라 교육의 가장 큰 문제점은 모든 문제에는 하나의 정답만 있다는 잘못된 생각을 공교육 12년 동안 주입시킨다는 점이다. 그리고 수능에서 정답이 하나인 문제를 만들기 위해 출제위원들은 한 달 이상 감옥 같은 합숙 생활을 한다. 그러다 혹 두 개의 답이 나와버리면 출제위원장은 이 모든 사태(?)에 책임을 져야 한다. 가만히 생각하면 어이없는 일이다. 세상에서 하나의 정답만 존재하는 경우는 극히 드물기 때문이다.

우리나라 교육과 유대인 교육의 차이를 보여주는 상징적인 산수 문제가 있다. 많은 다큐 프로그램에서도 인용하는 문제다.

우리나라식 질문	$2+3=\bigcirc$
유대인식 질문	$\bigcirc+\bigcirc=5$

우리는 '$2+3=\bigcirc$'의 답은 뭐냐고 묻는다. 답은 오로지 '5'다. 그런데 유대인은 '$\bigcirc+\bigcirc=5$'에는 어떤 수가 들어갈 수 있느냐고 묻는다. 어찌 보면 유대인식 질문이 현실세계를 더 잘 반영한다. 우리는 하나의 정답이 있는 문제를 풀고 대학에 간다. 그리고 대학에서 길을 잃는다. 자기가 왜 살아야 하고, 무엇을 좋아하고 무엇을 잘하는지 모르기 때문이다. 그리고 이 세 가지 질문의 답을 찾으며 10여 년을 헤매는 경우가 많다.

왜 이런 일이 벌어질까? 정답이 없는 세상에서 어설픈 정답을 찾고 대답하는 습관을 20여 년 동안 길러주었기 때문이다. 어떻게 보면 인생에는 정답이 없다. 인생은 OX 퀴즈 문제가 아니다. 사지선다형 문제도 아니다. 어떤 직장을 가야 할지, 어떤 사람과 결혼을 해야 할지, 혹은 힘들게 들어온 직장을 계속 다녀야 할지, 이혼해야 할지 그대로 참고 살아야 할지…. 인생 문제에 하나의 정답만 있는 것은 아니다. 그런데 학교는 정답이 없는 세상에서 하나의 정답만 있다고 가르치니 어떻게 보면 이런 잘못된 교육을 받은 우리 아이들이 인생의 숲에서 시간 낭비를 하고 헤매는 것은 당연하다.

2000년대 후반부터 대입 수시전형이나 대기업 입사면접에서는 '페르미 추정' 문제가 나오기 시작했다. 페르미 추정은 정답이 없는 상황에서 가장 가까운 정답을 찾아가는 논리훈련이다. 예를 들어 "골프공에 구멍이 몇 개일까?", "광복절에 서울 시내에서 점심에 짜장면을 먹는 사람은 몇 명일까?"와 같은 문제이다.

일일이 셀 수 없는 상황에서 응답자는 자신의 논리를 세워 자신만의 답을 만들어야 한다. 골프공 문제의 경우 "골프공의 지름을 ○센티미터라 하고, 골프공에 난 구멍의 지름을 ○센티미터라 하면…"과 같이 논리를 만드는 식이다. 짜장면 문제도 "서울시 인구가 몇 명이고, 중국집 개수가 ○개라고 가정할 때, 광복절에는 주로 집에 있거나 나들이를 가므로 평소보다 중국집을 찾는 인원이 적을 것이기에 평소보다 ○% 자장면 먹는 인원이 적다고 생각하면…"이라는 식으로 논리를 만들어야 한다.

① 의도성을 기준으로 할 때

경 우	의도성	처 벌	가축의 사체 처리
맹수가 가축을 해친 경우	비의도적	관대함	고의성이 없으므로 가축의 주인이 처리
사람이 가축을 해친 경우	의도적	엄함	고의성이 있으므로 가해자가 처리

② 빈도수를 기준으로 할 때

경 우	빈도수	처 벌	가축의 사체 처리
맹수가 가축을 해친 경우	흔함	엄함 (맹수가 가축을 행하는 일이 흔함을 알고도 주의를 소홀히 한 책임)	관리 의무를 소홀이 한 가해자(위탁관리인)가 처리함
사람이 가축을 해친 경우	드묾	관대함	흔치 않은 일이고 위탁관리인의 책임은 아니므로 원주인(피해자)이 처리함

　　탈무드식 토론 훈련은 페르미 추정 문제와도 비슷하다. 그래서 이른바 2×2 매트릭스도 많이 등장한다. 같은 율법임에도 상황에 따라 달리 적용될 수 있기 때문이다. 위의 표는 유대 시민법인 바바 캄마에서 소가 죽었을 때 그 시체를 처리하는 방법에 대한 탈무드 토론 내용을 정리한 것이다.

　　①번의 경우는 어떠한 경우든 의도성이 있다면 엄한 처벌을 받고 없었다면 관대한 처벌을 받는다. ②번의 경우는 원주인이 가축을 위탁관리인에게 맡겼는데, 그 가축이 맹수나 사람에게 해를 받은 경우이다. 사고가 발생했을 때 이전에 그런 일이 많았더라면 미연에 방지하지 않고 방치한 죄를 엄하게 묻는다.

경우에 따라 각각 다른 처벌을 하는 것과 사고로 인해 생긴 가축의 사체를 누가 처리하는가는 사소한 문제처럼 보인다. 하지만 유대인은 이 사소한 문제도 토라에 명시적으로 규정되었다면 분명히 그 이유가 있을 것이라 생각한다. 그리고 랍비들은 그 이유를 추리 사건을 풀듯 다른 성서 구절과 그들의 조상들이 토론한 결과를 바탕으로 나름의 해답을 찾는다. 그리고 이 과정에서 탈무드 토론에 참석하는 사람은 계속 머리를 쓰면서 지적 훈련을 받는다.

탈무드 공부의 목적은 어설픈 정답을 찾기보다 자신이 생각한 답을 뒷받침할 수 있는 논리를 찾는 능력을 기르는 것이다. 변하는 세상 속에서 변치 않는 진리나 삶의 원리를 현실 속에서 적용하기 위해 유대인에게 필요한 것은 논리였기 때문이다.

어려서부터 이런 식의 토론훈련을 받은 유대인 아이들은 지적으로 상당한 수준에 오를 수밖에 없다. 미국 아이비리그 진학이나 노벨상을 목표로 탈무드 토론을 하는 것은 아니지만, 자연스럽게 형성된 공부 하드웨어에 세상의 지식이라는 소프트웨어가 담기면 상당한 수준의 성과가 난다.

우리나라의 교육도 너무 지식과 정보라는 소프트웨어를 주입하는 데 초점을 두지 말고, 논리적으로 추론해나가는 사고능력을 기르는 훈련을 해야 세상과 맞설 수 있는 진짜 실력을 갖춘 인재를 기를 수 있을 것이다.

1 어설픈 정답보다 자신만의 정답을 찾을 수 있는 논리력을 어떻게 기를 수 있는가?

2 탈무드식 토론과 일반 토론의 차이점은 무엇인가?(토론의 목적과 방법을 중심으로 비교해보자)

06

이해되지 않는 것을 받아들이는 힘은 관계에서 나온다

인간의 이성 이전에 무언가가 있다

서양을 중심으로 근대 이후 사람들은 이성과 과학의 힘으로 세상을 더 나은 곳으로 만들어갈 수 있다는 자신감을 가졌다. 이후 종교는 지성인들에게 나약한 대중들의 정신적 위안거리로 여겨졌다. 중세 시대는 신화와 미신이 가득하고 불합리와 비이성이 인간을 억압하던 시기로 여겨졌다. 하지만 두 번의 세계대전을 거치며 인간의 이성과 과학으로 만들어낸 무기로 수천만 명이 죽은 후 인류는 스스로가 그다지 이성적이지 않은 존재임을 깨달았다. 그리고 현대 심리학은 인간의 마음 그리고 세상을 보는 프레임(틀)이 이성에 영향을 미친다는 사실을 밝혀냈다.

종교학자 머치아 엘리아데Mircea Eliade는 《성과 속》에서 인간은 이성과 심리를 넘어 영적인 존재이고 필연적으로 종교적일 수밖에 없는 존재임을 설명했다.

"새해를 맞이할 때나 새집을 사고 입주할 때 수반되는 의식은 비록 세속화되기는 했을망정 여전히 갱신이라는 종교적 의례의 구조를 드러낸다. 결혼, 아기의 탄생, 취임, 승진 등에 따르는 잔치에서도 이와 동일한 현상이 관찰된다. 엄격하게 말해서 무종교적 인간의 대다수는 종교적 행동, 신학과 신화로부터 해방되지 못했다."

결국 중세의 신과 무지몽매한 믿음이 차지하던 자리에 돈과 자아라는 우상이 들어섰고, 현대의 비종교인들은 물신주의와 이기주의라는 종교를 믿는다. 미신과 신화를 믿지 않지만 《해리포터 시리즈》와 같은 판타지소설과 〈스타워즈〉와 같은 공상과학영화를 본다.

앞에서 이야기했듯 랍비들은 세상을 4차원적으로 이해했다. 물질계(페샤트)과 감정계(레메즈), 영계(데라쉬)와 무한계(소드)이다. 그리고 각각의 세계를 이해하는 수단은 '논리'와 '암시', '상징'과 '비밀'이다. 우리가 이성과 과학으로 이해할 수 있는 세계는 물질계에 불과하다. 사람은 이성적 존재만은 아니고 감정적이기도 한 존재이며, 때로는 이 감정 때문에 비이성적 행동을 할 수 있다. 인간과 우주는 여기서 그치지 않는다. 바로 영적인 세계와 무한의 세계가 이어진다.

랍비들은 왜 그들의 신이 법도Decree, Statute와 율례Ordinance, Law를 주었는지에 대해 토론한다. 법도나 율례나 모두 같은 율법이나 계명인 것 같은데 이 둘에는 어떤 차이가 있을까? 성서학적으로 법도, 율례, 규례로 번역된 용어에 대해 해석이 다양하지만 여기서는 토라 주석서인 후마쉬의 견해에 기초해 그 차이를 살펴보고자 한다.

《히브리 영어 성서》에서 'Decree'로 번역되는 히브리어인 호크Hok, Huk는 이성으로 이해할 수 없는 계명을 말한다. 랍비들은 대표적인 예로 민수기 19장에 나오는 붉은 소를 통한 정결례 규정을 든다. 왜 붉은 소를 땔감과 함께 태워서 나온 재로 정결의식을 치르는지 우리의 이성으로서는 이해할 수 없다. 성서에 나오는 많은 이야기들이 왜 그렇게 해야 하는지 이성적으로 이해할 수 없는 부분이 많다. 왜 선악과를 따먹지 말라고 했는지, 왜 아브라함은 100세에 어렵게 얻은 아들인 이삭을 제물로 바쳐야 했는지 등이다. 결과론적으로 여러 가지 해석이 가능하지만 인간의 이성으로는 쉽게 이해하기 어려운 대목이다. 이와 달리 《히브리 영어 성서》에서 'Ordinance'로 번역되는 히브리어 미쉬팟Mishphat은 인간의 이성으로 이해되는 계명이다. 대표적으로 안식일을 지키라는 계명과 다른 사람에게 피해를 준 것에 대한 손해를 배상할 때 어떻게 해야 한다는 식의 구체적 계명이 해당된다.

이렇게 계명을 두 가지 차원에서 설명하면 이성으로 이해되는 계명만 지키겠다는 사람들이 나올 수 있다. 하지만 랍비들은 이성으로 이해되는 계명뿐 아니라 이해되지 않는 계명도 지켜야 한다고 말한다. 어떻게 보면 여기서 철학과 종교, 도덕과 종교가 나뉜다.

"왜 이해되지 않는 계명도 지켜야 하죠?"라고 물으면 랍비들은 "신께서 말씀하셨으니까요"라고 답한다.

유대 사상을 철학과 도덕으로만 받아들이고자 하는 사람들은 "말도 안 된다"는 반응을 보이기 시작한다. 결과적으로 유대 사상에 대한 깊은 이해가 힘들어진다. 하지만 여기서 좀 더 진리를 찾는 구도자적 인내를 가진다면 이성 너머의 세계를 볼 수 있다.

사실 우리의 일상생활에서도 모든 것이 이성적으로 설명되지 않는 경우가 많다.

한 아버지가 아들에게 갑자기 어두운 밤길을 걸어 동네 구멍가게에서 물건을 사오라고 했다. 아직은 밤길이 무서운 아이라면 아버지의 요구에 쉽게 "예"라고 말하기 힘들다.

"왜 제가 가야 하죠?"

"나중에 설명해줄 테니 우선 갖다 오렴."

만약 아버지와 신뢰관계가 형성되었다면 '이해가 안 되지만 아버지가 시키신 거니까 우선 다녀와야지'라 생각하고 용기를 내어 밤길을 나설 것이다. 하지만 아버지와 아직 신뢰 관계가 형성되지 않았다면 "말도 안 돼. 무서워! 안 갈 테야"라며 가지 않을 수 있다.

아무튼 밤길을 다녀온 아들에게 아버지가 말했다.

"고생했다. 실은 이번 기회에 네가 밤길을 걸을 수 있는 용기가 있는지 알아보고 그동안 아빠가 너를 위해 깜짝 선물을 준비하려고 한번 다녀오라고 한 거야. 아빠가 자세히 설명해주지 못했는데 아빠를 믿고 우선 따라줘서 고마워."

이해가 되어 행동을 한다면 둘 사이의 관계는 거래관계이다. 받을 수 있는 게 있고, 이익이 있으니 행동한다. 하지만 **이해가 되지 않는데도 행동을 한다면 둘 사이의 관계는 신뢰관계**. 그리고 가장 큰 신뢰관계의 시작은 바로 핏줄로 이어진 부모–자녀 관계이다.

정통파 유대인이 613가지 계명을 철저히 지키려 노력하는 이유는 계명의 준수를 통해 마음의 평안이나 물질적 축복이라는 유익을 얻기 위함이 아니다. 유익이 없어도 계명을 지킴으로써 신과 나의 '부모–자식 관계'가 더욱 굳건해지기 때문에 지키는 것이다. 마음의 평안이나 물질적 축복은 따라올 수도 있고 따라오지 않을 수도 있다고 생각한다.

유대인이 코셔를 지키는 이유

토라의 음식 규정인 코셔에 따라 유대인은 돼지고기를 먹을 수 없다. 왜 돼지고기를 먹지 말라고 했는지에 대해 많은 랍비들이 자신들의 의견을 내놓았다.

"돼지고기는 동물성 지방이 많아서 몸에 좋지 않기 때문이다."

"소나 양 같은 되새김질하는 짐승은 먹는 음식이 사람과 겹치지 않지만, 돼지는 식성이 사람과 같기 때문에 사람의 식량을 축낼 수 있다."

"돼지고기는 쉽게 부패하기 때문에 건강에 좋지 않다."

"먹을 수 있는 동물을 제한해, 무분별한 도살을 막고 환경과 생태계를 보존하기 위함이다."

하지만 랍비들은 이러한 돼지고기를 먹지 않는 가장 큰 이유로 "토라에 그렇게 기록되어 있기 때문"이라고 말한다. 돼지고기가 닭고기일수도 있고, 양고기일수도 있다. 돼지나 아니라 양이나 닭을 먹지 말라고 토라에 기록되어 있으면 양고기나 닭고기를 먹지 않았을 것이다. 코셔를 지키는 가장 큰 이유는 건강에 도움이 되기 때문이 아니라 창조주가 그렇게 하라고 했기 때문이다.

여기서 우리는 물질과 육체에 파묻혀 동물과 같은 삶을 살 수 있는 사람이 물질의 세계를 넘어 영적 세계와 접촉할 수 있는 통로가 바로 관계임을 알 수 있다. 많은 경우 사람들은 질병과 죽음 그리고 인생의 어려움과 역경에서 종교를 찾고 영적 세계를 찾는다. 그 과정 가운데 간혹 생기는 기적 같은 일이나 이성적으로는 이해할 수 없는 일들이 사람들의 마음을 여는 것처럼 보인다.

하지만 영성의 세계에 들어가는 가장 중요한 통로는 바로 관계다. 부모-자녀라는 인간관계 혹은 신을 나의 부모로 받아들이는 영적 관계가 이성을 넘어 영적인 것을 보게 하는 근본적 힘이다.

1 나의 인간관계를 거래관계와 신뢰관계를 기준으로 구분해보자. 부
  모-자녀 관계, 친구와의 관계, 다른 사회적 관계에서 나는 주로 어떤
  관계로 맺어져 있는가?

2 이해되지 않지만 신뢰하기 때문에 따른다는 것과, 이해가 안 되도
  무조건 따르겠다는 맹목적 추종은 어떻게 다른가?

07

진리는 절대적이며
해석은 상대적이다

다음은 탈무드의 한 구절(샤밧 31a)이다.

하루는 한 비유대인이 랍비 샴마이Shammai에게 말했다.

"유대인은 얼마나 많은 토라를 가졌나요?"

"우리는 두 종류의 토라를 가졌다네. 바로 말로 전해진 구전 토라
Oral Torah와 글로 쓰인 성문 토라Written Torah지."

그러자 그 사람이 샴마이에게 말했다.

"성문 토라는 신이 주신 것이라는 것을 믿겠는데, 구전 토라는 못
믿겠는데요(사람들이 만들어낸 이야기 아닙니까?). 만약에 제게 성문 토라
만 가르쳐주시면 제가 유대교로 개종하겠습니다."

이 말에 샴마이는 그의 무례함을 꾸짖고 그를 내쫓았다.

이후에 그 사람은 랍비 힐렐을 찾아가 똑같은 요구를 했다. 그런데 힐렐은 그를 받아들였다. 하루는 힐렐이 그 개종자에게 히브리어 알파벳을 가르쳤다.

"알레프, 베트, 김멜, 달렛… (영어의 A, B, C, D에 해당하는 글자다)."

하지만 다음 날 힐렐은 자신이 가르친 알파벳이 사실은 거꾸로라고 말했다.

"어제 알레프라고 말한 글자가 사실은 히브리어 자음의 맨 마지막 글자인 타브일세. 그리고 순서가 완전히 바뀌었네."

이 말을 듣자 개종자가 항의했다.

"어제는 분명히 이 순서로 외우라고 말씀하셨잖아요!"

그러자 힐렐이 말했다.

"보게, 자네는 주어진 글자를 파악하는 데 내 설명에 의지하지 않았는가? 그러니 우리가 글로 된 토라를 읽고 해설할 때 구전으로 전해져 내려온 토라에 의지해야 하지 않겠는가?"

유대인은 모세가 시나이산에서 신으로부터 계명과 토라를 받을 때 두 가지를 받았다고 본다(하기가 10a). 앞에서 이야기했듯, 하나는 성문 토라, 또 하나는 구전 토라. 예를 들어 신년절인 로쉬 하샤나 때는 양뿔 나팔을 불라고 토라에 기록되어 있지만 어떻게 불어야 하는지의 규정은 없다. 바로 이러한 세부 규정이 구전되어 내려온 것이고, 이에 더해 성문 토라에 기록되지 않은 많은 이야기가 미

양뿔 나팔을 부는 시범을 보이는 유대인 벤

쉬나와 같은 전승 자료로 구전되어 내려왔다고 본다. 그리고 미쉬나와 다른 구전 자료, 토라 계명의 준수에 대한 랍비들의 토론 내용을 정리한 것이 탈무드인 셈이다. 그리고 탈무드는 토라와 거의 같은 권위를 가진다. 그래서 샴마이는 유대인에게 두 개의 토라가 있다고 말했다.

이를 종교의 범위를 넘어 학문 일반적으로 해석한다면, 하나의 텍스트와 그 텍스트에 대한 해설이나 주석을 거의 같은 수준의 권위로 보는 것이다. 약간 보수적 견해를 가진 사람이라면 어떻게 해설이 텍스트에 준하는 권위를 가지냐고 반박할 수 있다. 하지만 우리는 조직이나 사회에서 '해석'이 객관적 대상이나 실체만큼 중요한 경우를 자주 경험한다.

필자도 작은 연구소를 운영하면서 해석의 중요성을 절감한 적이 있다. 처음 연구소를 만들 때 직원 두 명을 임시직으로 고용했다. NGO에서 근무하다가 새로운 진로를 모색하며 잠시 연구소 일을 도운 이들이었다. 하지만 막상 운영을 해보니 아무래도 사업 초기 단계에서 고정 인원으로 두 명을 둘 수가 없었다. 그래서 두 직원을 불러서, 한 달간 상황을 보고 이후 진행 상황이 좋지 않으면 각자의 길을 가는 게 좋겠다고 말했다. 필자는 이렇게 한 달의 시간을 주는 것이 책임 있는 리더의 자세라고 생각했다.

하지만 이 두 직원이 생각하는 '책임'은 필자가 생각하는 책임과 다른 의미였다. 강사 생활을 오래 한 필자는 프리랜서 개념이 강해서인지 자기의 삶은 자기가 책임지고, 다른 사람에게 부담을 주지 않는 게 책임이라고 생각했다. 하지만 사회생활 초기에 3~4년 동안 큰 조직생활을 했던 두 사람은 회사가 망할 때까지 조직을 같이 이끌고 가는 것을 리더의 책임이라고 생각했다.

똑같이 '책임'이라는 단어를 쓰고 말하는데 계속 논의가 헛돌았다. 같은 언어로 이야기하는데 왜 이렇게 소통이 안 될까를 생각하다 결국 서로가 말하는 책임의 정의가 다름을 깨달았다. 우리가 가진 개념에 대한 정의는 각자의 이전 경험과 생각 그리고 심리적 요인에 영향을 받는 것이다.

이런 모습은 개인의 범위를 넘어 정치·사회적 문제를 다루는 데에서도 비슷하게 나타난다. 똑같이 국익을 위해서라고 말하는데 각 진영이 말하는 국익이 다르다. 한쪽은 약간의 손해가 있더라도 전체적인 국가경쟁력을 확보하는 것을 국익이라고 말한다. 다른 한쪽은 국민 개개인의 이익의 합이 국익이라고 생각한다. 이렇게 용어에 대한 정의부터 다른 상황에서는 같은 용어로 수 시간 토론을 해도 타협은 이루어질 수 없다.

사람들은 자기가 보고 싶은 것만 보고, 믿고 싶은 것만 믿으려 한다. 어떤 의미에서 탈무드는 사람들의 이러한 성향을 인정한다. 하지만 거기에 머무르지 말고, 자신이 가진 정의와 해석을 가지고 좀 더 객관적인 토론의 장으로 들어오라고 초대한다. 바로 나보다 똑똑하고, 평생을 토라와 탈무드 연구에 바친 2,000여 명이 넘는 랍비들이 있는 거대한 토론장으로 나오라는 것이다.

문제를 인식하고, 그 문제에 대한 해결책을 찾는 과정에서는 객관적 실체와 진리만큼이나 그걸 받아들이는 사람의 사고의 틀과 심리적 성향 역시 중요하다. 이 점에서 《죽음의 수용소에서》의 저자이자 히틀러와 나치에 의해 벌어진 유대인 인종 대학살인 홀로코스트 생존자인 빅터 프랭클Viktor Frankl의 경험이 시사하는 바가 크다.

수용소의 처참한 상황에서 프랭클은 자살을 결심한다. 자신을 개만도 못한 유대인으로 취급하는 독일 병사들의 잔혹함, 살아도 살아 있다고 할 수 없는 수용소의 비참한 현실이 그가 직면한 현실이자 실체였다. 하지만 자살을 앞두고 내 자신이 정말 개만도 못한 인간인가를 생각하니 이런 사실을 받아들이고 안 받아들이는 최종 주체가 결국 자신임을 깨닫는다. 주어진 환경을 최종적으로 받아들일 때 '사실'이 되는 것이고, 이를 받아들이지 않으면 단지 독일

병사의 개인적 의견에 불과함을 알았다. 프랭클은 결국 자살하고자 하는 마음을 접고, 끝까지 살아남는 생존자가 되어 심리학의 한 획을 긋는 대가가 되었다.

어찌 보면 탈무드는 성문 토라라는 텍스트를 공부한 개개인의 해석 모음이다. 하지만 이런 각자의 해석이 1,000년에 가까운 시간과 2,000명에 가까운 랍비들의 토론이라는 용광로 속에 빠지면 어쭙잖고 비논리적인 해석이 사라지고 제대로 된 해석과 논리만이 살아남는다. 흥미로운 것은 이 과정을 통해 수천 가지의 이단적인 주장이 나올 것 같지만, 바다와 같은 탈무드에 들어가는 수많은 쪽배들은 대부분 수천 명의 랍비들이 만든 항로를 이탈하지 않고 비슷한 뱃길을 간다.

영국의 철학자 칼 포퍼Karl Popper는 《열린사회와 그 적들》에서 아무리 옳은 주장이라 해도 그 주장이 절대시되고 교조적인 원리가 되면 열린사회의 적이 될 수밖에 없음을 지적한다. 진리는 절대적일 수 있다. 하지만 그 진리를 해석하는 인간의 생각은 절대적일 수 없다. 자신의 해석이 틀릴 수도 있다는 겸손한 마음과, 조금 시간이 걸려도 더 많은 견해를 공부하고 참조하겠다는 조급하지 않은 태도가 필요하다. 그리고 이런 열린 마음을 가질 때 우리 가정이나 사회는 좀 더 평안해질 것이다.

탈무드식 생각훈련

1 같은 주제나 개념을 가지고 토론하는데 서로의 정의와 인식이 달라 논의가 계속 헛돌았던 경험이 있는가? 있다면 이런 오류를 막기 위해 어떠한 사전 준비가 필요한가?

2 역사 기록이나 공부에서도 '객관적 사실'과 '사건에 대한 해석' 가운데 어디에 더 비중을 두어야 하는지에 대한 토론이 있다. 탈무드적 관점에서는 어떤 균형 잡힌 역사관을 제시할 수 있을까?

08

진리를 깨달았다면
작은 것부터 실천하라

정통파 유대인을 처음 만나보면 이들이 굉장히 종교적이라는 인상을 받는다. 남자들의 경우 머리에는 키파를 쓰고 외출할 때는 검은 옷에 검은 중절모를 쓴다. 아침에 일어나면 손을 씻는 정결의식을 하고, 치치트가 달린 속옷을 입는다. 기도할 때는 전용 숄을 두르고, 테필린이라는 성구함을 팔뚝과 이마에 매고 몸을 앞뒤로 흔들며 기도한다. 금요일이면 안식일을 철저히 지키고 코셔 규정에 맞는 재료로 조리된 음식만 먹는다.

하지만 유대인이 자신의 유대인다움Being a Jew을 정의하는 첫 번째 키워드는 앞에서 말한 모든 종교 행위가 아니라 바로 선행이다. 히브리어로는 체다카Tzedakah, 즉 자선을 실천하는 삶이 가장 유대인다운 삶이다. 그리고 이에 더 나가서 앞에서 말한 종교의식을 행하고 안식일과 코셔를 지키면 정통파 유대인으로 분류될 수 있다.

비슷한 맥락으로 난해한 탈무드를 하루 종일 공부하고 토론하면 사람이 굉장히 논리적이 되고 감정이 메말라버릴 것 같다. 하지만 탈무드 공부를 많이 하고 지역사회의 존경을 받는 랍비들에게서 보이는 가장 큰 행동의 특징은 친절이다. 필자도 미국에서 만난 영향력 있는 랍비인 아들러스타인Adlerstein의 친절과 온화한 표정을 지금도 잊을 수 없다.

로욜라대 법대 교수이자 로스앤젤레스에서 영향력 있는 랍비 중한 사람인 아들러스타인은 필자를 비롯한 여러 명의 우리나라 방문객들에게 예시바고등학교 학생들의 공부하는 모습을 보여주면서 여러 질문에 친절히 대답을 해주었다. 그리고 안식일 저녁에는 자신의 집으로 우리를 초대해 맛있는 쿠키를 내주었다. 필자가 탈무드 공부에 관심이 있다고 하자, 스카이프Skype로도 가르쳐 줄 수있다며 스카이프 주소를 알려주었다. 실제 필자가 귀국한 다음 몇번 이메일을 보내고 스카이프로 통화를 하기도 했다. 하지만 유명하고 바쁜 분한테 아무런 대가 없이 수업을 받는 게 부담이 되어서 나중에 어느 정도 실력이 쌓인 후 연락을 하겠다고 말씀드렸다. 그리고 다행히 우리나라에 파견된 한 랍비와 인연이 되어 토라와 탈무드 공부를 할 수 있게 되면서 그 소식을 알려드렸다.

우리는 사회적으로 큰 성공을 거두고 좋은 강연을 많이 하는 연사들이 실제 삶에서는 자신이 말하고 가르치는 대로 살지 못하는 모습을 자주 본다. 한때 코미디언 최효종이 〈개그콘서트〉에서 연기한 '행복전도사' 캐릭터는 자신이 대학 때 보았던 한 유명 강사의 모습에서 따왔다고 한다. 그 강사는 학교에 와서 이렇게 열변을 토했다고 한다.

"여러분 행복은 소유에 있지 않아요. 우리가 가진 것에 만족하면 행복한 것이지요. 자, 그리고 긍정적인 마음을 가져봅시다. 자! 저를 따라하세요. 나는 행복하다! 나는 행복하다!"

그런데 강연이 끝나고 가는 길에 보니 '소유에 큰 의미를 두지 않는' 그 강사는 고급 외제차를 타고 학교를 빠져나갔다고 한다. 그래서 이런 개그가 탄생했다.

하지만 랍비 텔루슈킨이 그의 책에서 소개하는 유명한 랍비들에 대한 일화를 보면 이런 이중적인 모습을 찾아보기 힘들다. 탈무드 공부를 많이 하고 깨달음이 많은 랍비들은 평범하거나 하찮은 사람들에게 더욱 친절하다. 한 번은 유명한 랍비를 청해 가르침을 받고자 한 유대인 사업가가 랍비를 공항에서 픽업해 고속도로 톨게이트를 몇 번 지나던 중 랍비에게 큰 꾸지람을 받았다.

"저는 당신에게 가르침을 주지 않겠습니다."

"왜 그러시죠?"

"당신은 몇 번의 톨게이트를 지나면서 요금 징수원에게 오늘 좋은 날이라거나, 감사하다는 인사를 한 번도 하지 않았어요. 감사와 친절을 모르는 사람에게 가르침은 필요 없소."

랍비들은 진리를 깨달았으면 우선 본을 보이고, 다른 사람에게 작은 친절을 베푸는 것부터 실천하라고 한다. 비록 돈을 냈더라도 서비스를 해준 사람에게 감사해 하고 큰 소리로 인사해야 한다. 손님을 환대하고 부모에게 안부 전화를 자주 해야 한다. 아이들과의 약속을 지키고 아내에게 고맙다는 말을 자주해야 한다. 그리고 궁극적으로 정의롭고 윤리적인 삶을 살아야 한다.

탈무드(키두신 40b)에는 다음과 같은 내용이 있다.

"누구든지 토라와 탈무드를 공부하고 윤리적인 삶을 실천하는 사람은 죄 지을 가능성이 적다. 전도서의 말씀에는 '세 겹으로 묶인 줄이 쉽게 끊어지지 않는다고 했는데, 이 세 겹의 줄은 바로 토라와 탈무드 그리고 토라와 탈무드에서 배운 내용을 실천하는 삶이다.' 그렇기에 토라와 탈무드를 공부하지 않고 윤리적인 실천을 하지 않는 사람은 온전한 사회인이 될 수 없다."

중세의 랍비 마이모니데스는 이 내용의 마지막 구절에 "그런 사람은 사회에 기여하는 게 아무것도 없기 때문에 사회에는 그런 사람이 없는 편이 더 낫다"는 주석을 달았다. 이렇게 토라와 탈무드 공부의 깨달음을 일상적인 삶에 적용하고 실천하는 것을 강조한 유명한 랍비가 바로 바알 셈 토브이다. 근대 유대 경건주의 운동인 하시딤Hasidim의 창시자로 불리는 그는 일상생활에서 작은 계명을 지키는 기쁨을 강조했다. 자칫 사변적으로 빠질 수 있는 랍비들의 토론을 탈무드 공부가 부족한 일반 유대인도 실천할 수 있는 구체적인 길로 제시했다는 평가를 받는 인물이다.

큰 진리를 탐구하지만 작은 것에서부터 실천하고자 하는 유대교적인 전통은 랍비들과 일반 유대인이 좀 더 윤리적인 삶을 사는 데 큰 도움을 주었다. 유대 사회의 종교 지도자인 랍비는 다른 종교에 비해 상대적으로 비윤리적인 행위나 성추문 등에 덜 연루되는 것 같다. 필자는 가정에서부터 본인이 깨달은 바를 실천하고 자식들에게 본을 보이는 것이 그 이유라고 생각한다. 토라와 탈무드를 공부하고 제일 먼저 가르쳐야 하는 대상이 자신의 자녀이다. 주중에 틈틈이 그리고 안식일에 하루 종일 자녀들과 함께 있으면서 어떻게 살아야 한다고 가르치는데 본인이 그렇게 살지 않을 수 없다. 이렇게 가정에서 먼저 실천하고 밖에서 다른 사람들을 가르치니 위선이나 이중적인 행동이 나올 가능성이 적다.

또, 이들의 강한 실천력은 물질에서 영성 그리고 다시 영성에서 물질적인 것으로 모든 것이 연결되어 있다고 보는 유대인의 세계관에서 그 뿌리를 찾을 수 있다. 가장 영적인 것은 가장 물질적인 것이다. 궁극적으로 영원의 세계를 추구하지만 그 실천은 가장 육체적이고 물질적인 것에서 시작된다. 그리고 그 실천의 첫걸음은 먹고 마시는 것을 살피는 데서 출발한다. 무엇을 먹고 마시는가가 결국 그 사람이 얼마나 영적인지를 알 수 있는 시금석일 수 있다. 그래서 코셔가 정통파 유대인인지 아닌지를 구분하는 중요한 기준이 되는 이유이기도 한다.

진리를 깨달은 사람은 먹고 마시는 것부터가 달라진다. 정해진 음식을 제대로 먹고 온전한 육체를 만든 후에 공부를 해야 더 큰 깨달음을 얻을 수 있다. 그 깨달음은 다시 먹고 마시고, 사람들과 관계를 맺는 세속적인 삶으로 이어진다. 이러한 물질적인 세계와 비물질적이고 영적인 세계의 조화와 순환이 있었기에 학문이 높은 랍비들은 위선적인 삶을 사는 사람이 아닌 진정한 실천가로 살아갈 수 있었다.

1 나는 오늘 하루 어떤 선행을 행했는가?

2 나는 오늘 무엇을 먹었고, 내가 먹은 것은 나의 몸과 삶에 어떤 영향
을 미쳤을까?

탈무드 공부해서 많이 똑똑해지셨어요?

탈무드 원전으로 토론을 한다고 하면 주변에서 자주 받는 질문이 있다.

"탈무드 공부해서 많이 똑똑해지셨어요?"

"탈무드가 지혜의 책이라는데 많이 지혜로워지셨나요?"

"탈무드 토론을 하면 날카로운 이성과 창의력이 생긴다는데, 논리나 창의적인 아이디어가 많이 생겼나요?"

우리나라에서 유대인이나 탈무드가 주는 이미지는 '똑똑함', '하버드', '노벨상'이 아닐까 싶다. 그래서 탈무드를 공부한다고 하면 위와 같은 질문을 많이 받는다. 그동안 탈무드 공부를 통해 많이 똑똑해졌을까에 대해서는 답하기 어렵지만 한 가지 확실한 것은 있다. 랍비에게 탈무드를 배우고, 김정완 탈무드랜드 대표나 김용성 교수 등의 탈무드 토론 친구들과 탈무드 원문을 놓고 토론하며 왜 선행을 해야 하고 어떻게 선행을 해야 하는지에 대해 분명한 가르침을 받을 수 있었다. 그리고 하루하루 좀 더 구체적인 선행을 하려고 노력할 수 있었다.

필자는 지하철 계단에 웅크리고 앉아 구걸을 하는 사람이 보이면 주저 없이 동전을 건넨다(2013년 3월부터 노상에서의 구걸은 경범죄 처벌 대상이라고 한다). 전에는 '이 사람 앵벌이 아냐?', '자꾸 이렇게 적선하면 이런 사람들이 끊이지 않으니 하지 말아야지…'라는 마음이었다. 하지만 탈무드를 공부하고 이들이 나를 속이는 것이라 해도 그들의 죄는 하늘에서 심판받을 테고, 나의 선행은 하늘에서 보상받으리라는 원리를 배운 후 내 자신이 어떻게 해야 할지에 대한 분명한 지침을 얻을 수 있었다. 속임을 당할지도 모른다는 두려움 때문에 선행을 베풀 기회를 놓치지 말아야 한다는 랍비들의 가르침에 공감이 되었기 때문이다.

그리고 전철 입구에서 전단지를 돌리는 사람이 있으면 반드시 받아간다. 다른 사람들에게 돌리느라 필자를 놓치는 분들이 있으면 적극적으로 앞으로 다가가 전단지를 다 받아온다. 빨리 전단지를 다 돌리고 집에 가도록 배려하기 위함이기도 하고, 정당한 노력의 대가를 치러 돈을 버는 사람을 돕는 게 최고의 선행임을 랍비 마이모니데스에게 배웠기 때문이다.

한 번은 필자가 도서관에 가는 길이었다. 딸그락딸그락 소리를 내다가 도로에 멈춘 차를 보았다. 바쁜 출근길 아침 시간이었는데 차가 통행을 방해하니 뒤에 차들이 경적을 울려댔다. 그 차에서 한 아주머니가 내려 차에 이상이 있는지를 살펴보았다. 하지만 무엇이 문제인지 발견하지 못한 듯했다. 길가에 사람들은 바쁘게 갈 길을 갔다. 필자도 그 아주머니 옆을 지나치다가 '오늘 아침을 선행으로 시작할 수 있는 좋은 기회다'라는 생각에 가던 길을 돌이켰다.

"저기, 제가 좀 도와드릴까요?"

"아, 네. 자꾸 차에서 이상한 소리가 나는 것 같은데 어디가 문제인지 모르겠네요?"

"아, 딸그락딸그락 하는 소리 말씀이죠? 저도 들은 것 같아요."

"네, 맞아요."

차의 뒷바퀴를 살펴보니 금속체가 바퀴에 박혀 있었다. 어디 주차장 출입구에 있던 장치 같은데 나사가 빠지면서 타이어에 박힌 듯했다. 그게 마침 바퀴 위쪽에 박혀 있어서 허리를 굽히고 잘 살펴봐야 보이는 위치였다.

"아, 여기 바퀴 윗부분에 금속체가 박혔네요. 펑크가 난 건데 타이어를 바꿔야겠어요. 어떻게 좀 몰고 가서 근처 정비소에서 바꾸시겠어요? 아니면 바로 서비스 부르시겠어요?"

"막히는 시간이니 아무래도 서비스를 불러야겠는데요. 아는 정비소도 없고, 이대로 몰고 가기도 겁이 나고요."

"네, 그럼 비상등 켜시고 뒤차에 옆으로 가라고 수신호하시면서 서비스 부르세요."

"아, 네. 감사합니다. 그럼 제가 연락할게요."

"제가 뭐 더 도와드릴 건 없나요?"

"아니요, 바쁘실 텐데. 이제 제가 할게요."

"예, 알겠습니다. 그럼 전 이만 갈게요."

"네, 감사합니다."

이렇게 아주머니를 도와드리고 다시 갈 길을 가려는데 마침 옆의 할머니 한 분이 필자에게 말을 건넸다.

"참 착하네."

"네?"

"참 착하다고요. 요즘 어디 젊은 양반 같은 사람들이 있나? 다 자기 일 아니면 외면하고 가기 일쑤인데…. 옆에서 사람이 죽어도 모른 체 한대요 글쎄…. 젊은 양반도 바쁠 텐데 아줌마 도와주고."

"아, 네 별말씀을요. 아까부터 차에서 소리가 나기에 사고가 날까 봐 걱정이 되기도 했어요."

"글쎄 말이야, 나도 딸그락딸그락 소리가 나기에 불안하다 싶었지. 하여간 고마워요."

"아, 아닙니다."

짧게 답했지만 "이번 일로 적어도 하나의 선행을 했으니, 제가 오늘 살아가야 할 이유 하나는 분명히 실천한 것이죠"라고 할머니에게 말하고 싶었다.

하루에 최소 한 가지의 선행을 하라

　정통파 유대인은 자녀가 어릴 때부터 하루에 한 가지 이상의 미츠바Mitzvah(선행)를 행하게 한다. 가장 기본적인 것이 아침에 학교에 가거나 밖에 나가기 전에 동전 하나를 자신의 자선함에 넣게 하는 것이다. 가난하거나 어려운 이웃을 돕는 선행에 동참하면서 하루에 해야 할 선행의 최소 수치를 채우고 하루를 시작하는 셈이다. 필자도 이 원리를 배워서 아침에 일어나 거실에 나와 동전 하나를 자선함에 넣고, 반려견한테 먹을 것을 주면서 하루를 시작한다. 동물에게 먼저 먹을 것을 주고 자기 먹을 것을 챙기라는 탈무드의 가르침을 실천하는 것이기도 하다.

　필자가 탈무드를 공부하기 전과 공부한 후에 차이점이 하나 있다면, 이렇게 하루에 한 가지 이상의 선행을 해야 한다는 기분 좋은 부담감을 가진 것이다. 그 선행은 필자가 시간과 돈을 들여서 필리핀 노동자를 돕는 등 남들 보기에 대단해 보이는 선행도 있고, 자선함에 동전 하나를 넣는 등 남들이 알아주지 않는 작은 것도 있다. 하지만 그 크기에 상관없이 한 가지 선행을 통해 '티쿤 올람'을 실천하고자 하는 마음이 생겼다. 그리고 이는 유대 경건주의 운동의 창시자 바알 셈 토브가 말하는 대로 계명을 지키는 즐거움과 사는 보람을 느끼게 한다.

　필자에게 탈무드는 선행을 행하기 주저할 때 그 주저함을 없애주는 등대이고, 하루하루 삶 속에서 어떻게 사는 게 정의로운지를 알

려주는 가이드였다. 이제 탈무드라는 거대한 바다 가운데 작은 돛
단배를 막 띄운 상태이지만 앞으로 힘이 닿는 대로 이 여행을 멈추
지 않고 계속하고 싶다.

통치자들을 조심하라.

그들은 자신들에게 이익을 주는 사람만 사귀고,

자신들에게 이익이 있을 때만 친한 척한다.

그렇지만 네가 어려움에 처하면

네 옆에 서주지 않는다.

– 피르케이 아보트 2:3 –

부 록

탈무드의 구성과 역사

탈무드는 6가지 대주제, 60여 개의 소논문, 517개의 챕터로 구성된다. 6가지 대주제는 다음과 같다.

제라임Zera'im, 씨앗

농법과 기도에 대한 내용이다. 서기 70년 성전이 파괴된 이후의 올바른 예배 형식에 대한 논의이다.

모에드Mo'ed, 시간과 계절

안식일과 다른 종교적 절기에 관한 토론이다.

나쉼Nashim, 여성

혼인서약, 재정적 의무, 여자의 지위, 혼인무효, 이혼 등을 포함한 가족법에 대한 토론이다.

네지킨Nezikin, 배상

소송 절차, 불법 행위, 개인적 책임, 벌금과 처벌 등을 포함한 시민법 내용에 대한 토론이다.

코다쉼Kodshim, 성물

희생제물을 포함한 성전에서의 제사의식에 대한 토론이다.

타라롯Taharot, 정결

종교 의례적 정결과 부정에 관한 토론이다.

* * *

다음은 탈무드 형성의 중요한 사건과 인물의 활동을 연대기적으로 정리한 것이다.

노아 홍수 이후

랍비들은 노아 홍수 이후 노아가 인류가 보편적으로 지켜야 할 7가지 계명(노아 7계명)을 신께 받았다고 본다.

기원전 2000~1900년경

아브라함 시대. 아브라함은 시나이산에서 토라가 주어지기 전에 원형 토라라고 할 수 있는 토라의 대부분의 계명을 지켰다고 본다. 그리고 자신의 가족들에게 토라를 가르치고, 계명대로 살도록 지도했다.

기원전 1440년

모세의 인도로 이스라엘 백성들은 이집트를 탈출해 시나이산에서 10계명을 귀로 직접 듣는다. 모세는 신으로부터 돌에 새긴 10계명과 율법을 받는다.

기원전 1400년

모세 사후 여호수아의 인도로 가나안 정복전쟁이 시작된다. 여호수아는 모세를 계승하여 토라 말씀을 공부하고 이를 백성들에게 가르쳤다.

기원전 1400~586년

토라의 말씀은 여호수아에서 장로Elders들에게, 장로들은 선지자들Prophets에게, 선지자들은 위대한 공회The Great Assembly에 토라의 말씀을 전했다.

기원전 586년

바빌론 왕 느부갓네살에 의해 예루살렘이 점령당하고 솔로몬 성전(제1성전)이 파괴된다. 유대 지도층은 바빌론에 포로로 잡혀간다.

기원전 515~449년

학사 에스라Ezra를 중심으로 토라와 회당 중심의 신앙이 정립된다. 그리고 토라를 낭독하고 공부하는 전통이 마련된다.

기원전 445~432년

마지막 선지서인 말라기Malachi가 기록된 시기로 추정된다. 이 이후 더 이상의 예언이 나타나지 않는다. 보통 말라기를 마지막 선지자라고 본다.

기원전 353~352년

에스라 귀환 공동체에 의해 진행되던 제2성전 공사가 의인 시몬Simon the Just에 의해 마무리된다.

기원전 320~319년

프톨레미 소테르Ptolemy Soter에 의해 예루살렘이 점령당하고, 팔레스타인은 그리스와 그리스 이후 제국의 영향권에 들어가게 된다.

기원전 280년

프톨레미 11세가 알렉산드리아 도서관을 건립한다. 그는 72명의 학자들을 모아 《히브리 성서》를 그리스어로 번역한다(70인역 성경).

기원전 175년

그리스 안티오쿠스 황제가 예루살렘을 정복하고, 성전에 돼지피를 뿌리는 등 신성을 모독한다. 그리고 안식일을 지키지 못하게 하고 팔레스타인의 그리스화 정책을 추진한다.

기원전 164년

유다 마카비가 예루살렘을 탈환하고 성전을 정화한다. 적은 기름이 1주일간 촛불을 밝히는 기적이 일어난다. 이를 기념하여 하누카 명절이 생긴다.

기원전 63년

예루살렘이 로마에 의해 점령당하고, 유대 지역은 로마의 식민지가 된다.

기원전 30~서기 10년

힐렐과 샴마이가 활발한 활동을 하며 미쉬나의 기초가 되는 토론을 한다. 그의 제자들이 학파를 이루고 이 내용을 정리한다.

서기 70년

서기 66년부터 로마에 대한 반란이 일어나고 서기 70년에 예루살렘 제2성전이 파괴된다. 서기 73년에는 마사다 요새가 함락되어 반란이 완전 진압된다. 랍비 요하난 벤 자카이가 베스파시안 장군(이후에 베스파시아누스 황제)에게 야브네의 작은 학교 하나만 남겨 달라 부탁하고, 허락을 받는다. 이 학교에서 랍비들이 탈무드 작업의 기초를 놓게 된다.

서기 132~136년

바르 코흐바가 로마에 반란을 일으킨다. 로마의 세속화 정책에 불만을 품은 많은 유대인들이 그를 메시아로 여기고 동조한다. 랍비 아키바도 제자들의 반대에도 불구하고 코흐바를 지지한다. 결국 최후의 저항지인 베이타르성이 무너지고 로마는 50만 명이 넘는 유대인을 학살한다. 이후 유대인의 예루살렘 거주가 금지되고 남은 유대인들이 전 세계로 흩어진다. 반란에서 살아남은 랍비 시몬 벤 감리엘은 독립전쟁의 실패와 학살에 대한 지나친 애도를 멈추고, 이후 다시 희망을 갖고 민족을 재건하자고 호소한다.

서기 200년경

랍비 예후다 하나시와 다른 미쉬나 편집자들인 탄나임Tannaim이 미쉬나 편집을 완성한다. 힐렐과 아키바에 의해 기초가 놓인 작업은 하나시 대에 이르러 완성된다.

서기 350~400년

팔레스타인 지역에서 게마라가 편집되었다. 게마라와 미쉬나가 합쳐져 예루살렘 탈무드가 완성된다.

서기 500년

메소포타미아 지역의 랍비들과 라브아쉬에 의해 바빌론 게마라가 정리되고, 바빌론 탈무드가 완성된다.

서기 1342년

현존하는 최고의 탈무드 판본인 《뮌헨 탈무드Munich Talmud》가 인쇄되었다.

서기 1520년

다니엘 봄베르그Daniel Bomberg가 이탈리아 베니스에서 지금 같은 형태의
탈무드를 최초로 출간했다. 1520~1523년에 바빌론 탈무드, 1523~1524년
에 팔레스타인 탈무드가 나왔다.

탈무드 주요 용어

게마라Gemara

공부하다라는 의미의 'Gemar'에서 파생한 말로 '가르침의 완성'이라는 뜻이며, 미쉬나에 대한 랍비들의 토론을 말한다.

메힐타Mekhilta

'해석의 규칙에 관한 모음'이라는 뜻으로 출애굽기에 전승과 해석을 모은 책이다.

미드라쉬Midrash

성서 본문에 붙은 초기 주석이나 해석을 뜻한다. 율법이나 도덕적 교훈에 대한 상세한 해설이 담겨 있다.

미드라쉬 라바 Midrash Rabba

라바는 '위대한'이라는 뜻이며 직역하면 '위대한 미드라쉬'라는 뜻이다. 《모세 5경》의 미드라쉬를 포함해 룻기나 에스더 등의 다른 성서의 주석을 포함한 전체 문서를 말한다.

미드라쉬 탄후마Midrash Tanchuma

4세기 팔레스타인에 살았던 랍비 탄후마에 의해 편집된 《모세 5경》에 대한 미드라쉬를 말한다.

미쉬나Mishnah

'반복하다'라는 히브리어 '샤나'에서 파생된 명사이다. 성문 토라에 기록되지 않은 구전 토라를 말하며, 한편으로는 계속 반복하여 완전하게 배우게 되는 구전 전승교육을 말한다. 후대에 총 63권 523장으로 편집되었다.

바라이타Baraita

'외부에 있는 것'이라는 뜻으로 최종적으로 미쉬나에 들어가지 못했지만 중요한 의미를 갖는 자료를 말한다. 복수형은 바라이톳Baraitot이다.

시프레Sifre

민수기와 신명기의 미드라쉬를 말한다.

아모라임Amoraim

대변자, 해설자라는 뜻이며 미쉬나 기록 이후 미쉬나 본문을 해석하며 토론했던 랍비들을 가리키는 말이다.

탄나임Tannaim

미쉬나 편집 이전에 중요한 토론을 남긴 랍비들과 현자들을 가리키는 말이다. 단수는 탄나Tanna로 반복하는 사람, 교사라는 뜻이다. 보통 랍비 힐렐을 최초의 탄나로 본다.

타나크Tanakh

토라Torah(율법서), 네비임Neviim(예언서), 케투빔Ketuvim(성문서, 시편과 지혜서)의 약칭이다. 유대인의 경전인《구약성서》를 뜻한다.

토사포트Tosafot

아람어로 추가, 보충, 보완이라는 뜻으로 미쉬나에 포함되지 않은 구전 기록을 말한다. 복수형은 토세프타Tosefta이다.

하가다Haggadah

하가다는 유월절 절기에 읽는 문서이다. 유월절 식탁에서 하가다를 읽음으로서 유대인 아버지는 토라의 출애굽기에 기록된 대로 자녀들에게 이집트 탈출 이야기를 해주라는 계명을 준수하게 된다.

하시딤Hasidim

'자비'를 뜻하는 히브리어 '헤세드'에서 유래된 단어이다. 율법을 철저히 지키되 성과 속이 구별되지 않고 즐겁게 지키자는 유대 경건주의 운동이다.

할라카Halachah

성문 토라와 구전 토라에 있는 유대교 율법을 통칭하는 것으로 613개
의 계명과 이에 수반하는 세부 규정을 말한다.

후마쉬Chumash

두루마리로 된 원본 토라에 대응하는 개념으로 종이에 기록된《모세
5경》을 말한다. 후마쉬에 편집자들의 주석이 들어가며, 일종의 토라
본문과 주석이 함께 있는 책으로도 볼 수 있다. 한 주에 읽어야 할 토라
분량Parsha(파르샤)로 나누어져 있고, 맨 뒤에는 해당 파르샤와 함께 읽어
야 하는 해당 토라와 연관된 예언서 말씀Haftarah(하프타라)이 붙어 있다.
하프타라는 그리스 강점기에 토라 읽는 것이 금지되자, 랍비들이 토라
본문 대신에 해당되는 내용의 예언서 말씀을 읽으면서 시작되었다.

유대 사상 주요 용어

토라Torah

좁은 의미의 토라는 《모세 5경》이라는 《히브리 성서》의 첫 다섯 권을 말한다. 넓은 의미로는 모세가 시나이산에서 직접 받은 말씀, 기록되지 못한 구전 율법을 말하기도 한다. 그래서 보통 글자로 기록된 내용을 성문 토라Written Torah, 글자로 기록되지 않고 전승된 구체적 율례를 구전 토라Oral Torah라고 한다. 대부분의 랍비들은 구전 토라를 성문 토라와 같은 권위를 가지는 것으로 본다. 그리고 이 구전 토라의 내용을 집대성한 것이 탈무드이다.

탈무드Talmud

성문 토라인 《모세 5경》을 제대로 이해하고 실천하기 위한 랍비들의 토론집이다. 우리나라에 소개된 탈무드는 랍비 마빈 토케이어가 탈무드 이야기와 관련된 간단한 이야기를 모은 탈무드 편역본이고, 실제 탈무드는 쇼텐스타인 버전의 경우 총 73권이며 한 권당 300페이지 이상의 분량이다.

유대인은 집이나 회당, 예시바Yeshiva라는 도서관에서 부모, 친구, 스승과 함께 탈무드에 대해 토론하면서 공부한다. 하브루타(토론 친구)와 함께 탈무드에 있는 랍비들의 토라 주석과 해설을 읽고 서로의 논리를 사용해 상대에게 자신의 해석을 설명하고 논박하는 과정이 바로 탈무드식 토론이다.

탈무드에는 유대인의 율법뿐만 아니라 제사법, 혼인, 이혼, 순결 등의 가정에 관한 규례와 윤리, 철학, 문학, 역사, 민속 이야기도 담겨 있다. 정통파 유대인 아이들은 9~10세 전후로 탈무드를 배우기 시작한다. 그리고 많은 유대인이 평생을 바쳐 탈무드를 공부하고자 한다.

코셔Kosher

히브리어 카쉬루트Kashrut의 영어식 발음이다. 원래 히브리 원어로는 '적합한', '적절한'이라는 의미이며, 유대 율법에 따라 만들어진 음식을 말한다. 간단히 말하면 유대인이 먹을 수 있는 음식이다. 잘 알려진 코셔 규정은 돼지고기를 먹지 않는 것과 유제품과 육류를 같이 먹지 않는 것이다. 성서에는 굽이 갈라지고 되새김질을 하는 가축만을 먹도록 규정한다. 돼지는 굽이 갈라져 있지만 되새김질을 하지 않기 때문에 유대인은 먹을 수 없다.

코셔는 단순히 먹을 수 있는 대상뿐만 아니라 도축이나 조리의 과정에도 적용된다. 쇼헷Shohet이라는 도축 전문가가 셰히타Shechita라는 도축 율례에 따라 도축한 고기만을 먹을 수 있다. 그리고 유제품과 육류를 요리하는 식기는 구분되어야 한다.

또한 많은 랍비들은 먹을 것을 넘어서 유대인다운 가치에 맞지 않는 책, 영화, 텔레비전 프로그램 등도 코셔가 아닌 것으로 본다. 그래서 정통파 유대인 부모들은 자녀의 성인식 이전까지는 텔레비전 프로그램, 영화를 못 보게 하거나 음란하고 폭력적인 세속 문화와 접촉하지 못하도록 적절히 차단한다.

케투바Ketubah

유대인이 결혼하면서 쓰는 혼인서약서이다. 여기에 혼인관계의 의무와 아내가 결혼할 때 가져온 재산과 이혼 시 받을 위자료 금액을 명시한다. 그렇기에 케투바는 담보로 쓸 수 있는 유가증권 역할을 하기도 했다.

닛다Niddah

히브리어로 '분리'를 뜻한다. 유대인에게는 월경기의 여성 등 좀 더 포괄적인 의미를 가진다. 닛다 규정에 따르면, 월경 첫날부터 월경이 지속되는 5~7일은 성관계를 할 수 없다. 월경이 끝나고 7일 동안에도 성관계가 금지된다. 즉, 한 달에 12~14일은 자동적으로 금욕기간을 가지는 셈이다. 이 기간을 통해 좋은 난자와 정자가 만들어진 후 임신하는 닛다 임신법은 건강한 아이를 만드는 임신법으로 주목을 받기도 했다.

미크베Mikveh

미크베 혹은 미크바라고 하는 정결 목욕Ritual Purification은 고여 있지 않고 흐르는 정결한 물로 하는 목욕을 뜻한다. 닛다 기간이 끝난 여인뿐 아니라 남녀 모두 정결해질 필요가 있을 때 하는 목욕이다. 우리나라에서는 월경이 끝나고 하는 우유 목욕이라고 잘못 알려졌는데 히브리어인 미크베를 영어 'Milk+Bath'의 줄임말로 잘못 생각한 듯하다.

정통파 유대인Orthodox Jews

유대인 가운데서도 토라와 탈무드에 나오는 종교적인 규례와 삶의 규범을 철저하게 지키려는 사람들을 말한다. 보통 영어로는 정통파 Orthodox나 준수자라는 의미의 'Observant'라고 불린다. 코셔와 안식일 Sabbath의 준수 여부는 정통파 유대인으로 간주되는 가장 큰 기준이다.

미츠바Mitzvah, 미츠보트Mitzvot

미츠바는 신께 받은 계명을 말하는 단수명사이다. 유대인은 모세의 인도하에 이집트의 노예생활에서 탈출해 홍해를 건너 시나이산에서 창조주로부터 율법을 받는다. 유대인은 당시 10계명을 포함해 총 613개의 계명을 받았다고 여긴다. 이 모든 율법을 복수형으로 미츠보트라고 부른다. 유대인에게 올바른 신앙생활은 바로 이 613개의 계명을 기쁜 마음으로 하루하루 지키는 것이다. 이렇게 원래 계명이라는 뜻에서 오늘날 미츠바나 미츠보트는 선행을 나타내는 의미로 종종 사용된다. 율법의 기본 정신이 신과 이웃을 사랑하는 것이기에 이웃에게 선행을 하는 것을 계명을 준수하는 것과 동일한 개념으로 인식한 결과이다.

실전 하브루타의 원리와 일상생활에의 적용

유대인들이 난해한 탈무드를 공부하기 위해 둘씩 짝을 이뤄 유대인의 도서관인 예시바나 회당에서 토론하는 모습은 질문이 없고 침묵만 가득한 우리나라 교육계에 큰 충격을 주었다. 그리고 이런 짝 토론이 '하브루타'로 소개되며 우리나라 교육에도 여러 가지 형태로 적용하고자 하는 시도가 있었다. 그런데 그동안 유대인 사회에서도 '하브루타'의 교육적 의미가 무엇이고, 어떻게 해야 하브루타 토론을 좀 더 잘할 수 있는지에 대한 연구가 거의 없었다. 대부분의 유대인들은 전통적으로 해오던 방식이니까 당연히 탈무드는 하브루타식으로 공부해야 한다고 알고 있었다.

이런 하브루타를 현대 교육적인 관점에서 재해석하고, 유대인들도 좀 더 나은 하브루타 학습을 할 수 있도록 체계화시킨 학자가 이스라엘 바일란대학교Bar-Ilan University의 엘리 홀저Elie Holtzer 교수라고 할 수 있다. 엘리 홀저 교수는 2013년에 《하브루타란 무엇인가?*A Philosophy of Havruta*》라는 책을 내며 하브루타의 교육학적인 의미와 일반 교육 환경에서의 적용을 적극적으로 모색했다. 실제 하브루타 토론의 방법론은 여러 가지 교육학적 의미를 담고 있지만, 단순하게 설명하면 다음과 같은 본문 해석과 적용을 거치는 것이다. 다음 내용은 필자의 《공부보다 공부그

룻》에서 소개한 탈무드식 토론 내용을 좀 더 다듬은 것인데, 관심 있는 독자들은 이 내용을 참조하여 직접 토론해보기 바란다.

하브루타 토론 과정

하브루타 토론 짝과 본문을 놓고 다음과 같이 학습하고, 토론한다.

• 1단계 본문 이해하기

(1) 본문을 큰 소리로 2~3번 정도 읽는다.

(2) 본문의 내용을 덮고, 자기만의 언어로 읽은 내용을 요약하여 상대에게 설명한다.

(3) 다시 본문으로 돌아가 본문의 내용을 단락 구분하고, 각 단락의 이름을 붙여 본다.

(4) 열린 질문을 하며 본문에 대해 더 깊이 이해한다.

• 2단계 해석하고 적용하기

토론 짝과 함께 위의 과정을 거쳐 자신의 해석을 완성하고, 자기 삶에서 적용점을 찾는다. 이 과정에서 엘리 홀저 교수는 다음과 같은 형식으로 해석과 적용을 해보라고 한다.

(1) 이 이야기는 독자에게 ○○라고 말하는 것 같다(저자의 의도와 메시지 파악).

(2) 이러한 해석을 뒷받침하는 본문의 근거는 ○○이다(본문 근거 찾기).

(3) 그래서 이 이야기는 나에게 ○○을 생각하게 한다(자신의 삶에 적용).

예를 들어 다음과 같은 탈무드 예화를 가지고 위의 과정을 따라갈 수 있다.

❶ 랍비 쉬미Shimi는 랍비 파파Papa의 탈무드 수업에 참석하곤 했다.
❷ 쉬미는 파파에게 많은 어려운 질문을 던졌다.
❸ 랍비 쉬미가 하루는 학교가 아닌 곳에서 랍비 파파가 얼굴을 땅에 대고 심각하게 기도하는 모습을 보았다. 뭐라고 기도하나 들어보니, "내가 쉬미에게 부끄러움을 당하지 않게 하소서"라고 말하고 있었다.
❹ 그래서 쉬미는 (교실에서) 침묵하기로 맹세하고 더 이상 파파에게 질문하지 않았다.

이 예화를 보고 학생들은 엘리 홀저 교수의 형식에 기초해서 다음의 해석과 적용을 끌어낼 수 있다.

• 해석1

(1) 이 이야기는 독자에게 '배우는 학생의 올바른 태도'에 대해서 이야기하는 것 같다.
(2) 이러한 해석을 뒷받침하는 본문의 증거는 ❸이다. 본문에서 선생님인 파파는 쉬미의 어려운 질문 때문에 부끄러웠던 적이 많았다.

그리고 ❹에서 보듯 선생님의 기도를 듣고, 제자인 쉬미도 그에게 질문을 하지 않았다. 수업을 방해하거나 선생님의 마음을 언짢게 할 정도의 지나친 질문은 결국 선생님이나 학생 모두에게 피해를 줄 수 있음을 담고 있다.

(3) 그래서 이 이야기는 나로 하여금 교실에서 수업을 들을 때, 선생님 께 예의 바른 질문을 하고 선생님이 곤란할 질문은 공공장소에 하 는 것이 아니라, 개인적으로 따로 물어봐야 한다는 것을 생각하게 했다.

• 해석2

(1) 이 이야기는 독자에게 '학생들의 질문을 대하는 교사의 올바른 태 도'에 대해서 이야기하는 것 같다.

(2) 이러한 해석을 뒷받침하는 본문의 증거는 ❹이다. 여기서 쉬미는 선생님이 자신의 어려운 질문에 부끄러움을 느끼고 힘들어함을 알 고, 더 이상 질문하지 않기로 맹세했다. 이 모습에서 쉬미는 상당히 예의 바르고, 선생님을 배려하는 학생임을 알 수 있다. 본문 어디에 도 쉬미가 무례한 학생이라는 내용이 없다. 쉬미는 순수한 호기심 에서 많은 질문을 했을 수 있다. 그리고 혹시 질문이 너무 많아서 수업에 방해가 될 정도라는 것을 선생님이 솔직히 이야기했더라면 질문의 양이나 난도를 줄였을 수 있다. 이에 비해 파파의 태도는 여 러 가지로 선생님으로서 부적절한 모습을 보여 준다. 먼저 이러한 어려움이 있을 때 학생을 불러 이야기하는 대신, ❸에서처럼 개인

적인 기도로 해결하려고 했다. 그의 기도는 결국 학생의 침묵과 질문을 하지 않음(❹)으로 이어졌다.

(3) 그래서 이 이야기는 나로 하여금 교사는 수업에서 예상하지 못한 문제가 발생했을 때 개인적으로 고민만 하지 말고, 학생과 솔직히 대화하고 바람직한 대안을 제시하여, 학생이 지속적으로 배울 수 있는 환경을 만들어주어야 한다는 것을 생각하게 했다.

이렇게 각자의 해석과 근거 구절에 대해서 서로 지지support하거나 반박challenge하면서 좀 더 나은 해석과 적용을 끌어내고, 그 과정에서 자신의 논리적 사고 능력을 기르는 것이 탈무드식 토론의 핵심이다.

탈무드식 토론 원리를 일상생활에 적용하는 법

이런 토론 원리는 어려운 탈무드 공부에서뿐 아니라, 가벼운 독후활동이나 나의 생활 가운데 일어나는 일을 해석하고 논리적인 판단을 할 때도 활용해볼 수 있다. 예를 들어, 아이와 함께 우리 전래 동화인《별주부전》을 읽었다면 다음과 같이 탈무드식 토론 원리를 활용한 독후활동을 해볼 수 있다.

(1) 이 이야기는 독자에게 ○○라고 말하는 것 같다(저자의 의도와 메시지 파악).

(2) 이러한 해석을 뒷받침하는 본문의 증거는 ○○이다(본문 증거 찾기).

(3) 그래서 이 이야기는 나에게 ○○을 생각하게 한다(자신의 삶에 적용).

- 해석: 이 이야기는 '한 사람의 생명을 살리고자 하는 헌신적인 노력은 어떤 형태로도 보상받는다'는 것을 말하는 것 같다.
- 근거: 거북이가 토끼의 간을 구하지 못해 좌절한 순간 도인이 나타나 토끼의 정성을 보고 약을 주었기 때문이다.
- 적용: 나는 이 이야기를 통해, 다른 사람에게 도움을 주려고 하는 선한 마음으로 세상을 살아야겠다고 생각했다.

일상 대화에서의 탈무드식 사고훈련

또한 이런 탈무드식 토론훈련을 일상생활에서도 적용할 수 있다. 가장 좋은 연습은 대화에서 상대방의 의도를 파악하는 훈련이다. 예를 들어, 아래의 형식으로 대화 상대의 의도를 파악해볼 수 있다.

(1) 상대가 말한 의도는 ○○인 것 같다.
(2) 그렇게 볼 수 있는 이유는 ○○이기 때문이다.
(3) 그래서 나는 ○○하게 말하려고 한다(행하려고 한다).

마지막으로 이런 훈련은 자기 성찰에도 적용할 수 있다. 위의 형식을 다음과 같이 변형해보자.

(1) 나는 ○○인 것 같다.
(2) 그 이유는 ○○이다.
(3) 그래서 나는 앞으로 ○○하려고 한다.

• 사례

(1) 나는 자기 주도적인 사람인 것 같다.

(2) 그 이유는 누가 억지로 시켜서 하면 너무 불편하기 때문이다.

(3) 그래서 나는 앞으로 누가 시키기 전에 내 일은 스스로 하려고 한다.

혹은 나의 감정을 읽는 도구로도 활용할 수 있다.

(1) 나는 지금 우울한 것 같다.

(2) 그 이유는 내가 남들보다 공부나, 운동이나 뭐 하나 잘하는 게 없다고 느껴지기 때문이다.

(3) 그래서 나는 앞으로 공부나 운동 말고, 내가 잘하는 게 무엇이 있는지 좀 더 알아봐서 내 자신에 대해 자신감을 갖고, 우울함에서 벗어나려고 한다.

물론 이런 사고훈련이 하루아침에 되고, 바로 멋진 결론과 적용으로 이어질 수 없다. 많은 연습이 필요하다. 하지만 하나하나 이렇게 체계적으로 생각하는 훈련을 하다 보면, 자연스럽게 자신이나 상대를 좀 더 객관적으로 보는 능력을 기를 수 있다. 또 책이나 다른 사람의 글을 읽을 때 저자의 의도를 파악하고, 그 텍스트에 기초해서 나의 생각을 확장하고, 좀 더 나은 실천과 적용점을 끌어낼 수 있다.

탈무드 원전으로 하브루타 토론에 도전해보기

필자는 한동안 탈무드 원전을 텍스트로 하브루타 수업을 원하는 분들과 함께 온라인 강의를 진행했다. 엘리 홀저 교수의 열린 질문 만들기, 해석 적용하기의 방법론을 활용하여 하브루타 파트너와 함께 토론을 하게 하고, 필자가 전체 정리를 하고 질문을 받는 방식이었다. 이후 여러 가지 사정으로 정규 수업을 이어가기 힘들어 강의의 핵심 내용은 필자의 유튜브 채널에 영상을 올려두었다. 또 추후 다른 책을 통해 탈무드 원전 하브루타에서 공부하고 토론한 내용을 자세히 정리하여 소개하려고 하고 있다. 우선 관심 있는 분들은 아래 영상을 참조하여 친구나 가족과 함께 탈무드 원전 하브루타에 도전하면 좋겠다.

심정섭 TV: 탈무드 원전 하브루타 강의

(1) 오리엔테이션: 탈무드란 어떤 책인가? 유대인의 생각훈련이 필요한 이유

(2) 실전 하브루타 기초반 1: 하브루타를 하는 이유는 무엇인가?

(3) 실전 하브루타 기초반 1-2: 소리 내어 읽고 듣는 이유와 하브루타 텍스트

(4) 실전 하브루타 기초반 2: 열린 질문이란 무엇인가? 나와 생각이 다른 사람을 설득할 수 있는 방법

(5) 실전 하브루타 기초반 2-2: 본문 안에서 생각하기. 선입견을 깨는 열린 질문, 주어진 텍스트 내에서의 토론이 필요한 이유

(6) 실전 하브루타 기초반 3-1: 지지하기와 반박하기

(7) 실전 하브루타 기초반 3-2: 견해의 수정 보완과 토론 파트너의 의미

다음은 실제로 탈무드 원전을 활용해 하브루타 수업을 한 예시이다.

탈무드 원전 하브루타 예시

• 1강 탈무드 원전: 에루빈Eruvin 54b

❶ 토라 공부에 있어 복습의 중요성을 토론하며, 탈무드는 다음을 언급한다. 랍비 페리다Perida에게는 400번을 설명해야 알아듣는 제자가 있었다.

❷ 그는 다른 방법으로는 이해가 안 되어 400번을 반복해야 무언가를 배웠다.

❸ 하루는 사람들이 페리다에게 수업이 끝난 후 선행mitzva(계명 실천)을 행하는 일에 함께 하자고 요청했다.

❹ 페리다는 이전처럼 제자에게 한 가르침을 400번 반복해서 가르쳤

지만, 이번에는 제자가 제대로 배우지 못했다.

❺ 페리다가 물었다. "왜 이번에는 400번을 설명해도 알아듣지 못하느냐?"

❻ 제자가 말했다. "수업을 시작하기 전에, 선생님께서 수업이 끝난 후 선행을 하러 가셔야 한다는 말을 듣고 난 이후부터 집중이 잘되지 않았습니다. '아마 선생님께서는 이 설명을 마치고 가셔야 하기 때문에 수업을 다 마무리 못 하시겠지…'라는 생각이 들었습니다."

❼ 그러자 페리다가 말했다. "잘 듣게, 나는 다시 설명을 할 것이고, 자네가 완전히 이 교훈을 깨닫기 전까지 나는 자네를 떠나지 않겠네."

❽ 이 말을 하고 페리다는 다시 제자를 400번 가르쳤다.

❾ 이러한 페리다의 제자들에 대한 헌신으로 인해 거룩한 음성이 들려왔다.

❿ "네 수명을 400년 연장해주기 원하는가, 아니면 너와 너의 나머지 세대you and the rest of your generation가 앞으로 올 세계World-to-Come에 들어가길 원하는가?"

⓫ 페리다는 "저는 저와 제 세대I and my generation가 앞으로 올 세계에 들어가길 원합니다"라고 말했다.

⓬ 그러자 거룩한 분께서 천사들에게 말씀하셨다. "그에게 둘을 다 주어라. 그는 장수할 것이고, 그의 남은 세대도 앞으로 올 세계에 들어가리라."

탈무드식 토론하기

• 1단계 본문을 소리 내어 같이 읽기

본문 내용을 소리 내어 같이 읽는다. 본문의 내용을 덮고, 읽은 내용을
토론 파트너에게 설명해본다.

• 2단계 열린 질문 만들기

본문의 내용을 더 깊이 이해하기 위해 '예'나 '아니오'처럼 하나의 답이
아닌, 여러 가지 답이 나올 수 있는 열린 질문을 3개 이상 만들어본다.

• 3단계 해석하고 적용하기

아래의 빈칸을 채운다는 느낌으로 본문에 대한 나의 해석과 적용을 정
리한다.

(1) 이 이야기는 ○○을 말하고자 하는 것 같다. 그 근거는 ○○이다.

(2) 나는 이 이야기를 공부하고 ○○해야겠다고 생각했다.

아래는 위의 내용을 바탕으로 토론을 진행한 사례이다.

열린 질문 만들어보기

(1) 왜 제자는 같은 내용을 400번 들어야 이해할 수 있었는가?

(2) 400번이나 반복해서 가르치고자 했던 내용은 어떤 가르침이었고, 400번을 반복할 만한 가치가 있는 것이었나?

(3) 제자는 왜 처음부터 '마음이 불안해서 집중이 안 된다'는 이야기를 스승인 랍비 페리다에게 하지 않았는가?

(4) 참 스승이 제자에 대해 가져야 하는 태도는 무엇인가?

(5) 페리다가 자신의 장수보다, 나머지 세대의 구원을 택한 이유는 무엇인가?

• 토론 예시

A. 이 이야기는 여러 가지 상징이 있는 것 같습니다. 400번의 반복 학습, 그리고 똑똑하지 못한 제자를 인내하고 같은 내용을 반복하여 가르친 스승에 대한 하늘의 보상처럼 상징적인 내용이 많네요.

B. 네, 그렇습니다. 우선 저는 이 에피소드에서 저자가 말하고자 하는 메시지는 "아무리 지적으로 무능한 제자라고 해도 인내를 가지고 가르쳐야 한다"인 것 같습니다. 근거는 에루빈 54b 본문 ❾~❶❷에서 페리다의 인내에 대해 하늘이 보상하는 모습을 들 수 있습니다. 장수와 남은 세대의 구원을 받을 수 있었으니까요.

A. 그런데 본문 ❿에서 나머지 세대가 다가올 세계에 들어간다는 것은 무슨 의미인가요? 원문 번역자도 의미를 분명히 하기 위해 'the rest of your generation'이라고 영어 번역을 그대로 보여준 것 같은데요.

B. 네, 저도 그 부분이 궁금하더라고요. 직역을 하면 '너와 너의 세대의 나머지'인데 대구가 페리다의 대답으로 나오는 '나와 나의 세대의 나머지'입니다. 보통 세대generation는 시간적 개념인데, 한편으로는 동시대를 살아가는 같은 연령층의 사람을 의미하기도 합니다. 그런데 여기서는 사람들로 봐야 할 것 같습니다. '너와 너의 시대를 살아가는 나머지 사람들'이라고 번역하는 것이 바를 것 같은데요. 정확히는 히브리어 원단어의 뉘앙스까지 봐야 하겠는데, 아무래도 영어 번역본만 보면 이렇게 보는 것이 옳지 않을까요?

A. 네, 저도 그렇게 보는 것이 좋을 것 같습니다. 또, 저도 이야기의 의도는 본문 ❶에 나온 대로, "토라 공부에 있어서 복습이 중요한데, 복습과 반복 학습을 위해서는 스승의 인내가 필요하다"라고 생각합니다.

B. 사실 이 이야기의 교훈은 교사나 부모가 못 따라오는 아이들을 포기하지 말고 끝까지 가르치라는 것 같은데, 현대적인 의미에서는 좀 문제가 있지 않나요? 400번을 가르쳐야 알아들을 학생이라면 이 학생의 인지적인 능력의 한계를 인정하고, 이 학생에게는 다른

과목이나 주제로 10번 이내에 알아들을 수 있는 내용을 가르치는 게 더 바람직하지 않나요?

A. 네, 여기서 400번은 정말 400번이라기보다, 인간이 할 수 있는 무수히 많은 회수를 상징하는 것 같은데요. 말씀하신 대로 교육의 효율성 면에서는 굉장히 비생산적이지만, 교육의 내용이나 질이라는 측면에서 다른 이해도 가능할 것 같습니다. 예를 들어, 가르치는 내용이 수학이나 사회, 과학과 같이 정보나 지식이라면 아이의 인지적 능력을 고려해서 계속 반복해서 가르칠지, 어느 정도 해보고 안 되면 포기할지를 결정해야 합니다. 하지만 지금 랍비가 제자에게 가르치는 것은 토라와 탈무드를 바탕으로 왜 살고, 어떻게 살아야 하는지를 다루는 지혜와 인격에 관한 내용이라고 생각합니다. 이런 지혜 교육에서는 이해 못하면 다른 내용으로 넘어가기보다, 제대로 이해하고 실천할 수 있을 때까지 같은 내용을 가르쳐야 한다는 메시지가 아닐까 생각합니다.

B. 네, 저도 그 부분에는 상당히 동의하는데요. 지식과는 달리 삶의 지혜라고 할 수 있는 철학이나 종교적인 가르침은 한두 번 듣는다고 바로 실천이 안 되는 것 같아요. 예를 들어, '이웃을 사랑하라', '정의를 실천하라', '아이들에게 본을 보이는 삶을 살라' 같은 내용은 곧장 실천이 안 되는 것 같습니다. 계속 듣고, 주어진 상황에 맞게 계속 실천하려는 시도를 해야 하는 것 같습니다.

A. 네, 저도 그런 취지에서 '양적 지식보다는 질적 지혜'라는 관점의 해석이 좋겠다고 생각했는데요. 그럼 랍비가 제자에게 전달하려고 하는 내용이 단순한 지식이 아니라 지혜라고 할 수 있는 근거는 어디에 있을까요?

B. 본문 ❶에서 이 에피소드는 '토라 학습에서의 복습의 중요성을 말하는 것'이라고 한 점과 인내하고 반복 학습을 시킨 대가로 랍비가 받은 보상이 앞으로 올 세계로 들어가는 일종의 영적인 축복이라는 점에서 이는 물질적인 세상에 대한 지식이 아니라, 정신적인 세계에 대한 지혜와 가르침이라고 볼 수 있지 않을까요?

A. 네, 그렇게 보면 에피소드의 후반부도 자연스럽게 이해가 되겠네요. 그러면 랍비의 인내는 어떻게 연결시키죠? 이 이야기의 가장 핵심은 랍비가 지적 능력이 떨어지는 제자를 인내하고 같은 내용을 400번씩 가르쳤다고 하는 부분 아닌가요?

B. 네, 저도 그 부분이 고민이었습니다. 영적인 세계의 공부에서는 복습이 중요한데, 이것을 '복습을 하는데 있어 중요한 부분은 교사나 부모의 인내다'로 연결하면 어떨까요? 그리고 이 부분은 실제 가정이나 학교에서 아이들 교육할 때 정말 중요한 부분이거든요. 예를 들어 '어른들에게 큰 소리로 예의 바르게 인사해라'라는 가르침을 아이들에게 전하고, 이를 실천하고 삶의 습관으로 만들기까지는

정말 무수한 반복이 필요한 경우가 많은 것 같아요.

A. 네, 그렇게 보면 이 이야기의 많은 부분이 자연스럽게 연결될 수 있을 것 같습니다. 사실 이 에루빈 54b의 주제는 토라 공부의 올바른 방법론이더라고요. 앞의 내용을 보니까, "토라 공부는 한꺼번에 많이 하기보다, 조금씩 지속적으로 하는 게 중요하다(전도서 13:11절을 해석하며)", "토라의 내용을 계속 반복해서 가르쳐서 들은 내용을 말로 설명할 수 있을 때까지 가르쳐야 한다(신명기 31장 19절 해석을 인용하며)", "토라 교사는 학생들에게 공부를 하는 이유는 분명히 알려주어야 한다(출애굽기 21장 1절을 인용하며)" 등의 내용이 나오고, 토라 학습에 있어서의 복습의 중요성을 말하며 위의 에피소드가 나오더라고요.

B. 네, 그러면 이 에피소드가 속한 에루빈 54b의 키워드는 '반복'이고, 반복을 위해 필요한 것은 '인내'라고 할 수 있겠네요. "교육은 반복이다. 반복은 습관을 낳고, 습관은 바른 행동과 성품을 만든다"라는 말이 생각납니다.

A. 네, 그래서 저는 이번 에피소드를 공부하며 내가 아이에게 반복해서 전할 핵심적인 교육의 내용은 무엇일까를 생각해보게 되었습니다. 제가 평소에 생각하는 9가지 핵심 가치는 사랑Love, 기쁨Joy, 평안함Peace, 인내Patience, 친절Kindness, 선함Goodness, 온화함Gentleness, 신실

함Faithfulness, 자기 절제Self-control인데요. 신약성경에서 성령의 열매로 소개된 9가지 내용입니다. 이 내용으로는 그동안 공부도 많이 했습니다. 각각의 개념의 정의를 내리고, 반대말을 떠올려보고, 삶 가운데 구체적으로 어떻게 실천해볼 수 있는지도 생각해봤죠. 그리고 하루나 일주일 단위로 9가지 중에 어느 정도 각 영역에서 내가 결실을 맺고 있는지 평가도 해보고요.

B. 저도 요즘 성품 계발이나 인격 수양에 관심이 많습니다. 언젠가는 다뤄보고 싶은 주제인데, 탈무드 아보다 자라 20b에 신적 성품에 도달하는 9가지 단계가 소개되어 있더라고요. 다음과 같은 내용입니다.

> 랍비 핀하스 벤 야이르Pinchas ben Yair가 말했다. 토라는 경계함watchfulness에 이르게 하고, 경계함은 민첩함alacrity에 이르게 하고, 민첩함은 정결함cleanliness에 이르게 하고, 정결함은 절제abstention에 이르게 하고, 절제는 순결purity에 이르게 하고, 순결은 경건piety에 이르게 하고, 경건은 겸손humility에 이르게 하고, 겸손은 죄에 대한 두려움fear of sin에 이르게 하고, 죄에 대한 두려움은 거룩함holiness에 이르게 하고, 거룩함은 예언prophecy에 이르게 하고, 예언은 죽은 자의 부활resurrection of the dead에 이른다.

총 11단계이지만, 거룩함까지 하면 9단계라고 할 수 있지요. 그리고 이런 탈무드식 성품훈련에 관한 고전이 18세기 랍비인 모세 하임 루짜토Moshe Chaim Luzzatto(1707~1746)의 《의인의 길מסילת ישרים, 메실랏 예샤림》인데 시간 내서 공부해보고 싶습니다. 대략 요약본을 보니, 각각을 단계를 다음과 같이 자세히 설명하고 있다고 합니다.

경계함은 스스로를 돌아볼 시간을 떼어놓음으로 얻을 수 있다. 그리고 너무 많은 세속적인 책임을 지거나, 잘못된 친구를 사귀거나, 인생에서 냉소적인 태도를 취하는 것에서 경계함을 잃을 수 있다.

A. 와! 좋은데요. 경계함에 대한 설명 하나만 들어도 느낌이 옵니다. 그리고 무엇이 무엇에 이른다는 식의 표현은 중용 23장을 연상시키네요.

그 다음은 작은 부분에서 극진히 하는 것이다. 극진하면 정성이 있게 되고, 정성이 있으면 내면적으로 형성되고, 내면에서 형성되면 밖으로 드러나게 되고, 드러나면 밝아지고, 밝아지면 감동시키고, 감동이 되면 변화가 되고, 변하면 교화하게 된다. 오직 천하의 지극한 정성만이 교화할 수 있다其次致曲.曲能有誠,誠則形,形則著, 著則明,明則動,動則變,變則化.唯天下至誠爲能化.

물론 중용 23장의 메시지는 '작은 일에 정성을 다하라'라고 할 수 있습니다. 하지만 마지막의 오직 지극한 정성만이 교화할 수 있다는 내용은 오늘 우리가 공부한 탈무드 내용대로, 어리석은 학생에게도 인내하고 지극한 정성을 다해야 교화할 수 있다는 부분으로도 연결되는 것 같습니다.

B. 맞습니다. 그리고 탈무드에서는 그 교화의 대상이 남이 아니라 바로 '나'라고 하는 데 더 방점이 있는 것 같습니다. 어리석은 자녀나 학생을 인내하는 것이 그들의 교육은 물론 나의 인격 수양을 위한 것이죠. 그런 인격 수양을 통한 신적 성품의 완성을 위해 내가 이 땅에 태어났다는 메시지가 탈무드 전반에 흐르는 것 같습니다.

A. 네, 그렇군요. 그럼 이제 좀 정리해볼까요. 저는 수정 요지를 "이 이야기는 인격 완성을 위한 공부에서 반복이 필요하고, 반복을 위해서는 교사나 부모가 인내해야 한다는 메시지를 독자에게 전달하려고 한다"로 하고, 저의 삶에서는 "9가지 인격의 완성 목표를 구체화해보자"를 실천하겠습니다.

B. 네, 저도 요지는 동의하고요. 적용은 랍비 루차토가 말한 대로 '나를 돌아볼 수 있는 시간을 떼어놓자'를 실천하는 것으로 해보겠습니다. 오늘도 귀한 토론 감사드립니다.

우리나라에 출간된 탈무드 관련 도서

마빈 토케이어 편역본

시중의 탈무드 가운데 마빈 토케이어의 편역본을 기본으로 한 책들이
다. 1장에 탈무드의 마음, 귀, 눈, 머리 등의 제목이 나온다.

- 《성전 탈무드》, 마빈 토케이어 저, 일문서적, 2012.

- 《탈무드》, 마빈 토케이어 저, 강영희 편, 브라운 힐, 2013.

- 《탈무드 이야기》, 마빈 토케이어 저, 동해출판, 2012.

- 《탈무드》, 마빈 토케이어 저, 이상근 역, 태을출판사, 2009.

- 《탈무드》, 마빈 토케이어 저, 현용수 편역, 동아일보사, 2007.

편역 탈무드 이외에 마빈 토케이어의 저서로 알려진 책들이다.

- 《탈무드 2》, 마빈 토케이어 저, 현용수 역, 동아일보사, 2007("랍비가 해석한 모세 5경"
  이라는 부제가 붙은 이 책은 토케이어가 《모세 5경》의 주석이라고도 볼 수 있는 탈무드를 정리
  한 내용이 번역되어 있다).

- 《탈무드의 생명력》, 마빈 토케이어 저, 현용수 역, 동아일보사, 2009(유대 사상과 세계
  관, 학습관에 관한 마빈 토케이어의 글을 모은 책이다).

- 《탈무드 잠언집》, 마빈 토케이어 저, 현용수 역, 동아일보사, 2009.

- 《탈무드의 웃음》, 마빈 토케이어 저, 현용수 역, 동아일보사, 2009.

- 《탈무드 처세술》, 마빈 토케이어 저, 현용수 역, 동아일보사, 2009.

- 《The Talmud》, 편집부 편, 삼지사, 2011(영한 대역 편집본이다).

조셉 텔루슈킨의 책들

마빈 토케이어의 편역본보다 탈무드 원전에 가까운 책은 조셉 텔루슈킨의 책들이다. 텔루슈킨은 요즘 말로 뜨는 랍비인데, 탈무드나 토라의 어려운 내용을 쉬운 언어와 사례를 들어 설명한다. 2010년 〈뉴스위크〉는 미국의 영향력 있는 랍비 50인 중 텔루슈킨을 15위로 꼽았다. 다음은 그의 책 가운데 우리나라 말로 번역된 책들이다.

- 《죽기 전에 한 번은 유대인을 만나라》, 조셉 텔루슈킨 저, 김무겸 역, 북스넛, 2012(원제: 《The Book of Jewish Values》).

- 《승자의 율법》, 조셉 텔루슈킨 저, 김무겸 역, 북스넛, 2010(원제: 《Jewish Wisdom》).

- 《유대인의 한마디》, 조셉 텔루슈킨 저, 현승혜 역, 청조사, 2013(원제: 《Words That Hurt Words That Heal》).

텔루슈킨의 책과 비슷하게 탈무드 원문을 바탕으로 하루 묵상집과 같이 에세이 형태로 엮은 다음의 책이 있다.

- 《원전에 가장 가까운 탈무드》, 마이클 카츠·거숀 슈워츠 저, 주원규 역, 바다출판사, 2018(원제: 《Swimming in the Sea of Talmud: Lessons for Everday Living(1997)》).

탈무드 개론서

개론서로 가장 좋은 책은 애딘 스타일살츠Adin Steinsaltz의 《Essential Talmud》인데, 최영철 박사가 일부만 번역해 출간한 번역본이 있고, 변순복 교수의 《탈무드란 무엇인가》라는 원전 탈무드 입문서가 있다.

* 《핵심 탈무드》, 애딘스타인 살츠 저, 최영철 역, 로고스출판사, 2005.
* 《탈무드란 무엇인가》, 변순복 편, 로고스출판사, 2004.
* 《탈무드》, 노먼 솔로몬 저, 임요한 역, 규장, 2021(랍비 노먼 솔로몬이 펭귄 클래식에서 출판한 《The Talmud: A Selection》을 번역한 책이다. 원전 탈무드 가운데 영미권 독자들이 관심 있을 내용을 발췌한 내용이다).

우리나라 유대 연구자들의 탈무드에 관한 책

이스라엘이나 미국 등지에서 구약학이나 유대 문학, 역사를 공부한 국내 연구자들이 탈무드나 유대 사상에 대해 정리한 책들이다.

* 《성경 속으로 탈무드 속으로》, 변순복, 대서, 2007.
* 《탈무드가 말하는 하나님》, 변순복, 로고스출판사, 2004.
* 《탈무드가 말하는 가정》, 변순복, 대서, 2009.
* 《유대교》, 칼 에를리히 저, 최창모 역, 유토피아, 2008(원제: 《Understanding Judaism》).
* 《솔로몬 탈무드》, 이희영 역, 동서문화사, 2007.
* 《바빌론 탈무드》, 이희영 저, 동서문화사, 2009(《솔로몬 탈무드》와 《바빌론 탈무드》 모두 프랑스에서 인류학 박사 과정을 공부한 저자가 바빌론 탈무드의 내용을 기초로 탈무드의 구성과 유대주의에 대한 탈무드의 내용을 발췌해 정리한 책이다).

탈무드랜드 김정완 대표의 번역서

우리나라에서 탈무드 원전 공부와 탈무드 번역에 가장 많은 관심을 가진 김정완 대표의 번역서들이다.

- 《탈무드 하브루타》, 아론 패리 저, 김정완 역, 한국경제신문, 2017(원제: 《The Complete Idiot's Guide to the Talmud(2004)》, 탈무드 개론서로 가장 무난한 책 중 하나이다).
- 《비즈니스 성공의 비밀 탈무드》, 래리 캐해너 저, 김정완 역, 한국경제신문, 2017(탈무드적 관점의 경제·경영관을 잘 정리한 책이다).
- 《비즈니스는 유대인처럼》, 레비 브래크만·샘 제프 공저, 김정완 감역, 매일경제신문사, 2014(토라, 탈무드 원리를 사업과 협상에서 어떻게 적용할 수 있는지를 정리한 책이다).
- 《하브루타 삶의 원칙 쩨다카》, 리브타 울머·모쉐 울머 저, 김정완 역, 한국경제신문사, 2018.

엘리 홀저Elie Holzer 교수의 저서

이스라엘 바일란대학교의 유대 교육학 교수로 유대 전통 하브루타를 현대 교육에 적용하기 위한 이론을 구축하고, 미국와 이스라엘에서 하브루타 교육 방법론을 전하고 있는 엘리 홀저 교수의 저서다.

- 《하브루타란 무엇인가》, 엘리 홀저·오릿 켄트 저, 김진섭 역, D6코리아교육연구원, 2019.
- 《하브루타 맞춤학습이란 무엇인가?》, 엘리 홀저 저, 김진섭 역, D6코리아교육연구원, 2021.

이 책을 쓰면서 참고한 도서

- 《Torah Studies》, The Rohr Jewish Learning Institute.

- 《The Chumash》(Stone Edition), Mesorah Publications, Ltd.

- 《The Schottenstein Talmud Bavli》, Mesorah Publications, Ltd.

1% 유대인의 생각훈련 개정판

초판 1쇄 2018년 1월 10일
초판 9쇄 2021년 3월 15일
개정1판 1쇄 2023년 7월 24일

지은이 심정섭
펴낸이 최경선
편집장 유승현 **편집2팀장** 정혜재

책임편집 이예슬
마케팅 김성현 한동우 구민지
경영지원 김민화 오나리
디자인 이은설

펴낸곳 매경출판㈜
등록 2003년 4월 24일(No. 2-3759)
주소 (04557) 서울시 중구 충무로 2 (필동1가) 매일경제 별관 2층 매경출판㈜
홈페이지 www.mkpublish.com   **스마트스토어** smartstore.naver.com/mkpublish
페이스북 @maekyungpublishing   **인스타그램** @mkpublishing
전화 02)2000-2612(기획편집) 02)2000-2646(마케팅) 02)2000-2606(구입 문의)
팩스 02)2000-2609   **이메일** publish@mkpublish.co.kr
인쇄 · 제본 ㈜M-print 031)8071-0961
ISBN 979-11-6484-594-1(03190)